JN068761

現代中国語アスペクトの
体系的研究

戴 耀晶 著

李 佳樑・小嶋美由紀 訳

関西大学出版部

【本書は関西大学研究成果出版補助金規程による刊行】

復旦大学校是「博く学びて篤く志し、切に問うて近く思う」の前にて
戴 耀晶教授

戴耀晶（Dài Yàojīng, 1958年1月28日 − 2014年9月22日）
中国言語学者。復旦大学中国語言文学系教授。

中国江西省泰和県生まれ。1990年復旦大学にて文学博士号を取得。1990年同大学中国語言文学系講師に就任。以後1993年准教授、2000年教授に昇任。中文系中国語教研室主任として同大学中国語学分野の研究と教育をリードし、学術誌『当代修辞学』『語言研究集刊』の編集長、中国言語学会の理事および上海語文学会副会長を歴任。

戴教授の専門分野は現代中国語文法論と意味論であるが、理論言語学、方言文法、音声学、国際中国語教育分野にも造詣が深く、論文も多数発表。『戴耀晶語言学論文集』（復旦大学出版社）には、院生時代から逝去直前までの30年間に執筆された論文58編が収録されている。

序　言　1

　本書の著者である戴耀晶氏は1990年復旦大学で博士号取得後、そのまま同大学にて教員として勤められ、2014年に他界されるまで優れた研究者でかつ教育者であった。2005年から2年間お茶の水女子大学で外国人教員として教鞭を執られた時期には、東京大学駒場キャンパスの中国語教育にもご尽力くださった。私は2012年に学術休暇（サバティカル）制度を利用して復旦大学の客員教授となったが、その間彼のお世話にもなった。戴氏とは研究や教育面だけでなく、個人的な付き合いもあった。こうして序文を書くことになったのも何かの縁であろう。それにしても、戴氏が"英年早逝"（若くして亡くなること）されたことが誠に残念でならない。

　本書は戴氏が自身の博士論文に手を加えたものである。中国語のアスペクトの研究に関しては、今でこそ多くの成果が出ているが、本書は比較的早い時期のものであり、アスペクト研究の先駆けと言ってもよい。この本の題名からも分かるように、本書は中国語のアスペクトに関する本格的かつ体系的な研究である。

　「本書ではアスペクト的意味は文に属するという立場を取っている。したがって、注目するのは動作ではなく、事態である」と著者自ら述べているように、アスペクトの特徴を動詞ではなく、文から観察したというのが本書の大きな特徴の1つである。これは従来のアスペクト研究における動詞のみに着目する方法を見直し、海外最先端のアスペクトの研究成果及び理論を積極的に取り入れ、中国語の実情に即したアスペクト論を展開したという点で評価できる。著者は海外言語学研究の大きな理論的な枠組みを吸収することのみに満足することなく、実際の考察や分析においても動詞の分類を丁寧に行ない、それぞれの文のシチュエーションによるアスペクトの特徴を見事に浮き彫りにしている。

　例えば、完結（perfective）と達成（accomplished）の関係については、「完結アスペクトは達成の性質も有するが、『達成』が事態の終結点を強調する

一方、『完結』にはこの意味がない。達成した事態は通常完結した事態でもあるが、完結の事態は必ずしも達成した事態ではない」と指摘し、従来の中国語の研究で「達成」は、事態ではなく動詞で表される動作そのものの終結を表すという見方と一線を画し、氏独自のカラーを打ち出している。

　本書の中国語版はこれまで日本での中国語文法研究において十分に利用されているとは言い難いが、この度日本語版の誕生により、より身近なものとなった。今後日本でも広く利用され、日本における中国語アスペクト研究のみならず、中国語文法研究にも寄与するものと確信する。さらに補足して言えば、この日本語訳は復旦大学（大学院修士課程）で戴氏に師事した李佳樑氏と、現在李氏の同僚である小嶋美由紀氏の手によるものである。2人はいずれも東京大学大学院で博士号を取得されており、中国語学を専門とするが、言語学理論にも詳しい。その意味で2人による翻訳内容も信頼できるものである。中国語のアスペクト研究者のみならず、広く中国語や日中対照研究に関心のある方にも是非一読を勧めたい。

　　　2020年10月

　　　　　　　　　　　　　　　　　　　　　　　　　　　楊　　凱栄

序　言　2

　本書は、故戴耀晶教授が39歳の時に上梓された《現代汉语时体系统研究》の訳書である。原著書が世に出てからすでに四半世紀の年月が経とうとしている。言語研究において、現代人の話すことばを共時的に考察する分野では、発表から10年20年という時を経ると内容や情報がいささか古びてしまったり、分析や議論が通用しにくくなったりすることがある。ことばというのは人々が日々使うものであり、時代や世相の変遷とともに絶えず変化の流れに巻き込まれるものであるから、その現状を平面に切り取って研究する論考には、いわば鮮度が命というような側面がある。一方で、たとえば、朱德熙《現代汉语形容词研究》（《语言研究》1956年第1期）のように、半世紀を優に超える年月を過ぎた現在においても、なお多くの研究者に大きな影響を与えているような論文も存在する。誰もが気づかなかった興味深い現象や特質を指摘し、そのことが言語現象に潜む面白さの核心を突き、さらに、そこに横たわる問題の解明が容易に達成できないといった内容を含む研究であれば、永く人々に読み継がれ、自分でも考えてみたくなる気持ちを掻き立てられるのであろう。

　本書がいま、日本語の訳書として再び世に出たのは、上で述べた「長寿」の論考が有する本質を備え持っているからであろう。アスペクトとは言語研究における花形領域のひとつであり、研究の歴史も長く内容も多岐にわたる。本書は中国国内の主要な研究のみならず、海外の言語学者の定義や考察も踏まえた上で、現代中国語のアスペクトについて理論的なアプローチを展開し、体系的に論じようとしているものである。取り上げられている事項は、中国語に触れた人なら一度は興味を持ったことがあるものばかりであり、かつその多くは易々と解明できるような現象ではない。戴教授は例文を丹念に分析し、時には数値的なデータを挙げ、時には種々のテストを実施し、先人の考察を咀嚼し参照しながら、自らの観点や考えを提唱する。本書を読む人は原著者である戴教授の真摯な研究態度を感じ取られると思うが、特に若い方々

にとって、本書は内容のみならず、研究の手法や論の構成などの諸点において参考になるところが多いだろう。また、読み進めるうちに、いろいろと示唆も与えられるだろう。

　本書が挙げる参考文献の著者で、唯一の日本人研究者である木村英樹氏は、我が国における中国語アスペクト研究を牽引してこられた研究者の１人である。氏は本書の挙げる文献のほか、「テンス・アスペクト：中国語」（『講座日本語学』11巻、明治書院、1982年）では中国語のアスペクトに関して精緻な記述を行ない、長年の考察を経て、「北京官話における『実存相』の意味と形式——モノ・コトの『時空間的定位』という観点から——」（『中国語の意味とかたち』、白帝社、2012年所収）においては、中国語のアスペクトに関する認識を大きく変更する新たな観点を提示している。本書における戴耀晶教授の創見のひとつに、動詞の直後に付く"了 le"が担う機能を「現実アスペクト（原文では"現実体"）」と名付けた点が挙げられるが、そのこととも関連して、本書では「現実」「現実化」という用語が随所に見られる。今日の視座に立ってみても、アスペクトに限らず、"real"というのは中国語文法を紐解く上で極めて重要なタームと言って良い。もちろん本書と木村論文の説く内容は同じではないが、読者は両者の分析と主張を読み比べることによって、より一層多元的に中国語のアスペクトについての理解を深めることができると思う。

　本書の訳者の１人である李佳樑さんは戴耀晶教授の愛弟子である。李さんは小嶋美由紀さんの協力を仰いで恩師の著作を訳し、さらに訳者としての注釈まで施して読者の理解を助けるとともに、時にはやんわりと恩師の見解に「ツッコミ」も入れている。原著者の戴教授が本書を手に取ることができないのは残念なことではあるが、教授も孝行な弟子の仕事ぶりを天からご覧になり、きっと喜んでおられることだろう。

　　　2020年晩秋

　　　　　　　　　　　　　　　　　　　　　　　　　小野秀樹

目　次

凡　例

グロスの略語一覧

1　　　　　1人称。

2　　　　　2人称。

3　　　　　3人称。

AUX　　　意志願望や義務・推論を表す助動詞。中国語学では「能願動詞」
　　　　　ともいう。共通語の"得""該""能""好""会""想""要""愿
　　　　　意"など。

BA　　　　動作の対象や直接の影響を被る事物をサブ話題化する前置詞。
　　　　　共通語の"把"。

CL　　　　類別詞。中国語学では「量詞」という。数詞または指示詞の後
　　　　　に用いる。

DE　　　　連体修飾語（名詞句）を構成する構造助詞。被修飾語が省略さ
　　　　　れることもある。共通語の"的"。

DEM　　　指示詞。共通語の"这"（近称）と"那"（遠称）。

GUO　　　経験アスペクトの文法形式。共通語の"过"。

INTJ　　　間投詞。共通語の"啊""噢"など。

LE　　　　完了アスペクトの文法形式。共通語の"了"、泰和方言の
　　　　　"矣""刮""改"。

LOC　　　方位詞。名詞の後につけて場所化する。"里"（〜の中）、"上"
　　　　　（〜の上）など。

NEG　　　否定副詞。共通語の"不""没"、泰和方言の"呒"。

NUM　　　数詞。"一""二"などのほか、一般に数量のみに使う"两"（2）
　　　　　や序数、10以下の数を尋ねる疑問詞"几"など。

PL　　　　複数。

PROH　　　禁止を表す副詞。共通語の"别"。

PTC　　　動作行為等の描写や評価をする様態補語を導く、動詞の直後に
　　　　　置く構造助詞。共通語の"得"。

Q	疑問を表す副詞または形態素。共通語の"可"、泰和方言の"阿"。
QILAI	始動アスペクトの文法形式。共通語の"起来"。"起"と"来"のあいだに目的語が割り込む場合は、「QI-目的語-LAI」と表記する。"起"の後に目的語が伴い"来"が省略される場合も、「QILAI」と表記する。
SFP	文末語気助詞。共通語の"了""的""吧""吗""呢"、泰和方言の"来矣""去矣"など。"了吧"のように、併用する場合もある。また、"了"と同形の LE もあり、動詞の直後につく"了"は文末でもあり得る。この場合は LE と SFP の区別がつかないが、本書では SFP とグロスをつける。
SG	単数。
SH.D	泰和方言における短時アスペクトの文法形式"冶"。
XIAQU	継続アスペクトの文法形式。共通語の"下去"。
ZHE	持続アスペクトの文法形式。共通語の"着"。

例文・注釈等の番号

　原著と異なり、いずれも章ごとに付す。

　原著は表に番号とタイトルが付されていないが、本書では便宜上付す。

　本文中の「※」は訳者注を表す。

その他の記号

　「＊」は当該表現が非文法的であることを意味する。「?」は当該表現が若干不自然であることを意味する。中国語の例文に対する訳が日本語として許容しにくい場合、訳文の冒頭に「(lit.)」を付ける。

　本書における中国語の発音表記については、共通語の場合は拼音（中国語の音節を音素文字に分け、ラテン文字化して表記する発音表記体系）で表記し、方言の場合は [　] で囲んだ国際音声記号で表記する。なお、国際音声記号の右上に付く数字を声調と理解されたい。例えば「55」は高くて平らな調子を意味し、「42」は下降調を意味する。

第1章　言語におけるアスペクト範疇

1.1　アスペクトの定義

1.1.1　王力、呂叔湘、高名凱諸氏の定義

　五十数年前、王力は著書《中国現代語法》(1943) で、アスペクト (aspect) を "情貌" と呼び、以下のように定義した。

　　　時間を表すものの中で、(現在から) 遠いか近いか、時間の長さ、どの段階にあるかに重きを置くものを "情貌" と言う[1]。

　具体的には、"情貌" は叙述文[※1]にのみ存在する事態の状態を表すものであるとした上で、現代中国語では、事態の開始を表すもの、継続を表すもの、進行を表すもの[※2]、完了を表すもの、さらには経過した時間が極めて短いことを表すものがあると指摘している[2]。

　翌年に出版された同氏の《中国語法理論》(1944) では、"情貌" の定義を時間には重きを置かないことを明確にして、以下のように改めている。

　　　言語の中で、動作の有り様について、過去・現在・未来には重きを置かないものの、時間性に関わっているものを "情貌" と言う[3]。

　王力はこの定義によって、テンス (tense) やムード (mood) との区別も

---

1)　王力 (1943：159) 参照。
※1　王力の言う「叙述文」は描写文 (主に形容詞述語文) や判断文と対立する文タイプであり、発話行為 (speech act) にも関連する命令文や疑問文といった話者の意図に基づく分類とは異なる。
※2　ここで言う「継続」とは、現在の動作を続けてやっていくことを表し、中国語では動詞の後に "下去 -xiaqu" をつけて表す (例：看下去 [見続ける])。一方、「進行」は動作動詞の後に "着 -zhe" をつけて、動作が今進行中であることを表す (例：看着 [見ている])。
2)　王力 (1943：151) 参照。
3)　王力 (1944：282) 参照。

つくだろうと考えている。

　上記２つの定義を吟味すれば、両者は異なる角度からのものだと分かる。１つ目の定義は、時間の表示という角度から“情貌”を規定するものである。２つ目の定義は、動作の表現という角度から“情貌”を規定すると同時に、“情貌”を時間と関連づけている。

　アスペクトは時間と密接に関係しているとはいえ、時間の角度からアスペクトを定義するのは妥当ではない。なぜなら、アスペクトとテンスの違いが曖昧になりかねないからである。むしろ動作の角度からアスペクトを定義するほうがいくぶん望ましいかもしれない。否定的な説明は厳密に言えば定義にはならない。なぜなら、このような定義は、アスペクトの本質を明確に規定することはできず、あくまでもアスペクトを研究する際の補助的かつ便宜上の指針にすぎないからである。また、「動作」のみに言及するのも十分とはいえない。アスペクトは文全体で表す状況に関わるからである。

　王力の著書に前後して出版され、後世に多大な影響を与えているほかの２つの文法書にもアスペクトの定義が述べられている。呂叔湘（1942）はアスペクトを「動相」（“动相”）と呼び、「ある動作の過程の中の各段階」と定義している。「動相」はやはり時間に関連するとされるものの「時間の概念はすでに動作の概念に溶け込んでいる」としている [4]。

　高名凱（1948）は、アスペクトとは「動作や状態が継続的行程の中で、今どのような状況にあるか……つまり、動作や状態がすでに終了したのか、進行中なのか、始まったばかりなのか、それともすでに（終了後の）結果状態の中にあるのか、といったことに重きを置く」ものであるとしている [5]。この２つの定義はいずれも、王力同様アスペクトと動作の関係を強調するものである。

　アスペクトの意味を考える際には、動作（action）と動作の過程（process）の両方を考慮に入れねばならないことは言うまでもない。しかし、文全体およびそれで表される事態（event）に目を向けない限り、アスペクトに関し

4）　呂叔湘（1942：228）参照。
5）　高名凱（1948：188）参照。

2

て包括的な理解ができないし、アスペクトの意味を表す様々な形式を統括することも不可能である。

1.1.2　Quirk、Comrie 諸氏の主張

議論を深めるために、ここでアスペクトに関する海外の研究者の論考を紹介し、検討したい。

イギリスの言語学者 R. Quirk らにより 1972年に出版された *A Grammar of Contemporary English* において定義されているアスペクトは、「動詞で表される動作」のみに注目しているもので、時間には注目していない[6]。1985 年、Quirk らは原書に加筆修正を加え、題名も *A Comprehensive Grammar of the English Language* と改め、アスペクトの定義に重要な修正、つまり時間的要素を導入した。

　　　アスペクトは文法範疇の 1 つであり、（動詞が表す）時間に関わる動作の気付かれ方や感じられ方を反映する[7]。

修正後の定義においても「動詞で表される動作」という概念、つまり（アスペクトと）動詞との密接な関係（伝統的な文法論ではアスペクトは動詞に属する文法範疇と考えられている）を引き続き強調しつつ、アスペクトは動詞で表される動作の時間に関わっていると指摘している。アスペクトとテンスの違いや互いの関連性について、Quirk らは次のように述べている。「アスペクトが発話時と関連せず直示性（deictic）を持たないのに対し、テンスは発話時と関連し直示性を持つという点で、アスペクトとテンスは異なる。しかし両者は、意味的には極めて密接に関係している。例えば英語においては、異なる 2 種類の意味の具現化（realization）——テンスの形態論的具現化とアスペクトの統語論的具現化——を便宜上術語的に区別しているにすぎない[8]。」言い換えれば、テンスとアスペクトはいずれも動詞で表される動

---

6)　　Quirk, R. et al.（1972）: *A Grammar of Contemporary English*. London: Longman. "Aspect refers to the manner in which the verb action is regarded or experienced."（アスペクトは動詞が表す動作の認知のされ方や経験の有り様を指す）

7)　　Quirk, R. et al.（1985 : 188）参照。

8)　　同上、188-189 頁参照。

作および時間に関連するが、テンスは語レベルの形態変化を通して動作と関連する時間を具現化するのに対し、アスペクトは統語レベルの形態変化で時間と関連する動作を具現化する。アスペクトは語レベルではなく、統語レベルに属するという指摘[※3]は特に興味深い。アスペクト形式（とりわけアスペクトを表す形態素）は主に動詞に付接しているものの、意味的には文全体にかかっており、動詞だけにかかっているわけではない。この点は後の本書の議論に大きな方向性を示してくれている。

　Quirk らは英語を研究対象にしてアスペクトを考察しているが、アメリカの言語学者である B. Comrie は、通言語的観点からアスペクトという文法範疇について深く考察を行なっている。Comrie はアスペクトに関する専門書 *Aspect* において、J. Holt の *Études d'aspect* で提示されたアスペクトの定義「過程そのものの移り変わりに対する異なる認知方法」(different ways of conceiving the flow of the process itself)[9] を一部踏襲しながら、以下のように修正を加えている。

　　　アスペクトとはシチュエーションに内在する時間的構成に対する異なる見方である（aspects are different ways of viewing the internal temporal constituency of a situation)[10]。

　上記 Comrie の定義に基づけば、シチュエーション（situation）に内在する時間的構成を異なった方法で観察すれば、アスペクトの意味も異なるということになる。これはシチュエーションを出発点とする議論である。シチュエーションとは何か。Comrie は同書ではその内包的意味は述べておらず、シチュエーションを一種の状態、あるいは事態、あるいは過程であるといったように外延的に列挙する形で説明するにとどまっている[11]。

※3　英語におけるアスペクトの表示はテンスの表示とは異なり、動詞の形態変化のみならず、助動詞との共起によって表す。これがまさに「アスペクトは語レベルではなく、統語レベルに属する」ということになるのであろう。Quirk らによるこの指摘は本来、英語のような一部の言語に限ったものであろう。

9)　Comrie (1976：3)、注 1 より引用。

10)　同上、3 頁。

11)　同上、13 頁。

シチュエーションは通常、動詞についてのものであるため[12]、シチュエーションの分類は往々にして動詞の分類と等しい。Z. Vendler（1967）の有名なシチュエーションの4分類（活動・達成・到達・状態）はつまるところ動詞の4分類でもある。また、Quirk ら（1985）は、「状態」「事態」「動作」「過程」「活動」といった概念を述べる際に、これらを直接「動詞が表す事象」（verb-denoted phenomena）と呼んでいる[13]。

1.1.3　本書におけるアスペクトの定義

動詞はアスペクトの意味の主たる具現者であるため、動詞の研究はアスペクト研究にとって特に重要な意義を持つ。しかし、動詞はアスペクトの意味を担う唯一のものではなく、ひいてはアスペクトの意味を担う単位ですらない。アスペクトの意味を担っている単位は文であり、動詞は文の中に入ってはじめてアスペクトの意味を表せるようになるのである。文を構成するあらゆる要素が全てアスペクトの意味に影響し得る。例えば、現代中国語においては、補語[※4]と目的語が文のアスペクトの意味に影響を与え得る。次の例を見てみよう。

（1）a. 他　　跳　　{了／着}　　舞。
　　　　3sg　踊る　LE　ZHE　ダンス
　　　　彼は踊った。／彼は踊っている。

　　 b. 他　　跳　　{了／*着}　　一会儿　　　　　　　舞。
　　　　3sg　踊る　LE　ZHE　しばらくのあいだ　ダンス
　　　　彼はしばらく踊った。／（lit.）彼はしばらく踊っている。

（2）a. 他　　喝　　{了／着}　　水。
　　　　3sg　飲む　LE　ZHE　水

---

12)　文に関連づけてシチュエーションを考察する研究もある。例えば陳平（1988）、鄧守信（1986）など。

13)　Quirk, R. et al.（1985：177）参照。

※4　中国語文法論では、述語動詞の直後に現れる目的語以外の成分を一括して「補語」と呼ぶ。それらは、動作の結果（結果補語）、移動の経路・方向（方向補語）、動作の様態（様態補語）などの意味を表す。

彼は水を飲んだ。／彼は水を飲んでいる。

b. 他　喝　{了/ *着}　一　　口　水。

　3SG　飲む　LE　ZHE　NUM　CL　水

彼は水を一口飲んだ。／ (lit.) 彼は水を一口飲んでいる。

例（1）（2）のaは非限界的な事態を表すものであり、事態は時間軸上の終止点を持たない。一方のbは限界的な事態を表すものであり、事態には時間軸上の終止点を持つ。a、bはいずれも"了"-le の使用を許すが、"着"-zhe の使用については許容度に差がある。この差異は動詞によるものではなく、補語あるいは目的語のタイプによるものである。le、zhe などの形式が表すアスペクトの意味は文全体に属するもので、動詞のみに属するものではない。

　以上アスペクトに関する5つの異なる定義を見てきた。時間の角度からのものもあれば、動作の角度からのものもある。さらには、シチュエーションの角度からアスペクトの意味を規定したり説明したりするものもある。これらの定義はみな動詞に注目し、アスペクトを動詞に属する範疇の1つと見做している。これは十全ではないし、言語事実と完全に一致しているわけでもない。アスペクトの意味は文に関連づけて考察しなければならない。文は「事態」を表すものであり[14]、事態の発生と存続はまた必然的に時間と関わってくる。アスペクトとは、ある時間に存在する事態に対し、言語の使用者（話し手と聞き手）が行なう観察を反映するものである。Quirk らの言葉を借りれば、事態（Quirk らは「動詞が表す動作」しか対象にしていないが）が、どのように「気付かれたり感じられたりするか」ということである。

　ここで、筆者は事態の角度からアスペクトを次のように定義したい。

　アスペクトとは、時間の推移において、事態がどのように構成されているかを観察する方式である。

---

14)　張秀（1959：2）参照。

1.2　事態

1.2.1　テンス的な意味とアスペクト的な意味

　事態は時間の推移にしたがって発生したり、持続したり、終結するものであるため、常に一定の時間に対応している。つまり、事態は時間の中に存在する。我々が事態の具体的な時間構成（過去・現在）を観察して得られるのはテンス的な意味である。「テンス」（tense）は「事態における時間構成を観察する方式」と定義づけられる。観察対象が文の時間的構造ではなく、時間の推移の中での事態の構成となるとき、得られるのはアスペクト的な意味になる。換言すれば、テンスは事態に関連する時間を考察するものであり、アスペクトは時間に関連する事態を考察するものである。テンス的な意味は「過去・現在・未来」といった直示的、あるいはインデックス的表現（deictic or indexical expression）で具体的な時間に関わっている。アスペクトが関わる時間は事態の構成に含まれる抽象的な時間である※5。

　文において、テンス的な意味とアスペクト的な意味は、語彙で表されることもあれば、屈折(inflection)をはじめとする文法形式で表されることもある。全ての言語に、テンス的な意味とアスペクト的な意味を表す語彙があるであろう。例えば、「時間名詞」「動作動詞」などといった伝統的な用語では、テンス的な意味とアスペクト的な意味は内在的（inherent meaning）で、語彙的な意味の一部に内包されており、文に入ることによって顕在化する。文法形式はそれとは異なり、語ではないため内在的な語彙的意味を持たない。文法形式が表す意味は文の中で獲得されるものである。特定の屈折は専ら特定の意味を表す。

　ある言語がテンス的な意味を表す文法形式とアスペクト的な意味を表す文

※5　テンスとアスペクトはともに時間と関連する。しかし、テンスは傍観的な視点から事態の生起を時間軸上へ位置付けるものであり、アスペクトは事態そのものに立脚し、事態の時間的な内部構造——当該事態が始動・持続・終結といった局面のいずれにあるのか——を表明するものである。

法形式を備えてはじめて、その言語にテンスという範疇とアスペクトという範疇が存在すると言える。範疇は文法形式で表されるもので、語彙のみで表されるものではない。現代中国語にはテンス範疇が存在しないが、アスペクト範疇は存在するという本書の根拠はまさにそこにある（1.5節参照）。

1.2.2　動的事態と静的事態

　事態は時間の中に存在すると同時に、ある一定の方式でもって存在している。動的（dynamic）に存在しているか、静的（static）に存在しているかである。前者は動的事態で、後者は静的事態である。文は動的事態を表すものもあれば、静的事態を表すものもある。

（3）a. 他　　拍　　着　　手 （笑　　着）。

　　　　 3sg　叩く　zhe　手　 笑う　zhe

　　　　 彼は手をたたいて（笑って）いる。

　　　b. 他　　盤　　着　　腿 （坐　　着）。

　　　　 3sg　組む　zhe　足　 座る　zhe

　　　　 彼は足を組んで（座って）いる。

　例（3）a は動的事態である。そこに含まれる "拍手"（拍手する、手をたたく）という動作は持続的過程にある。拍手の力が絶え間なく変化し、手も常に位置を変えることから分かるように、この過程において力と位置の変化が起きる。この事態の時間的推移から任意のどの点を切り出そうと、ほかの点とは構造的に異なっている。例えば、その直前の点では手のひらが下に降りて（もう一方の手のひらを）たたき、直後の点では手のひらが上にあがっている。つまるところ、動的事態は異質性（heterogeneity）という特徴を持っているのである。

　例（3）b は静的事態である。事態に含まれる "盤腿"（足を組む）という動作は、持続過程の中にあるとはいえ、その過程の中で力と位置の変化は起きない。この事態の時間の推移から任意のどの点を取り出しても、ほかの点と同じ構造をしている。例えば、直前の点で足を組んだままであれば、直後の点でも依然として足を組んだままでいる。言い換えれば、静的事態は均質

性（homogeneity）という特徴を持っているのである。

　補足すべきなのは、静的事態の中にもある意味での動的性質が含まれているということである。例えば、ｂの"他盘着腿"（彼は足を組んでいる）は、静的になる前に必ず力と位置の変化を経ている。そしてある結果を生み出し、この文が動的事態の結果として得られた静態を表現する。また、動的か静的かは文全体で決まるもので、動詞だけで決まるものではない。同じ動詞"盘腿"を使っても、"他盘着腿"（彼は足を組んでいる）は静的事態を表し、"他盘起腿来"（彼は足を組んだ）は動的事態を表す。これらの理由により、本書は伝統的な「動作（動詞）」と「状態（動詞）」といった用語は採用せず、動的事態と静的事態という概念を提唱したい。

1.2.3.　完結事態と非完結事態

　ある事態の構成を観察する方法は多くあるが、最も基本的なものは 2 種類、すなわち事態を外部から観察する方法と内部から観察する方法である。

　外部から観察する方法というのは、事態を分解不可能な総体と見做し、その性質を観察したり分析したりする――例えば、その事態は実現済みか、それとも経験済みか、持続的なものか、それとも短時的なものかを認定する[6]――ものである。そうして得られるのは完結アスペクトの意味（perfective）である。

(4) a. 宋金墀　绘制　　了　世界　上　第一　张　四色地图。
　　　人名　製作する　LE　世界　LOC　第一　CL　4 色の地図
　　　宋金墀は世界初の 4 色の地図を製作した。
　　b. 郝丽萍　见　过　那　个　男人。
　　　人名　見る　GUO　DEM　CL　男
　　　郝麗萍はあの男を見かけたことがある。

上記 2 つの文はいずれも事態全体に関心があり、事態の内部構造には無関

※ 6　「経験済み」と「短時的なもの」はそれぞれ動詞接尾辞の"过"-guo と動詞重ね型を意識して言及されたのであろうが、これらをアスペクトとみなさない立場もある。

心である。a は実現済みの意味で完結した事態を表し、b は経験済みの意味で完結した事態を表す。述詞^{※7}に後続する"了"-le や"过"-guo といった成分は、その文で表される事態の完結性を表示する。"已经"(すでに)、"曾经"(かつて)などの副詞句も完結的事態を表す文によく用いられる。例えば"你看看我，我看看你。"(君は私をちょっと見て、私は君をちょっと見る→互いに少しのあいだ見合う)のような動詞重ね型を述語^{※8}の主要部にとる文も完結的事態を表すが、この種の文は事態の時間的過程が比較的短いということを意味するもので、事態の時間量的特徴を強調するものである。

　内部から観察する方法とは、事態を分解可能な構造体として観察や分析を行なうものである。1 つの事態の内部構造としては少なくとも起動点(inception)と終結点(termination)そして両者のあいだの持続過程(duration)がある。この観察方法はそのような構造の一部分を観察するもので、そうして得られるのは非完結アスペクト(imperfective)の意味である。

(5) a. 郝丽萍　突然　哭　　起来　了。

　　　 人名　　突然　泣く　QILAI　SFP

　　　 郝麗萍は突然泣き始めた。

　　b. 林洁　正在　　　　　　　　　 看　　琼瑶　的　小说 《在水一方》。

　　　 人名　ちょうど…ところだ　読む　人名　DE　小説　作品名

　　　 林洁はちょうど瓊瑶の小説『在水一方』を読んでいるところだ。

　　c. 我　在　灯　下　记　着　日记　呢。

　　　 1SG　…で　灯り　LOC　記す　ZHE　日記　SFP

　　　 わたしは灯りの下で日記をつけている。

　上記の文はいずれも事態をその内部構造に着目して観察したものである。例 (5) a は事態の起動点に着目し、b と c は事態の持続過程に着目している。"起来"-qilai(～しはじめる)や"着"-zhe(～している)のような述詞に後続する形式と"正""正在"(まさに、ちょうど)といった副詞句は通常、文が表す事態の非完結性を表示するものである。

※7　述詞とは中国語学において動詞と形容詞を指す。

※8　中国語学における「述語」("谓语")は主語以外の部分を指す。

　事態がその過程において一旦中断し、その後再び継続していくという過程も、事態の内部に立脚して観察される。現代中国語では例（6）のように、それを述詞に後続する"下去"-xiaqu という形式を使って表示する。

（6）他（望　了望　　門口，又）接着　　説　下去。

　　　3SG 眺める LE 眺める 入り口 また 引き続き 話す XIAQU

　　　彼は（入り口のほうをちょっと見て）、引き続き話をした。

　事態の終結点に注目した文においては、現代中国語では例（7）のように、述詞に後続する形式"完"（終わる）でそれを表示するように見える。

（7）王海　喝　完　　　了这　杯　水。

　　　人名　飲む　終わる　LE DEM CL 水

　　　王海はこの水を飲み終えた。

　しかしながら、以下のいくつかの点に留意が必要である。第一に"完"は機能語的な形態素になりきっておらず、「完了する、完成する」という整然たる語彙的な意味を有する動詞であるという点である。"完"は事態の終結点を表せるが、それは固有の語彙的な意味が文において実現した結果であり、文法的に抽象化された何らかのアスペクト的な意味であると見做す必要はない。第二に"完"は事態の終結を表示するというより、むしろ直前の動詞が表す動作の結果を表すものというべきであろう。"光"（網羅する）、"尽"（尽くす）、"斉"（揃う）、"够"（十分である）といった動詞や形容詞が別の動詞の後ろに付いた場合と同様に、「動作の影響がその対象となる客体全体に及んでいる」ということを示す[15]※9。第三に、事態が終結点に達しているということは、観察の角度からするとその事態が終了していることになるため、事態が完結性を持っているとみなすこともできる。完結アスペクトを表す形式の"了"-le が"完"と同じ文に共起する理由はそこにある（"了"については 2.1 節参照）。

---

15)　Yakhontov（1957：88）参照。

※9　"光"、"斉"などはもともと語彙の意味に「すっかり〜する」という客体全体が影響を被る意味合いが含まれている。一方、"完"にはもともとそのような意味がないが、著者は"完"を使用した場合でも、客体が全て影響を被っている意味があると考えている。

"了"-le と共起できる非完結アスペクトの意味を表す形式には、ほかに"起来"-qilai や "下去"-xiaqu がある。しかし、非完結アスペクトを表す別の形態素である "着"-zhe は "了"-le と共起できない。一方、"起来"-qilai と"下去"-xiaqu は、完結アスペクトを表すもう 1 つの形態素である"过"-guo と共起しないし、動詞の重ね型とも共起しない。アスペクトを表す形態素との共起関係については、3.2.5 と 3.3.4 に譲る。

1.3　シチュエーションと動詞の分類

1.3.1　シチュエーションとは

　シチュエーションとは、言語において動詞が表す状況と有り様（時間的な幅を持っているかどうかの時間的指標）のことである。例えば、動詞が表しているのは静的（static）な状況なのか、それとも動的（dynamic）な状況なのか、持続する（durative）という有り様なのか、それとも瞬間的（punctual）な有り様なのかということである。さらに、結果の意味を含意する(telic)か、それとも含意しない（atelic）か、といったことも関連する。

　研究者たちはずいぶん早くから動詞が有するシチュエーションの意味に注目してきた。古代ギリシャの哲学者であり言語学者でもあるアリストテレス（Aristotle）は、動詞の中にはその意味が結果の局面に関わるものとそうでないものがある、という言語事実に気づいていた。この事実については、現代の哲学者と言語学者にも幅広く興味を持たれ、奥深く体系的な議論がなされている。周知のように Vendler は1967年に動詞を以下の 4 つのタイプに分類したが [16)]、それはまさしくそれぞれのタイプの動詞が他のタイプと異なるシチュエーションを表すためである。

1. 活動（activity）
2. 達成（accomplishment）
3. 到達（achievement）

---

16)　Vendler（1967）: *Linguistics in Philosophy*. Ithaca: Cornell University Press.

4．状態（state）

　それ以降、多くの言語学者が理論と言語資料の両面からこのシチュエーション分類法を検証し、充実させてきた。研究者によっては、他のシチュエーション分類法を提案するなど多くの研究成果が蓄積されている。ドイツのシュトゥットガルト大学の言語学者であるHoepelman（1978）によれば、個々の動詞が属するタイプを次のような方法で認定することができる[17]。

　達成動詞（例：close）は in ten minutes（10分以内に）のような副詞句の修飾を受けることができるが、他の3タイプはできない。達成動詞は for ten minutes（10分間）のような副詞句の修飾を受けることができないが、他の3タイプはいずれもできる。

　到達動詞（例：spot）は for ten minutes の修飾を受けると動作が繰り返されることが含意されるが、活動動詞と状態動詞にはそのような含意はない。

　活動動詞（例：push）は進行アスペクトの形になると、完了アスペクト形式の意味を含意するが[18]、達成動詞にはこのような含意はない。

　状態動詞（例：know）は進行アスペクトの形式を持たない。

　Hoepelman（1978）を元にした英語の4タイプの動詞の区別は、次の表のように示すことができる。

17）　Hoepelman（1978：121-123）参照。

18）　Hoepelman（1978）で用いられた判別法は以下のようなのものである。もし "an A was V-ing a B" が "an A V-ed a B" を含意するなら V は活動動詞であり、そうでなければ達成動詞である。そこにある A と B は普通名詞、V は他動詞であり、V-ing と V-ed はそれぞれ V の進行形（progressive）と完了（perfect）分詞である。Hoepelman は、この判定法を不規則他動詞および自動詞にも適用できると考えている。*Studies in Formal Semantics* の 121-122 頁参照。

　類似する考え方は Comrie（1976：44-45）における完了アスペクト（perfect）と非完結アスペクト（imperfective）の意味特徴に関する分析にも見られる。Comrie は John is singing. から John has sung. が含意され、John is making a chair. は John has made a chair. を含意しない、ということを例として挙げている。

13

表 1-1　英語の 4 タイプの動詞の区別

タイプ	例	in ten minutes の修飾を受ける	for ten minutes の修飾を受ける	進行相
活動	push	− ※10	+	完了相の意味を持つ
達成	close	+	−	−
到達	spot	−	+（反復意あり）	
状態	know	−	+	進行相なし

　前述したように、イギリス言語学者の Quirk らは、シチュエーションタイプ（situation type）を取り上げた際、状態・事態・動作・過程・活動などの概念に言及し、それらを「動詞が表す現象」とした。そこから、彼らはシチュエーションを動詞と関連づけて考察する立場をとっていることが分かる。彼らの分類法では、英語の動詞は11種類、つまりシチュエーションのタイプが11種類あることになる[19]。

　シチュエーションの特徴に基づいて現代中国語の動詞を分類する研究も稀に見られる。邢公畹（1979）は、動詞は動作が終了しているかどうかに基づいて、完了動詞と非完了動詞に分類することができると主張している。その形式上の判別基準は、"着"-zhe が付くものが非完了動詞であり、"着"-zheは付かず "了"-le が付くものは完了動詞である、というものである。邢公畹は注釈で、この方法のみで動詞を分類するのは幾分難しいことを認めている。例えば、"着"-zhe も "了"-le も付かない動詞についてはこの方法では判断できない。それゆえに、「中立的」動詞と言って矛盾を解消しようとしている[20]。つまり、シチュエーションの角度から動詞を分類した場合、完了動詞・非完了動詞・中立的動詞という 3 つのタイプになる。

　馬慶株（1981）はまず持続を基準にして、中国語の動詞を 1）持続動詞と

※10　原著では「+」となっているが、誤植だと思われる。

19)　この11種類のシチュエーションの名称および意味論的・統語論的な特徴について、Quirk ら（1985）に詳細な記述がある。200-209 頁参照。

20)　邢公畹（1979：84）参照。

非持続動詞という 2 種類に分ける。2）持続動詞においては、完了したかどうかに基づいてさらに非完了動詞と完了動詞という 2 つの下位分類を設ける。3）完了動詞においては、状態的かどうかに基づいて非状態動詞と状態動詞に分ける[21]。馬慶株はこのような分類法により、動詞を 4 タイプ――非持続動詞・非完了動詞・非状態動詞・状態動詞――に区分した[※11]。持続・完結・状態といった用語から分かるように、分類の着眼点はやはり動詞が表すシチュエーションである。

　戴浩一（1984）は Vendler が提唱したシチュエーションの 4 分類を援用して現代中国語の動詞を考察し、シチュエーションのタイプと動詞のタイプのあいだに対応関係が存在すると述べ、さらに現代中国語には動作・状態・到達[※12]という 3 種類のシチュエーションしか存在せず、それに連動して動詞も 3 種類のみであると主張している[22]。つまり、達成タイプは動作類に含まれるわけである。英語と異なり、中国語の動作動詞は達成（attainment）の意味を必ずしも含まないからだと言う。以下の例（8）は戴浩一（1984）からの引用である。

（8）我　　昨天　画　　了　一　　幅　　画，　可是　　没　　画完。

　　　1SG　昨日　描く　LE　NUM　CL　絵　　しかし　NEG　描き終わる

　　　(lit.) わたしは昨日絵を一枚描いたが、描き終わっていない。

　鄧守信（1986）はシチュエーションのタイプが動詞の分類に一致しているという考えに異論を訴え、さらに中国語には達成のシチュエーションが存在

---

21)　馬慶株（1981）：时量宾语和动词的类。《中国语文》1981年第 2 期。

※ 11　馬慶株は非持続動詞の典型例として "死"（死ぬ）を挙げている。持続動詞には非完了動詞と完了動詞があり、馬慶株はそれぞれを、「強持続性動詞」（例："等"［待つ］）、「弱持続性動詞」と呼ぶ。また完了動詞（弱持続性動詞）はさらに、動作の持続のみを表す非状態動詞（例："看"［見る］）と、動作の持続と結果状態の持続の両方を表せる状態動詞（例："挂"［掛ける、掛かる］）に分けることができるとしている。

※ 12　原著の "动作、状态、结果" を、Vendler の 4 つの動詞分類に合わせ、それぞれ「動作、状態、到達」と訳す。

22)　Tai（1984）：Verbs and Times in Chinese: Vendler's Four Categories. *Lexical Semantics*. pp.289-298. Chicago Linguistic Soceity.

しないという主張にも同意していない。鄧守信は「シチュエーションはコミュニケーション上の必要最小限の状況のことであり、通常は単文で表される」とした上で、「シチュエーションは動詞の分類とかなり関連があるとは言え」、両者は「原則的に異なる2つの側面」であり、「シチュエーションは基本的には文の述語の分類であり、動詞そのものの分類ではない」と述べている。さらに鄧守信は、中国語のシチュエーションにも Vendler が提唱した4分類を認めるべきであると主張し、「そうすれば中国語のアスペクト体系に関する比較的明確な分析が可能だ」[23] という。また、例（8）は中国語として非文法的な文だとし、中国語に達成のシチュエーションが存在しないという戴浩一の指摘に異議を唱えている [24]。

　陳平（1988）はシチュエーションの分類は動詞のみではなく、文全体を対象にするという鄧守信の主張には同意している。しかし、陳平は中国語の時間体系はフェーズ（phase）、テンス（tense）、アスペクト（aspect）という三者から有機的に構成されるものだとした上で、シチュエーションタイプは文のフェーズ的構造の特徴に基づいて分類されるものであり、"了"-le、"着"-zhe、"过"-guo などのアスペクト成分を「シチュエーションタイプに入れるのは好ましくない」と述べている。「文はもっぱら文成分の語彙的な意味によってどのシチュエーションタイプに属するかが決まるものであり」、「文成分のほとんどは文中で何かしらの影響を与え得るし」、「その中で動詞は間違いなく最も重要な要素だ」としている。さらに、動詞の語彙的な意味は文がどのシチュエーションタイプに該当する可能性があるかを決めるが、動詞以外の語句は、可能性のあるそのいくつかのシチュエーションタイプから特定のシチュエーションタイプに絞りこむことを可能にする [25]。陳平は現代中国語のフェーズ構造を考察し、シチュエーションを5つのタイプ

23）　鄧守信（1986：31）参照。
24）　この批判にはにわかに同意できない。この文が意味論的にどのように解釈されるか、どのシチュエーションに帰属するかについては意見が分かれるであろうが、例（8）自体は許容できる文である。
25）　陳平（1988：402-405）参照。

16

に分け、動詞をAからJの10種類に分類する。その上で動詞の種類はシチュエーションタイプと必ずしも一致せず、対応関係が複雑だと述べている。同氏の考察は以下の表のようにまとめられる。

　表の「△」は、当該タイプの動詞が複数のシチュエーションタイプに現れることが可能であることを示す[26]。

表1-2　陳平（1988）による現代中国語の動詞の分類

シチュエーションタイプ	述語動詞のタイプ		
状態	A類	B類	△C類
活動	△C類	△D類	E類
完了	△C類	△D類	
複雑変化	F類	G類	
単純変化	H類	I類	J類

1.3.2　シチュエーションに基づいた動詞の分類

　シチュエーションの考察はレベル（level）ごとに、少なくとも動詞レベルと文レベルに分けて考察せねばならない。この2つのレベルは異なるもので、両者のあいだには具現化（realization）と被具現化の関係が存在するからである。

　まず第一に、シチュエーションは動詞に属するものである。動詞がもつ意味の1つはシチュエーションの意味（状況と有り様）であるため、動詞をシチュエーションに基づいて直接分類することができる。上で取り上げた先行研究からも分かるように、多くの研究者はその分類法を採用している。ここでは、現代中国語の動詞に対してシチュエーションに基づいた初歩的な分類を試み、さらに簡単に説明しておきたい。

---

26)　同上：408頁、413頁参照。

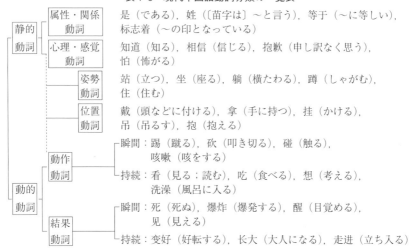

表1-3　現代中国語動詞分類の一覧表

静的 動詞	属性・関係 動詞		是（である），姓（〔苗字は〕～と言う），等于（～に等しい）， 标志着（～の印となっている）
	心理・感覚 動詞		知道（知る），相信（信じる），抱歉（申し訳なく思う）， 怕（怖がる）
		姿勢 動詞	站（立つ），坐（座る），躺（横たわる），蹲（しゃがむ）， 住（住む）
		位置 動詞	戴（頭などに付ける），拿（手に持つ），挂（かける）， 吊（吊るす），抱（抱える）
動的 動詞	動作 動詞		瞬間：踢（蹴る），砍（叩き切る），碰（触る）， 咳嗽（咳をする）
			持続：看（見る；読む），吃（食べる），想（考える）， 洗澡（風呂に入る）
	結果 動詞		瞬間：死（死ぬ），爆炸（爆発する），醒（目覚める）， 见（見える）
			持続：变好（好転する），长大（大人になる），走进（立ち入る）

　動詞の分類は複数のレベルで行なう。第1段階では、動的か否かによって静的動詞[27]と動的動詞に大別する。静的動詞は意味的には非活動性を持ち、統語的には通常"了"-le、"着"-zhe といった文法標識と共起しないという特徴を有する。"知道"（知る）、"相信"（信じる）のような心理・感覚を表す静的動詞の一部は"了"-le を後続させられるが、何らかの状態に「入る」という意味、つまり変化を表す。そのため、動作動詞の"踢"（蹴る）、"看"（見る、読む）に"了"-le が付いた形で表された意味――何らかの活動の状態（注27参照）が実現され、なおかつその動作がこれ以上持続しないという意味――とは異なる。次の例のa と b を比較されたい。

(9) a. 我　相信　　了　他　的　話。

　　　1SG　信じる　LE　3SG　DE　話

　　　わたしは彼の話を信じた。（「信じる」という状態が続いている。）

---

27)　筆者は先行研究でよく用いられた「状態動詞」（"状态动词"）という用語をあえて採用していない。なぜなら「状態」は「動的」に対立する概念を表さないからである。動的（dynamic）と静的（static）は両方とも「状態」（state）の現れ方である。

b. 我　看　了　他　的　小说。

1SG　読む　LE　3SG　DE　小説

わたしは彼の小説を読んだ。（通常、「読む」という動作が終止している。）

　静的動詞は第2段階で属性・関係を表すものと心理・感覚を表すものの2種類に分けられる。属性関係を表すものは純粋に静的で、心理・感覚を表すものはわずかに動的状況の意味を帯びている（数は少ないがこの中の一部の動詞には"了"-le が付く）。動的動詞も第2段階で2つに分類できる。その1つは動作を表すもので、純粋にある種の動的状態を表し、それがもたらす結果を含意しないことを特徴とする。もう1つは結果を含意するもので、通常"着"-zhe が付かない。その理由は、動詞の語彙的意味に結果が含意されており、持続アスペクトで動的状態を表す必要がないからである[28]。

　静的な性質と動的な性質の両方を併せ持つ動詞にも2種類ある。1つ目は静的な性質が比較的強く、動的要素が比較的弱い姿勢動詞である。"起来"（起き上がる）、"下去"（降りて行く）、"下来"（降りて来る）のような動きを表す形式の助けがない限り、この種の動詞が述語である文は静的な姿勢しか表し得ない。

(10)a. 王虎　站　了　一　个　小时　了。

人名　立つ　LE　NUM　CL　…時間　SFP

王虎は1時間立っている。（静的姿勢）

b. 王虎　在　被窝　里　躺　着。

人名　…で　布団　LOC　横になる　ZHE

王虎は布団の中で横になっている。（静的姿勢）

c. 王虎　腿　一　软，　蹲　了　下去。

人名　脚　NUM　柔らかい　しゃがむ　LE　降りて行く

王虎は足の力が抜け、しゃがみ込んだ。（動的状態を表す）

---

28)　"醒着"（起きている）、"病着"（病気である）は例外である。鄧守信（1986：34）にある"达成句的时间结构"（達成文の時間的構造）を参照。

19

2つ目は静的性質が比較的弱く、動的性質が比較的強い位置動詞である。

(11) a. 他　把　望远镜　挂　　到　　脖子　上。

　　　　3SG　BA　双眼鏡　掛ける　…に　首　　LOC

　　　　彼は双眼鏡を首に掛けた。

　　　b. 他　脖子　上　挂　　　着 ／ 了　望远镜。

　　　　3SG　首　LOC　掛ける　ZHE　LE　双眼鏡

　　　　彼の首に双眼鏡が掛かっている。

"挂"（掛ける、掛かる）のような位置動詞は動作義と位置義を持っている。位置義とは、動詞で表される動作がある場所・位置に作用し、なおかつ動作が終了した後も動作の結果がその位置に存続するという意味である。

　例（11）aは動的な状況を表すのに対してbは静的な状況を表し、動詞で表される動作の結果が見られる場所（首）に重きがある。位置動詞には動的表示法と静的表示法がある。動的表示法は"在＋V"（例："他在挂望远镜"[彼は双眼鏡を掛けようとしている]）または"V＋補語"（例（11）a"挂到"）である。静的表示法は"場所句＋V"（例（11）b"脖子上挂"）という形式をとり、さらにVの直後に"着"-zhe あるいは"了"-le を付けることができる。位置動詞はよく存在文に用いられる。位置動詞の語彙的意味に動作義が含まれているため、場合によっては静的表示法には多義性が生じる——もちろん静的性質の傾向が比較的強いのだが。朱徳熙（1985）は"屋里摆着酒席"（部屋の中に宴の席を設けている）と"山上架着炮"（山に鉄砲を取り付けている）という例を挙げ、"場所句＋V"という文型は事物の存在と動作の持続という2つの意味を併せ持つ場合があると指摘した[29]。位置動詞に"着"-zhe、"了"-le が付くということについては、3.1.4 でも取り上げる。位置動詞が静的な状況を表し得るという点は、動作動詞と明らかに異なるのである。

　第3段階では、動作動詞と結果動詞を、それぞれ持続し得るかどうかという基準でさらに2種類に分ける。瞬間的動作動詞は持続できない動作を表す。それは時間軸上の点的な瞬間を占めるため、"着"-zhe が付く場合は動作そ

29）　朱徳熙（1985：65）参照。

のものの繰り返しを意味する。持続可能な動作を表す動詞に"着"-zhe を後続させる場合は、繰り返しという意味がない。その動作は時間軸上の線的な区間を占めるのである（"踢着门"［ドアを蹴り続けている］と"看着书"［本を読んでいる］を比較してみよう）。

　瞬間結果動詞は瞬間的に結果状態に達し、持続不可能な動作を表す。持続結果動詞はある持続的な過程を経て結果に到達するが[30]、（瞬間結果動詞と）同様に持続不可能である動作を表す。これが動作動詞との相違点である。動作動詞における持続は動作そのものの持続であり、それゆえに"着"-zhe が付く。それに対して、持続結果動詞における持続は結果の持続ではなく、結果に到達するまで何らかの過程があるということを指す。そのため、持続結果動詞には通常"着"-zhe が付かない。次の例の a と b を比較されたい。

(12) a. 兰生　　津津有味地　　吃　　着　　面条。

　　　人名　　美味しそうに　食べる　ZHE　麺

　　　蘭生は美味しそうに麺を食べている。

b. 兰生　三　　个　　月　　就　　　变好　　　了。

　人名　NUM　CL　月　早くも　好転する　SFP

　蘭生は 3 カ月でもう良くなった。

1.3.3　シチェーションに基づいた文の分類

　シチュエーションは文に属するものでもある。シチュエーションに基づいて動詞を分類することができるとすれば、同様にシチュエーションに基づいて文を分類することもできるはずである。文のタイプと動詞のタイプは完全には一致しないが、とても密接に関連する。中国語における文のシチュエーションタイプは状態・活動・達成・到達という 4 種類に分けられる。

---

30)　よく使われる持続結果動詞は動補構造[※13]から成る。例えば、修好（直す）、长高（身長が伸びる）、拉长（伸ばす）、拓宽（広げる）、铺满（敷き詰める）、搞成（成し遂げる）など。

※13　動補構造は動詞と補語から構成される。中には複合動詞と認めてもよいと考えられるものがある。

静的状態を表す文のシチュエーションタイプはある状況が存在することを表し、活動と変化をその意味に含まない（例：“每个人都爱自己的故乡”［誰もが自分のふるさとを愛している］）。このタイプの文には、属性・関係動詞、心理・感覚動詞、姿勢動詞および位置動詞が用いられる。

　活動という文のシチュエーションタイプは動作の過程を表し、その動作に内在する終結点があるかないかは問わない（例：“每个人都在看书。”［誰もが本を読んでいる］）。このタイプの文に用いられる動詞は、主に動作動詞と位置動詞である。

　達成という文のシチュエーションタイプは動作を表すと同時に、その動作には内在的な終結点があることを示す（例：“每个人都唱一首歌。”［誰もが歌を一曲唄う］）。このタイプの文に用いられる動詞は、主に動作動詞、位置動詞、姿勢動詞である。鄧守信（1986）に挙げられている達成シチュエーションの例“他学会法语了”（彼はフランス語をマスターした）など[31]は、次の到達という文のシチュエーションタイプに帰属させるべきである。

　到達という文のシチュエーションタイプは変化を表す。その変化は瞬間的に実現した、もしくは何らかの活動によってもたらされた結果である（例：“小王病了”［王くんは病気になった］、“小王吃胖了”［王くんは食べて太った］）。このタイプの文に用いられる動詞は結果動詞である。

　1つのタイプの動詞が複数の文のシチュエーションタイプにまたがることがある。特に位置動詞は状態・活動・達成という3種類のシチュエーションの文に生起することができる。これは考えるべき課題である。例えば、動詞“挂”（掛ける、掛かる）は以下3種の文に用いられる。A、状態文“衣架上挂着一件衣服”（ポールハンガーに服が一着掛かっている）、B、活動文“他往衣架上挂衣服”（彼はポールハンガーに服を掛ける）、C、達成文“他挂了一件衣服在衣架上”（彼はポールハンガーに服を一着掛けた）。

　また、文のシチュエーションタイプを決める際には、動詞のタイプと文の各成分の語彙的な意味からなる「フェーズ」（phase）の構造を考慮に入れる

31）　鄧守信（1986：30, 33）参照。

ほか、文のアスペクト（aspect）も観察せねばならない。アスペクト成分は
文のシチュエーションタイプに決定的な影響を及ぼす場合があるからであ
る。

(13) a. 小王　戴　　　戴　　　　眼鏡（摸　摸　　鏡片，覚得　　挺　　　新奇）。
　　　　人名　着用する　着用する　メガネ　触る　触る　レンズ　感じる　とても　新鮮だ
　　　　王くんはメガネを掛けた（り、レンズに触ったりして、珍しがって
　　　　いた）。

　　 b. 小王　中学　　時　　　戴　　　　過　　眼鏡。
　　　　人名　中学校　…とき　着用する　GUO　メガネ
　　　　王くんは中学時代にメガネを掛けたことがある。

　　 c. 小王　戴　　　　着　眼鏡　（来　　上課）。
　　　　人名　着用する　ZHE　メガネ　来る　授業を受ける
　　　　王くんはメガネを掛けたまま（授業を受けに来た）。

　　 d. 小王　戴　　　　　眼鏡。
　　　　人名　着用する　メガネ
　　　　王くんはメガネを掛ける。

　(13) a は動詞の重ね型を用い、b は動詞に“过”-guo を後続させており、
ともに活動のシチュエーションを表す。c の動詞は“着”-zhe を後続させて
いるが（-le を後続させることも可能である）、位置動詞であるため、ここで
は文が状態シチュエーションタイプであることを示している。d はアスペク
ト形式を用いていないため、文のシチュエーションタイプは多義的で、活動
シチュエーションも状態シチュエーションも表し得る。実際の使用環境にお
いて文脈によって判断せねばならない。

　一方、あるアスペクト形式がどの動詞と結びつくか、またそれらが異なる
シチュエーションタイプの中でどのように使用されるかについても、動詞の
タイプや文のシチュエーションタイプの決定に影響を与える。その主な現れ
として、あるアスペクト形式はある種類の動詞とは共起できるが、別の種類
の動詞と共起できないなどや、あるアスペクト形式はある特定のシチュエー
ションタイプの文には用いられるが、別のシチュエーションタイプの文には

用いられない、などが挙げられる。例えば、"着"-zhe は属性・関係動詞と
心理・感覚動詞とは共起せず、一般に結果動詞とも共起しない。また到達の
シチュエーションタイプの文にも用いられない。さらに、"着"-zhe は姿勢
動詞・位置動詞と共起した場合は通常状態的な意味を表し、瞬間的な動作動
詞と共起した場合は往々にして動作の反復を意味する。

1.4　3グループの意味素性

　1.3 節では動詞の分類と文のシチュエーションタイプを考察した。これら
の分類は一連の意味素性に基づいている。意味素性は言語形式の意味を決定
したり、形式同士の組み合わせや、その組み合わせの意味を一部制限したり
する。Comrie（1976）は意味素性を「異なるタイプの語彙項目に内在するア
スペクト（意味的なアスペクト）の特性」としている[32]。Comrie によれば
意味素性は主に［±持続］、［±限界］、［±動的］を元にして3つのグループ
に分けられる。

　Ⅰ．持続と瞬間

　Ⅱ．限界と非限界

　Ⅲ．動態と静態

　現代中国語を対象とした先行研究でこの3グループの意味素性は広く使用
されている。しかし、実際具体的に分析する過程で、この3グループの意味
素性の意味と運用に関する理解は必ずしも一致しているわけではなく、意味
素性は異なるレベルの分析に用いられてきた。馬慶株（1981）はこの3グルー
プの意味素性に基づいて中国語の動詞を分類し、陳平（1988）は文のシチュ
エーションタイプの分類に、これらの意味素性を用いている[33]。ここでは、
アスペクトの意味に関わる文の成分——例えば動詞、アスペクト形式、時間

---

32)　Comrie, B.（1976：41）参照。

33)　　馬慶株（1981）における動詞の分類は［±持続］、［±完了］、［±状態］の順で段階
的に行なわれたものである。陳平（1988）は、3グループの意味素性に基づいてシチュエー
ションを総合的に考察し、文のシチュエーションタイプを5つに分類した。

詞など──を考慮に入れ、この３つのグループの意味素性を考察する。

1.4.1　持続と瞬間

　瞬間的に終結する事態もあれば、一定の時間持続する事態もある。例えば、爆薬が爆発するといった事態は持続できず、時間軸上の１つの点しか占めない。一方、木の成長のような事態は持続するものでなければならず、時間軸上の一定の幅を占める。つまり瞬間と持続は事態に本来備わる（inherent）、一対の意味素性である。文が事態を表すものである以上、言うまでもなく事態に本来備わった瞬間的または持続的な特徴を表す。瞬間的な事態を観察した場合は、瞬間事象文で表現し、持続的な事態を観察した場合は、持続事象文で表現するわけである。

　瞬間事象文には次のようなものがある。

(14) a. 晓霞　　忘　　　　了　这　　件　　事。
　　　　人名　忘れる　LE　DEM　CL　事柄
　　　　暁霞はこの件を忘れた。

　　 b. 一　　　颗　　手榴弹　爆炸　　　　了。
　　　　NUM　CL　手榴弾　爆発する　SFP
　　　　1箇の手榴弾が爆発した。

　　 c. 二虎　蹦地　　　跳　　　　　了　起来。
　　　　人名　勢いよく　跳び上がる　LE　QILAI
　　　　二虎は勢いよく飛び上がった。

持続事象文には次のようなものがある。

(15) a. 张　　政委　　　整天　想　　　着　作战　计划。
　　　　人名　政治委員　一日中　考える　ZHE　作戦　計画
　　　　張政治委員は一日中作戦計画を考えている。

　　 b. 田野　里　飘　着　淡淡的　花香。
　　　　畑　　LOC　漂う　ZHE　微かな　花の香り
　　　　畑には微かな花の香りが漂っている。

c. 英姑　"呜呜"　　哭　个　不　停。

　　人名　うっうっ　泣く　CL　NEG　止む

　　英姑は「うっ、うっ」と絶え間なく泣き続けている。

　瞬間的事象を表す文はよく瞬間動詞を述語に用いる。例えば、例（14）の"忘"（忘れる）[34]と"爆炸"（爆発する）は瞬間結果動詞であり、"跳"（飛び上がる）は瞬間動作動詞である。しかし、瞬間動詞が述語になる文が必ずしも瞬間的事象を表すとは限らない。

(16)a. 王冕　七　　岁　上　死　　了　父亲。

　　　人名　NUM　歳　LOC　死ぬ　LE　父親

　　　王冕は7歳のときに父親が死んだ。

　　b. 王冕　的　父亲　死　　了　三　　年　了。

　　　人名　DE　父親　死ぬ　LE　NUM　年　SFP

　　　王冕の父親が死んで3年経っている。

　上の2つの文ではともに瞬間結果動詞の"死"（死ぬ）が使われている。例（16）aは瞬間的事象を表す。つまり、当該事態の発生と終結は1つの時点しか占めない[35]。一方、bは瞬間的事象を表すものではない。文中の述語動詞"死"（死ぬ）は瞬間的事象を表すが、"死了三年了"（死んで3年経っている）という語句は持続可能な時間幅——動詞が表す事態が終結した後に持続する時間——を表すからである。そのため、（動詞だけではなく）文全体で表す事態が持続的な性質を帯びるわけである。

　無論、例（16）bにおける動詞は瞬間的事象を表すため、その意味構造は非瞬間動詞が述語として用いられている文の意味構造とは異なる。以下の文を比較してみよう。

---

34)　Yakhontov（1957）は"忘了"を1語とみなし、思考と感覚を表すものと述べている。中国語訳本の80-81頁を参照。

35)　「時点」（point）は物理的な概念でもあれば、心理的な概念でもある。言語運用面では、時点の「長さを持たない（ため持続できない）」という心理的な概念がより強調される。Comrie（1976：41-44）はcoughとreachなどの英語の瞬間動詞を例に挙げ、言語学で言うところの「瞬間」は物理的には極短の時間幅をもたせることも可能だと述べている。

(17)a. 王冕　的　父亲　死　　了　三　　年　了。

　　　人名　DE　父親　死ぬ　LE　NUM　年　SFP

　　　王冕の父親が死んで 3 年経っている。

　　b. 王冕　的　父亲　干　　了　三　　年　（活）　了。

　　　人名　DE　父親　やる　LE　NUM　年　仕事　SFP

　　　王冕の父親は（仕事を）3 年間やっている。

　例（17）a の"三年"（3 年間）は瞬間的事象の"死"（死ぬ）が終結した後に経過する時間を表すが、b の"三年"（3 年間）は非瞬間的行為の"干"（やる）自体が継続する時間を表す。二者の相違は時間軸を用いた図で示すことができる。

　　　　　図 1-1　　　　　　　　　　　　図 1-2

　瞬間動詞が持続的事象を表す文に用いられる際、動作の反復が表されることもある。

(18)a. 王虎　轻轻地　敲　　着　门。

　　　人名　軽く　叩く　ZHE　扉

　　　王虎は扉を軽くノックしている。

　　b. 李大麻子　又　　使劲地　砍　　　了　几　刀。

　　　人名　　　また　力強く　叩き切る　LE　NUM　包丁

　　　李大麻子はまた力強く数回包丁で叩き切った。

　例（18）にある"敲"（叩く）、"砍"（叩き切る）はいずれも瞬間的動作を表す動詞である。"敲着门"（扉をノックしている）は、"敲"（叩く）という動作が繰り返されることによって持続的性質を帯びるようになる。"砍了几刀"（数回包丁で叩き切った）は"砍"（叩き切る）という動作が 2 回以上発生していることを表し、そのため持続性をもつようになる。このように、この 2 つの文はともに持続的事象を表す。

　以上から分かるように、瞬間動詞は持続的事象を表す文に用いることもで

きる。このような文は、ある行為が終結した後の持続（瞬間結果動詞）、または反復によるその動作の持続を表す。しかし、それを可能にする一定の条件がある。その1つ目は、例（16）bに"三年"（3年間）があるように、文に行為が終結した後に（結果状態が）持続した時間量を表す語句があることである。2つ目は、例（18）bに"几刀"（[包丁で] 数回）があるように、文に動作が繰り返される回数を示す語句があることである。これらの条件が満たされていなければ、例（19）のように瞬間動詞を述語にした文はもっぱら瞬間的事象を表す。

(19) a. 马书记　冷不丁　咳嗽　　　一　　声。

　　　人名　　不意に　咳をする　NUM　CL

　　　馬書記は不意に1回咳をした。

　　b. 春妮　天　不　亮　　就　　　醒　　　了。

　　　人名　空　NEG　明るい　すぐに　目覚める　SFP

　　　春妮はまだ外が明るくなっていないのにもう目が覚めた。

　一方、次の文は両義的である。文中の動詞が、瞬間的結果の意味と持続的動作の意味を併せ持っている多義語であることに起因する。しかし、文全体の解釈はともに持続的事象となる。

(20) 冯二苟　走　　　　　　了　半　　天　了。

　　　人名　　離れる／歩く　LE　半分　日　SFP

　　　馮二苟が離れてから半日が経っている。／馮二苟は半日歩いている。

　"走"は「離れる」という意味では瞬間的な性質をもつが、「歩く」という意味では持続的な性質をもつ。時間量を表す"半天"との共起により、この文の2つの意味（厳密に言うと、同じ形式をしている2つの文となるが）はいずれも持続的であり、持続の意味内容が異なるだけである。

　現代中国語には、動作（の時間）が短いことを表す動詞の重ね型がある。動詞の重ね型が述語になる文は通常、短時的（transitory）な事態を表す[36]。

36）　動詞の重ね型がどういう意味を表すかについては様々な考え方がある。用語だけでも"短时体（短時アスペクト）""尝试体（試みアスペクト）""叠动体（畳動アスペクト）""轻微体（軽微アスペクト）"など多岐にわたる。本書では中国語の動詞の重ね型を、時間的な角度から「時間量が比較的少ない活動を表すもの」と見做す。

(21) a. 林静　朝　　他　摆　　摆　　手，快步　　走　　出　门　外。
　　　　人名　…に　3SG　振る　振る　手　急ぎ足　歩く　出る　扉　LOC
　　　　林静は彼にちょっと手を振り、急ぎ足でドアの外に出た。

　　b. 荷花　满不在意地　　　　　　　撇　　撇　　嘴。
　　　　人名　少しも気にしなさそうに　曲げる　曲げる　口
　　　　荷花は少しも気にしていない様子で口をへの字にちょっと曲げた。

　短時は瞬間と持続のあいだに位置する中間的な状況である。瞬間と比べると、短時の行為は時間軸上の点ではなく、一定の幅がある線を占めるようである（例（22）参照）。

(22) 你　看　　看　　我，我　看　　看　　你，两　人　都　不　开　口。
　　　2SG　見る　見る　1SG　1SG　見る　見る　2SG　NUM　人　みな　NEG　開く　口
　　　2人は互いに少しのあいだ見合って、どちらも口を開こうとしない。

　一方、持続という特徴と比べると、短時の行為は時間軸上の点のようになる。とりわけ"了"-le を伴う動詞の重ね型で実現済みの事態を表す場合である（例（23）参照）。

(23) 荷花　把　头　点　　了　点，飞身　　　纵　　出　窗　外。
　　　人名　BA　頭　頷く　LE　頷く　勢いよく　跳ぶ　出る　窓　LOC
　　　荷花は少し頷いて、勢いよく窓の外に飛び出した。

　したがって、動詞の重ね型で示す短時は持続的ではあるが、構造全体としては持続的特徴に重きは置かれてはいない（"他翻翻书"［彼はちょっと本をめくった］と"他翻着书"［彼は本をめくっている］を比較されたい）。この構造を述語にした文には通常時間の幅を表す語句が現れない（"*他点点一会儿头"［(lit.) 彼は少ししばらく頷いた］）。要するに、中国語における重ね型構造は、動作の非持続性により重点を置いている（2.3.3 参照）。

1.4.2　完了について[14]

　完了という用語は、中国語研究者によって様々な意味で広範囲に用いられ

※14　1.4 節の冒頭で述べられていたように、Comrie（1976）は「限界（telic）か非限界（atelic）か」をアスペクトを分類する重要な意味素性の1つとして取り上げているが、ここ

ている。しばしば議論の的になるのは、機能語的形態素である "了" -le が表す「完了」という意味をどう解釈するか、である（例（24）参照）。

(24) a. 姑娘　　　　　翻　　　　　　翻　　　　　　　　上嘴唇，
　　　　若い女性　　引っ繰り返す　引っ繰り返す　上唇

　　　　睥視　　　了　老汉　　　　一　　　　　眼。
　　　　横目で見る　LE　年寄りの男性　NUM　　CL

　　　　女の子は唇をちょっと尖らせて、横目で老人をチラッと見た。

　　b. 听　　了　我　的　回答，他　　覚得　哪儿　不　　对劲儿。
　　　　聞く　LE　1SG　DE　答え　3SG　思う　どこ　NEG　適切だ

　　　　わたしの答えを聞いて、彼はどこかが違うと思った。

ところが、以下２つの文を対比させることで、"了" -le が「完了」の意味を表すことに異議を唱えた研究者がいる。

(25) a. 这　　本　书　我　看　　了　三　　天。
　　　　DEM　CL　本　1SG　読む　LE　NUM　日

　　　　この本をわたしは３日間読んだ。

　　b. 这　　本　书　我　看　　了　三　　天　　了。
　　　　DEM　CL　本　1SG　読む　LE　NUM　日　SFP

　　　　この本をわたしは３日間読んでいる。

例（25）a は「わたしはこの本を読み終えた」と解釈されるが、b は「わたしはこの本を読み終えていない」と解釈される。「"了" を１つのみ用いた場合は完了で、さらにもう１つ "了" を用いると完了でなくなるのはなぜであろうか」という疑問である [37]。この２つの文の比較から分かるように、中国語の言語事実は "了" -le が完了を表すという考え方を必ずしも支持していない。鄭懐徳（1980）は構文に着目し、例（25）の２つの文の違いについて考察したが、"了" -le そのものについては詳しく述べていない [38]。劉

の 1.4.2 の内容を見ると、perfect（完了、中国語では "完成"）に関する説明と見受けられる。

37)　呂叔湘（1961）：「漢語研究工作者的当前任務」。

38)　鄭懐徳（1980：103-106）の関連する論考を参照。

勲寧（1988）は動作そのものの完了と動作対象の完了[※15]を区別する必要があるとした上で、形態素の"了"-le は完了を表すものではなく、あくまで「実現」のみを表し、その文法的意味は「動詞・形容詞およびその他述詞形式の指示対象が事実になった」ことだと述べている。さらに、例（25）の２つの文から読みとれる「終わりまで読み通した／読み通していない」という意味は言外のものに帰すことができるとしている[39]。馬希文（1982）は動詞の直後につく"了"-le には、膠着的な機能語的形態素と動詞"了"（終える）の弱化形式である補語、という２つのものがあると主張している。それを証明する方法の１つとして、"把它扔了"が叙述文（それを捨てた）として使われているか（この場合、機能語的形態素の"了"）、それとも命令文（それを捨ててしまえ）で使われているか（この場合、補語の"了"）で見分けることができるとする[40]。

　完了かどうかを見分ける基準は動作が終了しているかどうかのみではない。Comrie（1976）は次の２つの英文を詳細に考察している。

（26）a. John is singing.

　　　ジョンは唄っている。

　　b. John is making a chair.

　　　ジョンは椅子を作っている。

　Comrie は、完了（telic）と非完了（atelic）という一対の意味素性を区別する基準を次のように提案している。

　　非完結（imperfective）の意味を持った形式（例：英語の進行形）で、

※15　「動作対象の完了」（"动作对象的完成"）とは、動作対象が完全に影響を受けているか、それともその影響が部分的なのかといったことと関連する。

39）　劉勲寧（1988：327-328）。

40）　"把它扔了"という構造が、叙述と命令の２つの解釈が可能であることについては、趙元任（1968：126-127）にも言及されている。そこでは"你把这个杯子洗干净了。"（叙述の意味：君はこのコップをきれいに洗った。命令の意味：このコップをきれいに洗いなさい。）という例が挙げられている。趙氏はこれを「重音脱落」（haplology）が起こったためと説明しており、馬希文（1982）の「補語の"了"が存在している」という主張とは異なる。

ある状況を指し示す文が、完了（perfect）の意味を持った形式（例：英語の完了形）で同じ状況を指し示す文を（論理的に）含意するならば、その状況は非完了（atelic）である。その逆は完了（telic）である[41]。

　この基準に従えば、例（26）のaは非完了であり、bは完了である[※16]。この分析は妥当であろうが、用語についてはやや理解に苦しむ[42]。Comrieはさらに、限界的なシチュエーションは、明確に定義された終結点（well-defined terminal point）に導くプロセスを必ず含み、この終結点を超えて継続することはない、という説明を加えた[43]。

　この定義は中国語にも当てはまるのであろうか。陳平（1988）は現代中国語の時間的構造を分析するにあたってこの定義を採用し、「完了か否かは、シチュエーションに固有の終結点があるかないかと、その終結点に徐々に接近するプロセスがあるかないかで決まる」としている。完了という意味素性を有する中国語の例として、"听贝多芬第九交响乐"（ベートーヴェンの「交響曲第9番」を聞く）などがあるが、この種のシチュエーションが時間軸上に占める幅の長さはすでに当該シチュエーション自身の意味内容に規定され、持続する時間には一定の限界がある。例えば上記の例では約1時間（演奏時間）となる。

　さらに陳平（1988）は、完了（telic）の意味素性を有するシチュエーショ

---

41)　Comrie, B.（1976：44）参照。If a sentence referring to this situation in a form with imperfective meaning（such as the English Progressive）implies the sentence referring to the same situation in a form with pefect meaning（such as English Pefect），then the situation is atelic; otherwise it is telic.

※16　ここは正確には、「aは非限界的であり、bは限界的である」とすべきである。含意についての説明は注18参照。注意すべきなのは、Comrie（1976：45）はあくまでsingやmake a chairなどの動詞（句）が表す事態の限界性（telicy, telic situation）について論じているのに対し、著者は文全体の限界性を考えている点である。また、原著ではperfectとtelicの中国語の訳語として同一の語（"完成"）が用いられているが、それは当時perfectとtelicとperfectiveを表す決まった中国語の訳語がなかったことによるものと推測される。つづいて著者が「用語についてはやや理解に苦しむ」と述べ、さらに注42のように言ったのもそのためであろう。

42)　この分析にしたがえば、むしろaを完了と、bを非完了と呼ぶのが相応しいであろう。

43)　Comrie, B.（1976：45）参照。

ンは内在する終結点を持つとしている。時間軸上では、完了と見做せないシチュエーションは始動点の後にある任意の点で終了することが可能であり、また理論的に永久に持続し得る（例："听音乐"［音楽を聞く]）。瞬間的な事態（例："爆炸"［爆発する]）は内在的終結点を持つが、決められた終結点に導くプロセスが欠けているため、完了と見做すべきでないと述べている[44]。

陳平と Comrie の考えから、完了かどうかを認定する原則を 3 つ抽出することができる。

（ i ）非完了（imperfective）の形式は完了（perfect）の形式で表される意味を含むか否か。

（ ii ）限定された内的的終結点を有するか否か。

（iii）終結点に導くプロセスを有するか否か。

現代中国語のいわゆる完了形式である "了"-le は印欧語の完了形と異なるため、例（25）に示したように動作の終結を必ずしも意味しない。一方、"在" zai- と "着"-zhe はいずれもいわゆる非完了（imperfective）形式であるが、それぞれ意味機能が異なるし[45]、また印欧語の進行形とも違う[46]。このため、中国語において完了か否かを認定するのに原則（ i ）は適用されない。原則（ii）は最も本質的である。完了の本質は、内在的終結点を有することである[47]。原則（iii）——終結点に導くプロセスの有無——についてはさほど強調する必要はないだろう。特に中国語においては、意味関係が複雑な動補構造を成す動詞が数多く存在し[48]（これは中国語に特徴的な現象でもある）、そこに動作の過程が反映されているかどうかは判断しにくい。

---

44) 陳平（1988：406-407）参照。
45) 李訥ほか（1983：197-206）参照。
46) 陳剛（1980）参照。
47) 完了ではない事態は終結点を持たないというわけではなく、その終結点は限定された内在的なものではないのである。例えば、"他在唱歌"（彼は歌を唄っている）は「歌を唄う」という行為が終結しないということではなく、限定されていない任意の時間の点に終結できると考えるべきである。
48) 范暁（1985）参照。

例えば、"送来"（送って来る）と "吃完"（食べ終わる）は両方とも限定された終結点と終結点に導くプロセスを有すると言えるが、あるものは過程を含む文の述語動詞になり、別のあるものは過程を含まない文の述語動詞になる※17ため区別すべきだと主張する研究者もいる[49]。しかし、これらを区別する十分な理由はないように思われる。以上の分析に基づいて、完了の意味素性は以下のように定義できる。現代中国語において「完了」は限定された内在する終結点を持つことを意味する。"爆炸"（爆発する）と "吃完"（食べ終わる）といった動詞は完了の意味素性を持ち、これらの動詞を述語とする文は通常、完了の性質を持つ（例（27）参照）。

(27)a. 一　　个　　弾药庫　爆炸　　　　了。
　　　 NUM　CL　弾薬庫　爆発する　SFP
　　　 1つの弾薬庫が爆発した。

　　 b. 倉庫　里　　的　　大米　吃完　　　　了。
　　　 倉庫　LOC　DE　米　　食べ終わる　SFP
　　　 倉庫の中の米は食べ終わった。

　完了はアスペクトの意味と密接なつながりを持つが、それ自身はアスペクトではない点に注意すべきである。"了"-le が表す完結アスペクトは完了の意味素性を有する文によく現れるが、完了の意味素性を持たない文に現れることもある。

(28)a. 今天　晩上，他　　跳　　了　　一　　个　　舞。
　　　 今日　夜　　3SG　踊る　LE　NUM　CL　ダンス
　　　 今夜彼は1曲ダンスを踊った。

　　 b. 今天　晩上，他　　跳　　了　　舞。
　　　 今日　夜　　3SG　踊る　LE　ダンス
　　　 今夜彼はダンスを踊った。

※17　"送来" は進行を表す副詞 "在" の修飾を受けることができることから、「過程を含む文の述語動詞」である。これに対して、"吃完" は "在" の修飾を受けないため、「過程を含まない文の述語動詞」である。

49)　陳平（1988：412-413）参照。

例（28）aは限定された内在的な終結点を持ち、完了の性質を有する。bの終結点は限定されておらず、完了の性質を持たない。二者の違いは次の図式で比較すると明らかである。

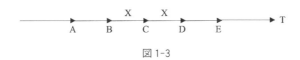

図1-3

Tは時間軸であり、BからDの区間で「今夜」という時間の長さを表す。BからC、CからDの長さはそれぞれXで、「ダンス1曲分」の時間量を表す。例（28）aは、彼はBC区間における任意の点から踊り始め、時間量Xを経て終結するという意味である。しかし、C点より後に踊り始めることはできない。なぜなら、C点より後の点とD点のあいだの長さはXより短いからである。例（28）bの意味内容はこれとは異なる。彼はBからD（BC区間とは限らない）における任意の時点で踊り始めることができ、さらに任意の長さ（Xと限らない）を経て終結することも可能である。その終結点はD点より前にあってもE点に達してもかまわない。つまり、bには限定された内在的終結点が存在しないのである。以上の分析から容易に分かるように、bはaを内包する。つまり、a→bで、"他跳了一个舞"（彼は1曲踊った）は"他跳了舞"（彼は踊った）を含意するのである。

また、完了の意味素性は文の各構成要素から得られるものであり、動詞のみから得られるものではない。動詞が同じであっても、目的語にかかる修飾語の違い（例えばaの"一个"）によって、意味素性は変わる。以下は動詞以外の要素により意味素性や解釈に違いが生じる例である。

(29)a. 他　　跳　　了　一　　个　晩上　的　舞。
　　　　3SG　踊る　LE　NUM　CL　夜　　DE　ダンス
　　　　彼は一晩中ダンスを踊った。
　　b. 他　　反复　　　跳　着　同　　一　　个　舞。
　　　　3SG　繰り返す　踊る　ZHE　同じ　NUM　CL　ダンス

彼は同じダンスを繰り返し踊った。

c. 大家　　一起　　跳　　了　一　　个　　舞。

　　みんな　一緒に　踊る　LE　NUM　CL　ダンス

　　みんなは一緒に 1 曲ダンスを踊った。

d. 大家　　一　　人　跳　　了　一　　　个　　舞。

　　みんな　NUM　人　踊る　LE　NUM　CL　ダンス

　　みんなはそれぞれ 1 曲ダンスを踊った。

例（29）a は完了を表し、"一个晚上"（一晩）は決められた内在的終結点を表している。b は完了を表さず、"一个舞"（ダンス 1 曲）は限定された（時間の）長さを持つが、繰り返し踊る（"反复跳"）ことで終結点は不確定になる。c も d も完了を表すが、内在的終結点の内容は異なる。c の時間的長さは "一个舞"（ダンス 1 曲分）であるが、d におけるそれは "n 个舞"（ダンスn 曲分、n は主語 "大家" [みな] の人数）となる。このように、文の各構成要素（例えば、述語動詞のタイプ、主語の名詞の単数・複数、目的語における限定修飾の有無、連用修飾語になる副詞の性質、アスペクト形式の有無等）は共同で完了か否かという意味素性を決める。もちろん、その中で述語動詞の性質が最も重要であるのは事実である。

1.4.3　動態と静態

「動態」と「静態」はアスペクト的な意味と密接な関係を持つもう一対の意味素性である（2.2.2 参照）。動態は変化を反映し、動的な文は変化的事態（changing event）を表す一方、静態は変化を反映せず、静的な文は恒常的事態（steady event）を表すという点に両者の基本的な違いがある。

（30）a. 余娜　调查　　这　　件　　事。[50]

　　　　人名　調べる　DEM　CL　事柄

　　　　余娜はこの件について調べる。

---

[50]　実際の文は往々にして、"余娜调查了这件事"（余娜はこの件について調べた）や "余娜要调查这件事"（余娜はこの件について調べようとしている）のように、テンス的な成

b. 余娜　知道　这　件　事。

　　人名　知る　DEM　CL　事柄

　　余娜はこの件を知っている。

　動的な文は、ひとまとまりの事態を表したり（例えば（30）a）、事態の始まりや終わりを表したり、あるいは事態の持続を表す。事態がどのような構造を持っていようともある変化を表し、出現や消失、大きさ、強度、頻度、場所における変化を示す。"余娜调查这件事"（余娜はこの件について調べる）の時間的プロセスから任意の点を取り出して観察すると、その前にある点とも後ろにある点とも異なる構成をしており、変化の様相を呈している。つまるところ、動的意味素性は非均一性を有するのである。これについては、持続を表す動的な文において、よりはっきりと確認できる。

（31）a. 余娜　跳　着　舞。

　　人名　踊る　ZHE　ダンス

　　余娜はダンスを踊っている。

b. 余娜　在　　　　　织　毛衣。

　　人名　…しているところだ　編む　セーター

　　余娜はセーターを編んでいる。

　"跳舞"（ダンスを踊る）と"织毛衣"（セーターを編む）が行なわれる過程では、身体の姿勢や、手足と参照物（地面・針や糸）の位置、力の強弱などあらゆる面が常に変化しており、どの瞬間の構造も異なる。瞬間的事態の文は無から有へ、なおかつ瞬時に終了する変化を表し、動的意味素性を有する。時間軸においては点として現れる。瞬間的事態は常に動態であり、静態は瞬間的事態の意味素性と相容れない。

　静的な文はみな持続（限界のある持続あるいは限界のない持続）を表すが、変化を表さないという点で、持続を表し得る動的な文と異なる。静的持続と動的持続は異なる状況なのである。

分やモダリティ的な成分を付けて文として自立させる必要がある。例文はあくまで比較対象の特徴を際立たせるべくこういった成分を省略した。抽象的な文あるいは文形式（sentence form）と見做してよい。

無論、静的事態も一切の変化がないわけではない。静的事態にも必ず始まり、持続、終わりがあるのである（"台湾是一个島"［台湾は島である］のような、いわゆる「恒久的」な静止的事態[51]でも、もっと長い時間域と比べているのである[※18]）。静態の始まりと終わりは動的である。なぜなら、ある静態が始まったり終わったりする際には、必ず何かしらの変化が生じてから静態に入ったり、静態から離れるからである。

(30) a. 余娜　喜欢　　跳　　舞。

　　　　人名　好きだ　踊る　ダンス

　　　　余娜はダンスを踊るのが好きだ。

　　　b. 余娜　知道　织　　　毛衣。

　　　　人名　知る　編む　セーター

　　　　余娜はセーターを編むことを承知している。

　上記2つの文は静的事態を表すものである。例（30）aには好きであることの始まり、好きであることの持続、（好みの移り変わりや死亡による）好きであることの終わりがあり得る。bにも知り始め、知っている状態の持続、知っている状態の終了[52]があり得る。静態の始まりと終わりはいずれも変化に関わっており、一方、静態の持続には変化がない。そのため、動態は必ず変化に関わるが、静態は変化に関わらない場合もあれば関わる場合もある、という考えもあり得る[53]。この考えには本書は賛同しない。変化に関わる時点で、いわゆる静態は消えてしまうと考えられるからである。静的な文である以上、言語使用者の心理としては、その文で表される事態はいかなる時点の構造も同じであり、その文が表す事態の始まりと終わりが実質的な意味

51）「恒久的状態」と名付けている先行研究もある。

※18　ここの説明は理解しがたい。なぜなら、長い時間域ほど、かえって「島である」状態の「始まり」もしくは「終わり」が意識されやすく、「恒久的な静止的な事態」と考えにくくなるからである。

52）　例えば "余娜知道织毛衣了"（余娜はセーターを編むことを承知した）には「知り始めた」意味があり、"余娜不喜欢跳舞了"（余娜はダンスを踊るのが好きでなくなった）には好きである状態の終わりという意味がある。

53）　Comrie, B.（1976：49）参照。

を持っているとは考えないのである。言い換えれば、言語使用者は「ある無変化の事態を観察した」ことを、静的な文を通して言語化するのである。

1.5 アスペクト形式とアスペクト的意味

1.5.1 アスペクト形式をめぐる考え方

本書は 1.1 節においてアスペクトを「時間の推移における事態の構成を観察する方法」と定義づけた。事態は外側から観察することも、内側から観察することもできる。事態は時間の推移の中でも、持続することもあれば一瞬だけを占めることもある。事態は構成上、内在的な終結点を持つ場合もあれば、持たない場合もある。事態の有り様について言えば、変化を伴う動態であることもあれば、無変化の静態であることもある。これらはいずれもアスペクトの意味内容である。こういった意味内容は必ず具体的な形式でもって表現される。語彙的手段や形態的手段、さらにはイントネーションや構文、コンテクストおよび言語使用者の心理など、共同で文のアスペクト的意味を伝えるのに寄与している。

ところが、文法範疇に属するアスペクトは、形態的手段で表現される事態のみに関心がある。まさに以下のように王力（1944）が指摘するとおりである。

「情貌」は特定の形式で表されるものに限るべきである。動作そのものに何らかの性質を含んでいながら、それを表す特定の形式がなければ、それはただの論理的な範疇に過ぎず、文法範疇にはならない。よって「情貌」とは呼べない[54]。

王力は、中国語には「情貌」を表す「特定の形式」が 6 つあるとし、時間軸上におけるそれらの位置を以下の図で示している。

---

54) 王力（1944：283）参照。

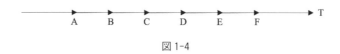

図1-4

図1-4のAは動作前を、BからEはある1つの動作を表す。Bは動作の始動点で、Cは動作が始まった直後を、Dは動作の途中を、Eは動作の終結点を、Fは動作が終了した直後を表す[55]。これら6つの特定の形式について、王力は以下のように名付けている。

1. "着" -zhe：BからE ——進行貌
2. "了" -le：E ——完了貌
3. "来着" -laizhe：EからF ——近過去貌
4. "起来" -qilai：AからB ——始動貌
5. "下去" -xiaqu：DからE ——継続貌
6. 重ね型：BからC ——短時貌

そのほか、特定の形式がなくアスペクトを表すもの、つまり「情貌を表さない普通貌」がある。

趙元任（1968）はアスペクト的な意味を表す「動詞接尾辞」を7つ挙げ、そのうちの5つは王力が挙げたもの（上記の1、2、4、5、6）と同じである（"来着" -laizhe は動詞接尾辞ではなく助詞としているため除外している）。そのほかの2つは、「不定過去アスペクト」を表す "过" -guo と「名詞のように見える」"法（子）" である[※19]。しかし、"法（子）" にアスペクト的な意味

---

55) この図は王力（1944：284）の図を元に作成したものである。

※19 趙元任（1968）の4.4.5は、動詞・形容詞の後に "法（子）" をつければ、副詞（"这么"［このように、そのように］、"那么"［そのように、あのように］、"怎么"［どのように］）の修飾を受けられるとしている。

天气　那么　　冷　法子．你们　那儿　怎么　过　　法子　呐？
天気　あんなに　寒い　fazi　2PL　そこ　どう　過ごす　fazi　SFP
あんなに寒いが、あなたたちのところはどのように過ごす／過ごしているのか。

なお、昨今の現代中国語の共通語では、上記のような文では "法（子）" が付かないほうがむしろ高い頻度で現れる。ただし、"怎么" だけは依然として形容詞を直接修飾しにくく、「試験はどんなふうに難しかったのか」は "考试怎么（个）难法？" と表現される

40

があるかどうかについては議論されていない[56]。

　呂叔湘（1942）は中国語においてアスペクト的意味を表す 12 種類の形式を挙げ、これらの形式は「接尾辞に似て」、「もっぱら『動相』を表すのに用いられる」としている。王力の 6 種類以外に、以下のものが挙げられている。

　動作が起こりそうだと予告する "去" と "来"。

　ある動作がすでに起こったことを表す "来" と "来着"。

　動作が一度あったことを表明する "一把" と "一指头" など。

　動作が複数回あったことを表明する "两下" の類。

　短時相・試行相・頻発相はいずれも重ね型で表現され、反復相は "又" または "…来…去" で表現される[57] ※20。

　高名凱（1948）は、中国語のアスペクトには以下の 6 種類があるという考えを提示している[58]。

1. 進行アスペクト："着" "在" "正在" "正在…着"。
2. 完了アスペクト："了"。（"过" "好"。[59]）
3. 結果アスペクト："着" "住" "得" "到" "中"。
4. 始動アスペクト："刚" "才" "恰"。
5. 叠動アスペクト：重ね型。例："看看"（ちょっと見る、見てみる）、"走走"（ちょっと歩く、歩いてみる）。

ように "法" が必要である。趙元任はこのような修飾が可能であることから、"法（子）" を動詞接尾辞と認定したと推測される。しかし、"考试怎么（个）难法？" のように、名詞句を修飾する数量表現の "（一）个" も生起できるため、"法（子）" は動詞接尾辞と言い切れるかどうかについて、再考の余地がある。いずれにせよ、"法（子）" には本書の著者が提示しているアスペクト的意味はないと考えても差し支えない。

56)　趙元任（1968：125-130, 364）参照。
57)　呂叔湘（1942：228-233）参照。
※20　呂叔湘の言う「動相」は、本書のいう「アスペクト」と同義であると理解してもよい。ただし、「動相」（相）、「アスペクト」にどういったものが含まれるかについては、研究者によって異なることに注意が必要である。
58)　高名凱（1948：190-199）参照。
59)　高名凱（1948）の「完了アスペクト」を論じた節では、「"过" と "好" も同じように使うことができる」としているが、詳しくは議論されていない。

6. 強化アスペクト：同義語の連用。例："叫唤"（叫ぶ、喚く）、"观看"（観
  覧する、観察する）

　これ以外にも中国語のアスペクト的意味を表す形式について様々な考え方
がある[60]。以上のように研究者の意見は様々であり、アスペクトが何種類
あるのかについての見解も一様ではない。しかしながら、研究者たちに共通
する見方が2つある。1つ目は、アスペクト的意味は動詞に属するものであ
ること、2つ目は、アスペクト形式には少なくとも動詞接尾辞"了"-le と
"着"-zhe、そして動詞の重ね型があることである。

1.5.2　本書が主張する現代中国語のアスペクト体系

　本書ではアスペクト的意味は文に属するという立場を取っている。した
がって、注目するのは動作ではなく、事態である。文中の名詞句や副詞句、
特に動詞自体の意味がアスペクト的意味に影響を与え、場合によっては一部
のアスペクト形式の使用を義務付けたり制限したりすることさえあり得る
（例えば目的語の名詞に数量表現の修飾があれば"了"-le の使用が義務付け
られる[61]。また結果動詞［表1-3 参照］の"打垮"［破壊する］は"着"-zhe
の使用を制限する）。そのほか、語気助詞の"了""呢""来着""看"なども
文のアスペクト的意味を表出するのに寄与する（"了"は動的変化を、"呢"
は持続を、"来着"は過去の事態を、"看"は近未来の事態に対する試行を表
す）。しかし、これらの成分はアスペクト的意味を表すために働く以外にも、
それぞれ独自の機能を持っている。名詞は事態に関わる対象を指し、動詞は
動作行為を表す。副詞の主な機能は修飾であり、語気助詞は事態に対する心

---

60)　例えば Yakhontov（1957：73-79）では、中国語の動詞アスペクトに関する海外研究
者（A. Dragnov、H. Maspero、華西列夫、伊三克、郭路特、雅羅斯拉夫 - 普魯克など）
の考えを紹介している。その他、中国の研究者として俞敏（1954）や張秀（1957、1959）
も中国語のアスペクトに関する重要な見解を示している。参考文献を参照のこと。
61)　この現象は趙元任（1968：127）ですでに言及され、"我昨儿碰见了一个老朋友，他
请我吃了一顿饭。"（わたしは昨日［1 人の］旧友と会い、その人はわたしに［1 回］食事
を奢ってくれた）といった例が挙げられている。

的態度を伝える。よって、これらの形式はいずれもアスペクト的意味を表す専用の形式ではない。

　中国語では、文のアスペクト的意味を表す文法標識は通時的な変化の過程において、徐々に発達してきた。それらの形式は一般に内容語から転じたもので、今でも変容し続けている。そのため、現代中国語という共時的な角度から見れば、内容語的な意味が基本的に失われ、もっぱらアスペクト的意味を表す形式が複数存在する（例："了"-le、"过"-guo、"着"-zhe）。一方、アスペクト的意味を表しながらも、ある程度内容語的な意味を保持するものもある（例："起来"-qilai と "下去"-xiaqu※21）。また、純粋にアスペクト的意味のみを表す文法形式もある。例えば、動詞の重ね型はそれである。ただし動詞の重ね型でも、"看看"（ちょっと見る、見てみる）は "看一看"（ちょっと見る、見てみる）、"看了看"（ちょっと見た、見てみた）は "看了一看"（ちょっと見た、見てみた）と同義であることから分かるように、前者（"看看""看了看"）は後者（"看一看""看了一看"）の数詞 "一" の省略とも分析できるため、議論の余地がある。現代中国語という静的な共時的視点での記述には、中国語の通時的発達という動的な視点を取り入れる必要がある。そうしてはじめてアスペクト的意味を表す文法形式にまつわる複雑な現象をより深く理解できるだろう。

　アスペクトが文法範疇に属するものである以上、文法範疇に属するほかのメンバー同様、語彙に含まれるような具体的な意味ではなく、抽象的な文法的意味を含まなければならない。また、この種の抽象的な文法的意味は数の

※ 21　"起来"-qilai（起き上がる）と "下去"-xiaqu（降りていく）は移動の経路および話者との位置変化（近づくか遠ざかるか）を表す経路動詞として使われたり、姿勢動詞、様態動詞といったほかの動詞の後に続く方向補語として使用される。また、"起来"や"下去"は、空間から時間へのメタファーを経て、時間的なアスペクト的意味をも獲得している。"起来"は重力に束縛されているかのような静止状況から重力に抵抗するかのような活発状況に切り替えることから「～し始める」という始動アスペクトの意味を獲得し、後者は重力に順応するかのように、すでに起きている状況をそのまま妨げず継続させることから「～し続ける」といった継続アスペクトの意味を獲得している。詳細は次の書籍を参考にされたい。丸尾誠（2014）『現代中国語方向補語の研究』白帝社。

多い語彙項目ではなく、数の限られた文法形式で表されなければならない。アスペクトは文で表される事態の構成を表す。事態に対する観察の角度が異なれば、アスペクトも異なる形式で表される。現代中国語におけるアスペクト的意味を表す文法形式は主に2つに大別され、さらにそれぞれ3分類される。

Ⅰ. 外部から観察する方法による「完結アスペクト」。文がひとかたまりの分解不可能な事態を表す。

 a. "了"-le：現実アスペクト。回想的現実と未来に起こり得るだろう現実を含め、ひとかたまりの現実的な事態を表す[※22]。

 b. "过"-guo：経験アスペクト。経験済みのひとかたまりの事態を表す。

 c. 動詞の重ね型：短時アスペクト。ひとかたまりの短時間の事態を表す。この形式は特に事態の時間量を強調する。

Ⅱ. 内部を観察する方法による「非完結アスペクト」。文が分解可能な事態を表す。

 d. "着"-zhe：持続アスペクト。事態が持続していることを指し示す。

 e. "起来"-qilai：始動アスペクト。事態が始まり、なおかつ持続することを示す。

 f. "下去"-xiaqu：継続アスペクト。事態が途中に達しており、なおかつ持続し続けることを示す。

1.5.3 テンスについて

ついでに現代中国語においてテンスという範疇があるかないかについて本書の見解を少し述べておきたい。文法範疇に属するテンスの意味は「事態の時間的構成を観察する方式」である（1.2.1 参照）。テンスも（アスペクトと同様に）有限の文法形式で表す。現代中国語に関して、最も論争になりやす

※22　「現実」という用語を用いているが、ここでは仮定・仮想の中で完了すると予測する事態も含めているため、いわゆるムードを論じるときに用いる realis と同義ではない。

いのは、動詞の直後に付く"了"-le や"着"-zhe が事態の時間的構成を表し得るか、という点である。

　アスペクトとテンスはいずれも時間に関わる。しかし、アスペクトは事態の構成に関心が置かれ、関わる時間には直示性がない。つまり「過去」「現在」「未来」あるいは「過去の過去」「未来の未来」などの直示的な意味概念を表さない。また、時間の長さや時点、時量などの性質が事態に与える影響のみに関心がある。一方、テンスはそれとは異なり、文で表される事態に時間を表す直示の表出（deictic expression）があるかないかに関心がある[62]。

　この基準に照らし合わせてみれば、現代中国語の"了"-le と"着"-zhe はテンス的な意味を持っているようにも思える。例えば、単一の事態を表す文の中で、動詞の直後に"了"-le が付くと過去の事態と解釈され、"着"-zhe が付くと現在持続中の事態と解釈される。

(33)a. 王穎　吃　　　了　饭。　　　（過去の事態）

　　　人名　食べる　LE　ご飯

　　　王穎はご飯を食べた。

　　b. 王穎　吃　　　着　饭。　　　（現在の事態）

　　　人名　食べる　ZHE　ご飯

　　　王穎はご飯を食べている。

　ところが、"了"-le と"着"-zhe がテンスを表すという分析を支持しない言語事実が存在する。その1つは、複合的な事態を表す文における"了"-le と"着"-zhe は、それ単独で時間に関わる直示的意味を表すことができないということである。例えば、"王穎吃了饭去上学"（王穎は食事をしてから学校に行く）という文では、"了"-le は事態を過去に位置づけることができない。そのため、以下2つ目になるが、時間詞を用いれば、"了"-le と"着"-zhe を過去・現在・未来を表すどの文においても用いることができ、

---

62)　直示の表出（deictic expression）を有するか否かという原則にしたがえば、むしろ現代中国語において近過去の意味を表す"来着"と近未来の意味を表す"看"のほうが、アスペクト範疇の形式よりもテンス範疇の形式に近い。しかし、"来着"と"看"の主な機能はやはり文のムードの表出である。

印欧語のようにテンス範疇を表す形式が時間詞にしたがって変化するようなことはまずない。このことは、朱徳熙 (1982) で指摘されているとおりである。

　　印欧語の動詞の過去形は発話時以前に起きた事態を表すが、中国語の"了"-le はあくまで動作が完了したという状況にあることだけを表し、動作が起きた時間とは関係なく、過去に起きた動作にも、未来に起きる動作にも、また仮定の中に起きる事態にも用いられる [63]。

したがって、"王穎吃了饭去上学"（王穎は食事をしてから学校に行く）という文に、過去・現在・未来の時間を表す語句をそれぞれ付け加えて、自然な文を作ることができる。

(34) a. 昨天，王穎　吃　　　了　饭　　去　　上　　学。
　　　　昨日　人名　食べる　LE　ご飯　行く　通う　学校
　　　　昨日、王穎は食事をしてから学校に行った。

　　 b. 王穎　現在　吃　　　了　饭　　去　　上　　学。
　　　　人名　今　　食べる　LE　ご飯　行く　通う　学校
　　　　王穎は今から食事をしてから学校に行く。

　　 c. 明天，王穎　吃　　　了　饭　　去　　上　　学。
　　　　明日　人名　食べる　LE　ご飯　行く　通う　学校
　　　　明日、王穎は食事をしてから学校に行く。

そして3つ目は、"了"-le と"着"-zhe がすでに現代中国語において事態のどの局面に注目するかを反映するアスペクトを表す形式となっているため、事態を時間軸上に位置付けるテンスを表す形式を担うことができないのである [64] [※23]。

---

63)　朱徳熙 (1982：69) 参照。

64)　本書は「アスペクト−テンス」範疇という観点を採用していない。これについて、Yakhontov (1957：111-161) の第3章第5節の「アスペクト−テンス範疇」を参照。

※23　通言語的な観点から見れば、1つの形態素が複数の文法範疇の意味を同時に担うという事例は特段珍しいことではない。また例 (33) のような文が現に存在する以上、中国語においてもアスペクトとテンスは完全に区別することができないのではないかという疑問が残る。最近の研究として、劉丹青（2015,「语言库藏类型学的形式和意义观」[The form-meaning relation: A view from Language Inventory Typology]、『中日理論言語学研究会第40回研究発表論文集』）と郭鋭（2016,「汉语叙述方式的改变和"了1"结句

　以上の分析を踏まえ、本書は現代中国語にはアスペクトという範疇はあるが、テンスの範疇はないという立場をとる。

　つづく 2 つの章において、それぞれ現代中国語の完結アスペクトと非完結アスペクトについて具体的に考察していく。

現象」〔The Change of Narrative Method in Mandarin Chinese and Ending Sentences with Le1〕,『中国語学』263 号）を紹介しておきたい。劉丹青は、テンスを持たない中国語は、mighty category（"显赫范畴"）であるアスペクトのマーカーを用いてテンス的な情報を伝達すると述べている。具体的には、"了"-le と"过"-guo が過去時、"着"-zhe が現在時、"来着"-laizhe が近過去時といった情報をそれぞれ担っているということである。郭鋭は、20 世紀初頭以来、西洋の文学作品の影響を受け、中国語の小説における叙述方法はいわゆる擬似対話（simulated dialogue）モードから単方向叙述モードへのシフトと連動し、「過去時と大いに共通する完了アスペクト」を表す"了"-le が過去時のマーカーになりつつあるという見解を示している。

第2章　完結アスペクト

2.0　はじめに

　完結アスペクトは非完結アスペクトに相対するものである。完結アスペクトは、話し手が事態の内部ではなく外部に注目して行なう観察が文に反映されているものである。1つの事態は開始・持続（途中の局面）・終結などで構成されるが、外部から観察するということは、その事態を分解不可能な1つの総体と見做していることを意味する。これに対して、内部から観察する場合は、事態を分解可能なものと見做し、その開始や持続、または終結を表現する。そういった意味で、完結アスペクトは事態の全体的性質（entirety）を表し、非完結アスペクトは事態の局部的性質（section）を表す。

(1) a. 厂　　里　　今天　　开　　了　　会。
　　　　工場　LOC　今日　開く　LE　会議
　　　　工場では今日会議が開かれた。
　　 b. 厂　　里　　今天　　开　　着　　会　　呢。
　　　　工場　LOC　今日　開く　ZHE　会議　SFP
　　　　工場では今日会議が開かれている。

　"厂里今天开会"（工場では今日会議が開かれる）は1つの事態であり、aはその事態全体に対する陳述で、bは事態の持続部分（途中の局面）に対する記述である。表現論的な角度から見れば、完結アスペクトはどちらかというと陳述（declarative）に傾き、非完結アスペクトは描写（descriptive）に傾く。つまり、前者は事態全体を叙述するのに重点が置かれるのに対して、後者は事態の一部の描出を重んじる[1]。

---

1)　現代中国語の動詞重ね型を完結アスペクトと見做すことは可能ではあるが、事態の時間量的な側面をとりわけ際立たせるものであるため、どちらかというと描写的な性質が強い。

完結アスペクト（perfective）は完成（completive）の性質も持っている。しかし、「完成」は事態を構成する各要素、つまり開始・持続・終結を完備していることを強調しているのであり、「完結」は事態が分解不可能であること、つまり開始・持続・終結が渾然として一体をなしていることを意味する。また「完成」は分解可能な組み合わせを含むのに対し、「完結」はどのような場合でも分解と相容れない。通常、完成事態は完結事態でもあるが、完結事態は必ずしも完成事態ではない。例えば、瞬間的な事態は完結ではあるが、完成とは限らない。なぜなら、その事態を構成する各要素が完備しているとは言い難いからである[2]。また、ある事態の構成要素の一部を観察して得られた非完結アスペクト（"她哭了起来"［彼女は泣き始めた］）であっても、その１つ下のレベルでは、該当部分を１つのまるごとの事態として観察して得られた完結アスペクトでもある（"她哭了起来"［彼女は泣いている］）。なお、このレベルで得られた完結アスペクトは完成的であるとは限らない。"她哭了起来"のアスペクトの意味は次のとおりである（詳しくは3.2.5参照）。

(2) 她　　哭　　了　　起来。

　　3SG　泣く　LE　QILAI

　　彼女は泣き始めた。

| 她 哭 起来 | （非完結的始動アスペクト） |
| 她 哭 了 | （完結的現実アスペクト） |

　完結アスペクトは達成（accomplished）の性質も有するが、「達成」が事態の終結点を強調する一方、「完結」にはこの意味がない。達成した事態は通常完結した事態でもあるが、完結の事態は必ずしも達成した事態ではない。例えば、例（2）の"她哭了起来"（彼女は泣き始めた）は事態の開始が実現済みであることを表し、事態が達成したものではなく、完結したものだと外部から観察する。なぜなら、文に事態の終結点を示すものがないからである。さらにいくつか例を挙げておく。

---

2)　もちろん、「完備している」と言うことも不可能ではない。すなわち、事態を構成する開始・持続・終結が一瞬の点で「組み合わさっている」というわけである。しかし、そうは言っても、分解の意味を含まない「完結」という用語で説明するほうが便利であろう。

(3) a. 雷锋　的　一　　双　袜子，

　　　人名　DE　NUM　CL　靴下

　　　补来补去地　　　穿　了　十　年　呢!

　　　何度も繕うように　履く　LE　十　年　SFP

　　　雷鋒の一足の靴下は、何度も繕われながら十年も履かれたのだよ。

　　b. 姑娘　　的　脸　一下子　红　　了，

　　　女の子　DE　顔　急に　　赤い　LE

　　　红　得　　像　　一　朵　含苞　　　的　石榴花。

　　　赤い　PTC　似る　NUM　CL　蕾を持つ　DE　ザクロの花

　　　女の子の顔は急に赤くなった。それは蕾みを持つザクロの花のよう

　　　だった。

　例（3）で表したのはどちらも完結の事態であるが、必ずしも達成した事
態ではない。a の "袜子穿了十年"（靴下は十年履かれた）、b の "姑娘脸红"（女
の子は赤面する）はともに事態の終結点を示していない。多くの中国語に関
する研究論文でみられる、「達成」は事態ではなく動詞で表される動作その
ものの終結を表す、という説明は、アスペクトに対する本書の見方からはず
れている。その上、上記の例文に限って言えば、"穿"（履く）と "红"（赤い・
赤くなる）で表される動作が達成したという考え方も妥当ではない。そのほ
か、達成か否かはアスペクトと密接に関係する意味素性であり、特殊な含み
（内在する限定的終結点を有するか否か）（1.4.2 参照）を持つ。そのため、筆
者は達成をアスペクトの名称には用いないことにする[3]。

　現代中国語の完結アスペクトには主に次の 3 種類がある：

　現実完結アスペクト：現実アスペクトと略す。専用形式は動詞の直後に

　　　　　　　　　　　　付く "了" -le（以下、le と表記する）。

　経験完結アスペクト：経験アスペクトと略す。専用形式は動詞の直後に

---

3)　「完成」と「達成」をここの「完結」と同様に説明し、同様の定義を付与するのであ
れば、この 2 つの用語を採用しても差し支えない。しかし、アスペクトに対する筆者の考
え方は事態の構成方法に重点を置いているため、分解可能かどうかの違いをより重視した
い。

付く"过"-guo（以下、guoと表記する）。

短時完結アスペクト：短時アスペクトと略す。専用形式は動詞重ね型。

以下で各アスペクトについて考察する。

2.1　現実アスペクト："了"-le

現実アスペクトは実現済みの動的な完結事態を表し、現代中国語では動詞の直後に付く文法標識の le がその専用形式となっている。まず実例を 1 つ見ておきたい。

(4) 高级　　　工程师　　　宋金墀　经过　长期　　努力，

上席の　エンジニア　人名　　経る　長期の　努力

証明　　　了　世界　著名　　数学　难题　"四色问题"，

証明する　LE　世界　著名な　数学　難問　　四色問題

并　　　绘制　　　了　世界　上　　第一　张　四色地图。

その上　製作する　LE　世界　LOC　第一　CL　4色の地図

上席エンジニアの宋金墀は長期にわたる努力を経て、世界的に有名な数学の難問「四色問題」を解明し、その上、4 色の地図を世界で初めて製作した。

この文は複雑で、意味的に関連するいくつかの事態を含んでいる。便宜上、1 つの完結事態を表す文になるようにシンプル化すると次の例 (5) のようになる。

(5) 宋金墀　绘制　　　了　第一　张　四色地图。

人名　　製作する　LE　第一　CL　4色の地図

宋金墀は世界初の 4 色の地図を製作した。

まず、この文で表される事態は変化と関わり、le はその変化が起こる点(終結点・中間点・始動点のどれかであるが、動詞のタイプと文の各成分が構成するシチュエーションタイプによって決まる)に達していることを示す。線的特徴を持つ"着"-zhe と違って、"了"-le は点的な特徴を持つ。したがって、これは動的事態である（動態性）。

　次に、この文は事態を分解せず、事態の内部構造を明らかにせず、外部から事態の構成を観察している。le はその事態の完結性を表し、文全体は完結事態を表す（完結性）。

　第三に、"宋金墀绘制地图"（宋金墀は地図を製作する）で表される事態は中国語話者の心の中ではすでに起きたことと認識され（現実性）、le は実現済みの事態を表している。

　動態性と完結性と現実性は現実アスペクトの３つの主な意味内容であり、それらの文法標識は le である[4][※1]。

2.1.1　le の動態性

　動態は静態に相対する言葉である。現実アスペクトの動態性というのは、事態の構成の非均一性あるいは動作性に現れるものではなく（"小王打着球"［王くんは球技をしている］のような持続アスペクトから分かるように、他のアスペクトにも現れるからである）、ある変化の点を示すことである。静態性には変化の点が存在せず、持続している線的なものだけが存在する。現実アスペクトのこの性質は、静的動詞（1.3.2 参照）が述語になる文でよりはっきり確認できる。

---

4)　現代中国語の "了" がいくつあるのかについては意見が分かれる。ここでいう現実アスペクトの le は基本的に呂叔湘主編（1981：314-321）『現代漢語八百詞』に収録されている「動詞の後ろに付いて主に動作の完了を表す」le である。しかし、le の担っている意味内容については、本書は違う見解を持っている。

　厳密に言うと、事態の動態性・完結性・現実性の類の意味特徴は文を構成する個々の成分の共同作用によって体現されるものである。ここでは、異なるアスペクトのあいだの意味的な違いを明らかにするという目的から、研究手法としては文法標識の le をこれらの意味内容の担い手と見て、現実アスペクトというタイプを見出したのである。他に、経験アスペクト・短時アスペクト・持続アスペクト・始動アスペクト・継続アスペクトなどについても同様である。

※1　注4で言及されている『現代漢語八百詞』は中国で初めて編著・刊行された文法辞典である。1999年に出版された増訂本では、見出し語は約1,000項目ある。用例を多く提示しているほか、個々の機能語について、意味と用法に基づき詳細な説明がなされ、高い評価を得ている。日本語全訳として、牛島徳次・菱沼透監訳『中国語文法用例辞典』（東方書店）がある。

変化を反映せず、均一的な時間的構造を持つ"知道"（知っている）は静的動詞であり、それが述語になる文は通常、静的事態を表す（例（6）参照）。

（6）马兰　知道　　　　这　件　事。

　　　人名　知っている　DEM　CL　事柄

　　　馬蘭はこの件を知っている。

しかし、現実アスペクトマーカーの le を用いると、文の静態性が直ちに動態的に変わる。le は「知らない」状態から「知っている」状態へと切り替わる変化点を指すからである（例（7）参照）。

（7）a. 马兰　知道　了　这　件　事。

　　　　人名　知る　LE　DEM　CL　事柄

　　　　馬蘭はこの件を知った。

　　b. 他们　知道　了　怎样　走　　进　　中国　大门。

　　　　3PL　知る　LE　どう　歩く　入る　中国　表門

　　　　彼らは中国に進出する方法を知った。

　　c. 在　　高三星　把　加林　的　铺盖　行李　捎

　　　　…に　人名　BA　人名　DE　寝具　荷物　ついでにもっていく

　　　　回　　村　的　当天　晚上,

　　　　戻る　村　DE　当日　夜

　　　　高家村　的　大部分　人　都　知道　了　这　件　事。

　　　　高家村　DE　大部分　人　皆　知る　LE　DEM　CL　事柄

　　　　高三星が加林の寝具や荷物を村についでに持ち帰ったその日の夜、

　　　　高家村の大部分の人はこのことを知った。

例（6）と例（7）a で表される事態の時間軸における相違は次のように図式化できる。

図 2-1

　le が付いていない文は、事態が静的持続局面（横線で表示しているもの）にあることのみを示し、le が付いた文は「知る」の始まりにおける動態を示す（1 つの点で「知らない」から「知った」への切り替えを表示する）。

　le が事態の動態性を表すもう 1 つの論拠は、時間を限定する節において、変化の点を明確に示すことができる点である（例 (8) 参照）。

(8)　马兰　知道　了　这　件　事　　以后，
　　　人名　知る　LE　DEM　CL　事柄　後
　　　立刻　　气冲冲地　　　　去　找　　乡长。
　　　直ちに　ぷんぷん怒って　行く　訪ねる　郷長
　　　馬蘭はこのことを知ったあと、すぐにぷりぷり怒りながら郷長を訪ね
　　　て行った。

　終結点を示さない静的事態には言うまでもなく“以后”（[～の] 後）ということがないので、もし“知道”（知っている）が述語動詞になる文を静的事態を表すものとするならば、節と節のあいだの意味関係が成り立たないはずである。le は静態に切り替えた変化の点を指し、事態が動的であることを表すマーカーである。これもアスペクトの意味が動詞のみでなく、動詞を含めたそれぞれの成分によるものであることを説明している。アスペクトの意味は文全体に属するわけである。

　le を伴うことによって文が動態性を持ち、変化の点を示すようになる状態動詞は、“知道”（知る）のほかにもある。比較されたい。

(9) a. 王二婶　相信　　红军　会　打　　回　　来。
　　　　人名　　信じる　紅軍　AUX　攻める　戻る　来る
　　　　王二嬸は紅軍が逆襲して来るだろうと信じる。
　　 b. 王二婶　相信　　了　区长　说　　的　　话。
　　　　人名　　信じる　LE　区長　話す　DE　話
　　　　王二嬸は区長の話したことを信じた。

(10) a. 新来　　　的　那　个　小伙子　姓　　　　　　李。
　　　　新しく来る　DE　DEM　CL　若者　（苗字は）と言う　人名
　　　　新しく来たあの若者は李と言う。

b. 自打　　他　姓　　　　　　了　李，

　　　…から　3SG　（苗字は）と言う　LE　人名

　　　咱　村　就　　　没的　安宁　了。

　　　1PL　村　すぐに　ない　平穏　SFP

　　　彼が李という苗字になってから、わたしたちの村はもう平穏さを
　　　失った。

(11)a. 哑姑　脸　红　　脖子　粗。

　　　人名　顔　赤い　首　　太い

　　　哑姑は顔を赤らめ、青筋を立てている。

　　b. 哑姑　唰地　　红　　了　脸。

　　　人名　さっと　赤い　LE　顔

　　　哑姑はさっと顔を赤らめた。

　例（9）〜（11）の a はいずれも静態文で、b はいずれも動態文である。
その違いは動詞の後ろに変化の点を示す le があるかないかにある。形容詞
の主な性質は事物の属性や性質（例："她的脸很红"［彼女の顔はとても赤い］、
"他的性格真好"［彼の性格は実によい］）を表すことであり、形容詞が述語に
なる文は通常静的事態を表す。しかし、現実アスペクトの文法標識である le
が形容詞に付くと、動的性質を持つ事態の文になる（例（11）参照）。以下
の例を見られたい。

(12)a. 呵，　这　　屋　里　真　　干净！

　　　INTJ　DEM　部屋　LOC　実に　清潔だ

　　　おや、この部屋は実に清潔だね！

　　b. 屋　　里　　干净　了　两　天，　这不，　又　　脏　　了。

　　　部屋　LOC　清潔だ　LE　NUM　日　　INTJ　　また　汚い　SFP

　　　部屋は2日間ほど清潔だったが、ほらね、また汚くなった。

　le の動的性質を理解すれば、現代中国語の "有"（所有する）や "存在"（存
在する）など純粋に静的存在を表す動詞が時間軸上の始点・終点を含む文に
用いられ、動的事態を表し得るのも納得できるであろう（例（13）参照）。

56

(13) a. 金貴　有　　　了　钱　以后，腰板　也　直　　　起来　了。

　　　人名　所有する　LE　金　後　　腰　　も　　まっすぐ　QILAI　SFP

　　　金貴はお金を持つようになってから、腰もぴんと伸びるようになっ
　　　た。

　　b. 这　个　研究会　只　存在　　了　三　天　就　　解散　　了。

　　　DEM　CL　研究会　ただ　存在する　LE　NUM　日　すぐに　解散する　SFP

　　　この研究会は 3 日間だけ存在して、すぐに解散した。

　もちろん、"知道"（知る）、"相信"（信じる）、"姓"（[苗字は]～と言う）、"红"（赤い）、"好"（よい）、"干净"（清潔だ）、"有"（所有する）、"存在"（存在する）などの語は意味的に静的であるため、le を伴ってから動態を表せるとは言っても、動作動詞や結果動詞が表す動態とは異なる。主な相違点は、le を伴う静的動詞で表されるのは変化が起きた始点であり、その後は終始静的状態が保たれ、再び変化することはないのである。よって、始点における動態（ingressive dynamics）と呼ぶことができる。一方、le を伴う動作動詞で表される変化は動作と最初から最後まで関わる。つまり、動作が始まると変化も始まり、動作が終わると変化も終わるというわけである。全過程に及ぶ動態（full dynamics）と言える。また、le を伴う結果動詞で表されるのは変化の終結点である。結果動詞の一部は動的過程を含むことができる（例："拉长"［引き延ばす］）とは言え、結果が強調されるため、終結点における動態（terminal dynamics）と呼べる。

(14) a. 这　屋子　干净　　了　三　　天。　　　　（始点における動態）

　　　DEM　部屋　清潔だ　LE　NUM　日

　　　この部屋は 3 日間清潔だった。

　　b. 这　本　书　他　看　了　三　　天。　（全過程における動態）

　　　DEM　CL　本　3SG　読む　LE　NUM　日

　　　この本は彼が 3 日間読んでいた。

　　c. 这　个　人　来　了　三　　天。　　　（終結点における動態）

　　　DEM　CL　人　来る　LE　NUM　日

　　　この人は 3 日間（ここに来て）滞在していた。

3つの文はいずれも動的事態を表すが、述語動詞の性質が異なるため、文で表される動態も一様ではない。例（14）aは始点における動態、つまり始点で「清潔だ」という変化が起き、その後は無変化の静的状態に切り替わり、その状態が3日間続いたというわけである。時間詞の"三天"（3日間）と共起しているため、aにleが付いていない静態文（"* 这屋子干净三天"）が成立しない。bは全過程に及ぶ動態である。すなわち、変化は事態の全過程に及び、"看"（読む）の変化は最初から最後まで続き、"三天"（3日間）はこの動態が持続していた時間を指す。cは終結点における動態である。つまり終結点において変化が起き、"来"（来る）が起きたとたん、動態が終了する。"三天"（3日間）は動態が終了してから経過した時間を表す。3種類の文を時間軸で示すと次のようになる。

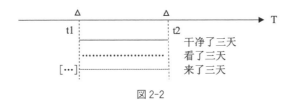

図2-2

図2-2のt1からt2までの距離は3日間であり、大きな点は動態を表し、その点からなる線は動態の持続を表す。直線は静態の持続を表し、（一番下の細かい）点線は動作が終了した後に経過した時間を表す。t1縦線の左にある［　］内の点線は、終結点に到達する前に動的過程がある可能性があることを表す。

動的性質を持つアスペクト標識のleを加えるかどうかで、静的行為（静態）を表す動詞が2種類に分けられる（表1-3参照）。1つ目はすでに分析したように、leを伴った場合は動的事態を表し、leを伴わない場合は静的事態を表すものである（ただし、"起来"-qilai・"下去"-xiaqu・"过"-guoなども動的性質を持つ）。これは一部の静的動詞に該当する。また別の静的動詞は、文においてleを伴うことを拒否し、通常動的アスペクトの形式と共起する

こともない。このような動詞には、"是"（である）、"等于"（等しい）、"属于"（属する）、"像"（似る）、"值得"（値する）、"企图"（企図する）、"显得"（見える）、"意味着"（意味する）、"情愿"（心から願う）、"觉得"（気がする）、"当做"（見做す）、"标志着"（示している）、"抱歉"（申し訳なく思う）、"具有"（備える）、"认为"（思う）、"以为"（考える）、"容纳"（収納する）、"嫌"（嫌う）、"缺乏"（欠ける）、"佩服"（敬服する）があり、ほかに大部分の形容詞が挙げられる。

　le を伴った静的動詞は始点における動態を指し示せると述べてきたが、一方で le を伴わない静的動詞が述語になる場合は静的事態を表すと言えるであろうか。この問いは理論的に説明しようとすればかなり複雑である。中国語において、アスペクト範疇の意味を表す文法標識は通時的な発達の中で次第に成立してきたものであり、いまだに変化の途中にある。現代中国語では、le・guo・zhe のようにおおよそ定着しているアスペクト標識であっても、品詞範疇における名詞の接尾辞 "子" -zi・"儿" -r・"头" -tou や序数詞の接頭辞 "第" dì-、動詞の接尾辞 "化" -huà、形容詞の接頭辞 "可" kě-、そして数の範疇における複数を表す形態素の "们" -men のように、いずれもそれらが属する文法範疇を表す十分条件の形式であって、必要十分条件の形式ではない。現代中国語は印欧語のような発達した文法標識の体系を持たないため、現代中国語の言語事実に基づいて分析すれば、le は事態の動態性を表すと言えるが、le がなければ事態の静態性を表すとまでは断言できない。なぜなら、動態を表すアスペクトの形式以外にも、動態を表す語彙形式が多数あるからである。次の 2 つのグループの文を比較されたい。

(15)

A
a1. 他　知道　了　这　件　事。
　　3SG　知る　LE　DEM　CL　事柄
　　彼はこのことを知った。
b1. 他　知道　了　这　件　事　以后…
　　3SG　知る　LE　DEM　CL　事柄　後
　　彼がこのことを知った後…

B
a2. 他　知道　这　件　事。
　　3SG　知る　DEM　CL　事柄
　　彼はこのことを知っている。
b2. 他　知道　这　件　事　以后…
　　3SG　知る　DEM　CL　事柄　後
　　彼がこのことを知った後…

c1. 他　　昨天　就　　　知道　了
　　3sg　昨日　もう　知る　LE
　　这　　件　事。
　　DEM　CL　事柄
　　彼は昨日もうこのことを知って
　　いた。

c2. 他　昨天　就　　知道　这　件　事。
　　3sg　昨日　もう　知る　DEM　CL　事柄
　　彼は昨日もうこのことを知って
　　いた。

d1. 他　　剛剛　　　　知道　了
　　3sg　たった今　知る　LE
　　这　　件　事。
　　DEM　CL　事柄
　　彼はたった今このことを知った。

d2. 他　剛剛　　　　知道　这　件　事。
　　3sg　たった今　知る　DEM　CL　事柄
　　彼はたった今このことを知った。

　例(15) b以降の文は、"以后"（後）、"昨天"（昨日）、"就"（もう、すでに）、"剛剛"（たった今）などの動態の意味を助ける語句があるため、文で表される動態の意味を担っているのはleだけではない。aの2つの文については、leを伴うa1が動態を表すのは前述のとおりであるが、問題となるのは、leや動態を表す他の語もなく、述語動詞の"知道"（知る）自体にも変化の意味が含まれないa2は、はたして動的事態と静的事態のどちらを表すのか、である。b1とb2、c1とc2、d1とd2は同じ真理値を持つこと、さらにa1は動態を表すことから、a2も動態を表す一面があると考えられる。しかしながら、他に動態を表す成分の助けがなければ、a2の語の連なりは、始点における動態も終結点における動態も指し示せない。ましてや全過程におよぶ動態もない。つまり、動態性を担保する言語形式が一切ない上、最も中核的なものとしての動詞"知道"（知る）で反映されているのは均一的な時間的構造の静態である。よって、この文が表す事態は疑いもなく静態性を持っている。要するに、a2の"他知道这件事"（彼はこのことを知っている）は動態と静態の両面性を持つ。a1との関連性からa2の動態性を窺える一方、それ自身の構造では静態性が反映される。leを伴った静的動詞は動的事態を表す構造になっているため、leを伴わない静的動詞には静的事態を表す傾向が強い。多くの静的動詞がleと共起できないことが裏付けとなっている[5]。

　姿勢動詞と位置動詞は語彙的意味として静的な性質と動的な性質を併せ持つ（**表 1-3 参照**）。この 2 種類の動詞が le を伴って述語になる文も動的事態を表す（例（16）参照）。

(16) a. 赵虎　在　　这儿　站　　了　三　　个　　小时　了。

　　　　人名　…で　ここ　立つ　LE　NUM　CL　　時間　SFP

　　　　趙虎はここに 3 時間立ち続けている。

　　b. 俞安萍　穿　　了　一　　件　　皮茄克。

　　　　人名　　着る　LE　NUM　CL　　革ジャンバー

　　　　俞安萍は革ジャンバーを着ている。

　例（16）a の "站"（立つ）は姿勢の種類を表し、一旦その姿勢になると、基本的には変化しないため、意味的には静的動詞に近い。le を伴うと、変化の始点を指し示し、その文は始点における動態を有する事態を表す。b の "穿"（着る）は「着る」という動作の結果（何らかのものがどこかに付着するという意味を持つ。b では、革ジャンバーが俞安萍の体に付着する。それゆえ、位置動詞と呼ばれる）を表し、意味的には結果動詞に近い。le を伴うと、変化の終結点を示し、その文は終結点における動態を有する事態を表す。2 つの文は時間軸上において次のように図式化できる。

図 2-3

2.1.2　le の完結性

　完結性とは事態が総体的な性質であることを指し、ある事態の構成を外部から観察した結果である。第一に、事態は分解不可能である。通常、事態は開始・持続・終結などから構成されるが、完結アスペクトはこれらの構成が

---

5)　今後、中国語が発達する中で、表される意味内容が動的なのか静的なのかによって、状態動詞に le が付加できるかどうかが決まるようになるかもしれない。

文で表される事態において一体化して、分解できないことを意味する。

(17) a. 王虎　昨天　夜里　到　　了　上海。

　　　人名　昨日　夜　　着く　LE　上海

　　　王虎は昨夜上海に着いた。

　　b. 煤气罐　　　突然　　爆炸　　　了。

　　　ガスボンベ　突然に　爆発する　LE

　　　ガスボンベが突然に爆発した。

　"王虎到上海"（王虎が上海に着く）も"煤气罐爆炸"（ガスボンベが爆発する）も持続の過程を持たず、開始と終結が重なる瞬間的事態を反映している。le は分解不可能という総体性を強調している。

　第二に、完結的な事態は分解する必要がない。一定の長さを持つ時間の幅を占め、時間軸上のどの点においても様相が異なり、終結まで絶えず変化するといった事態なら、理論上分解することができる（例："小王跑步"［王くんが走る]）。しかし、中国語話者がこの事態に完結アスペクトの意味を付与する——言い換えれば文に le（もしくは guo、あるいは動詞重ね型）が用いられる——と、事態は分解できなくなる。すなわち、中国語話者は当該事態を分解しなくてもよい総体として捉えているわけである。

(18) a. 小王　跑　　了　步。

　　　人名　走る　LE　歩

　　　王くんは走った。

　　b. 我们　看　　了　一　　场　電影。

　　　1PL　観る　LE　NUM　CL　映画

　　　わたしたちは映画を1本観た。

　　c. 正　　　　要　拉　　　他　时,

　　　ちょうど　AUX　引っ張る　3SG　とき

　　　那　　孩子　作　了　个　鬼脸。

　　　DEM　子ども　作る　LE　CL　あかんべえ

　　　ちょうどあの子を引っ張ろうとしたとき、彼はあかんべえをした。

d. 她　　扣留　　　　了　我　的　工作证,
　　3SG　差し押さえる　LE　1SG　DE　職員証

　　硬　　　拉　　　　我　在　她　家　吃　　饭。
　　無理に　連れて行く　1SG　…で　3SG　家　食べる　ご飯

　　彼女はわたしの職員証を押さえ、彼女の家で食事するようにわたし
　　を無理に連れて行こうとした。

　以上の文で表される事態はいずれも分解する必要のない総体である。もし
事態の持続などに注目するために分解する必要があれば、次のように表現せ
ねばならない。

(19) a. 小王　　跑　　着　　步。
　　　　人名　走る　ZHE　歩
　　　　王くんは走っている。

　 b. 我们　看　　着　　（一　场）　电影。
　　　　1PL　観る　ZHE　NUM　CL　　映画
　　　　わたしたちは映画を 1 本観ている。

　 c. 那　　孩子　　作　　着　　（个）　鬼脸。
　　　　DEM　子ども　作る　ZHE　CL　　あかんべえ
　　　　あの子はあかんべえをしている。

　 d. 她　　扣留　　　　着　　我　　的　工作证。
　　　　3SG　差し押さえる　ZHE　1SG　DE　職員証
　　　　彼女はわたしの職員証を没収してそのまま持っている。

　"着"-zhe（以下、zhe と記述）は事態の総体性を強調しないため、以上
の文はいずれも持続の局面にある事態を表現するものである。中国語話者は
観察した事態を分解し、その事態に非完結的な意味を付与する。また、zhe
は非完結性を有するため、動詞の後ろには時間的限界を加える語句が現れな
い。次の文はいずれも非文法的である。

(20) a.* 小王　　跑　　着　　一会儿　　步。
　　　　　人名　走る　ZHE　しばらく　歩

63

b.* 我们　看　　着　　三　　个　　小时　电影。

　　1PL　　観る　ZHE　NUM　CL　時間　映画

しかし、zhe を伴う文に空間的限界を意味する語句が現れても差し支えが
ない。

(21)a.?我们　看　　着　　一　　部　　三　　个　　小时（长）　的　电影。

　　1PL　　観る　ZHE　NUM　CL　NUM　CL　時間　長い　DE　映画

　　わたしたちは 3 時間の長さの映画を観ている。

b.我们　看　　着　　这　　两　　幅　　画。

　　1PL　　見る　ZHE　DEM　NUM　CL　絵

　　わたしたちはこの 2 枚の絵を見ている。

なぜなら、空間的限界は事物や対象に対するもので、時間的限界は事態あ
るいは動作に対するものである上、le の完結性と zhe の非完結性は事態に
対するものだからである。対象の数や構造が制限されるか否かは別の意味範
疇、すなわち空間に関する問題なのである。例（21）a には「?」が付いて
いるが、非文法的であるということではなく、自然に許容されるかどうかが
疑わしいことを示している。"看电影"（映画を観る）の語彙的意味には、時
間との関連性を想起させる傾向があり（一方、"看画"［絵を見る］は空間と
の関連性を想起させる傾向がある）、"一部"（1 本）と"三个小时"（3 時間）
などの限定的な語句はこの傾向をさらに強化する。そのため、非完結の事態
を表す文法標識 zhe との共起が疑わしい。しかし実際は、限定的な語句の"三
个小时"（3 時間）を「観る」という行為に対する時間的限界ではなく、「映画」
という対象に対する空間的限界と見做せば、この文は問題なく成立し、許容
される。次のいくつかの文を比較されたい。限定的な語句が含む空間的で動
作対象を表す意味と、時間的で事態を表す意味が文の適格性に影響を与える。

(22)a. 操场　　上　（同时）　进行　　着　　两　　场　　比赛。

　　運動場　LOC　同時に　行なう　ZHE　NUM　CL　試合

　　運動場では 2 つの試合が（同時に）行なわれている。

b.* 操场　　上　（先后）　　进行　　着　　两　　场　　比赛。

　　運動場　LOC　相次いで　行なう　ZHE　NUM　CL　試合

 c. 操場　　上（同时）　　进行　了　两　场　比赛。

  運動場　LOC　同時に　行なう　LE　NUM　CL　試合

  運動場では 2 つの試合が（同時に）行なわれた。

 d. 操場　　上（先后）　　　进行　了　两　场　比赛。

  運動場　LOC　相次いで　行なう　LE　NUM　CL　試合

  運動場では 2 つの試合が（相次いで）行なわれた。

　例（22）の a と c で用いられている "同时"（同時に）によって、"两场"（2 試合）が試合に対する時間的限界でもあれば、空間的限界でもあることが表される。b と d に用いられている "先后"（相次いで）は "两场"（2 試合）の時間的限界を強調し、le は事態全体を外部から観察していることを示している。b や d は、時間的限界内の対象（試合）の数や時間的推移の中で試合がどう配列しているか（同時か前後か）には関心がない。そのため、c と d はいずれも成立する。この 2 つの文を時間軸上で表すと次のように図式化できる。

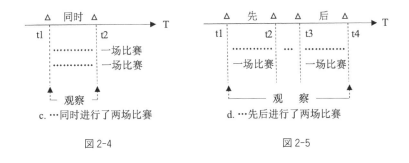

図 2-4　　　　　　　　　　　　図 2-5

　zhe は事態を内部から観察することを示す。また、文に非完結の意味を付与すると同時に、表される事態に時間的限界がないことを表す。そのため、時間補語（例（20）の "一会儿" "三个小时"）との共起が許されない。目的語につく数量的な限定・修飾は、動作対象に対する空間的な限定であり、事態に対する時間的な限定ではない（例（21））。もし目的語が指示する対象に時間的な意味が含意されるのであれば（例えば "电影"［映画］、"比赛"［試合］

に含意される時間の長さが、動詞と協働で直ちに顕在化する）、対象の数を単数にするか（例："操场上正进行着一场比赛"［運動場では1つの試合が行なわれている]）、複数の同時配列（例（22）a）にしなければならず、それぞれ異なる時間で複数の事態の発生という配列（例（22）b）は許容されない。この点において、完結アスペクトのle とは意味的に異なるのである。a と b を時間軸上に表すと以下のようである。

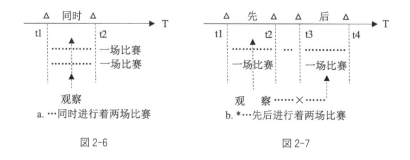

図2-6   図2-7

　例（22）a が文法的である理由は、zhe で2つの試合の内部における持続を同時に観察できることにある。b が非文法的である理由は、zhe で1つの試合の内部における持続は観察できるが、もう1つの試合の内部構造についてはt2 とt3 の時間的隔たりによって観察できないことにある。したがって、副詞の"同时"（同時に）、"先后"（相次いで）が生起しない場合、次の例（23）a は例（22）a の意味になるが、例（22）b の意味にならない（非文法的であるため）。一方、例（23）b は例（22）c の意味と例（22）d の意味を両方表すことができ、多義的な構造となっている。

(23)a. 操场　　上　　进行　　　着　　两　　场　　比赛。

　　　　運動場 LOC 行なう ZHE NUM CL 試合

　　　　運動場では2つの試合が（同時に）行なわれている。

　　b. 操场　　上　　进行　　　了　　两　　场　　比赛。

　　　　運動場 LOC 行なう LE NUM CL 試合

　　　　運動場では2つの試合が（同時に／相次いで）行なわれた。

66

　le と zhe のこの違いは、le が事態を分解しないという総体的な性質を有することによる。

　第三に、le は事態を構成する部分的完結性を強調する。途中のある時点で中断され、なおかつその時点までを 1 つのまとまり、つまり完結的事態として捉える非瞬間的事態である。その時点の後の部分が起きても起きなくても、別の事態と見做される（例（24）参照）。

(24) a. 这　本　书　我　看　了　一半。（小王　就　　抢走　　了）
　　　DEM CL 本 1SG 読む LE 半分　人名 すぐに 奪い去る SFP
　　　この本、わたしは半分まで読んだ。（王くんが奪い去った。）

　　 b. 他（拿起　　大雪梨）咬　了 一　口。（又　咬　了 一　口）
　　　3SG 持ち上げる 大きな梨 嚙る LE NUM CL 　また 嚙る LE NUM CL
　　　彼は（大きな梨を持ち）一口かじった。（また一口かじった。）

　　 c. 这　　地方　王婶　住　　了　三　　年　了。
　　　DEM 　場所　人名 住む LE NUM 年 SFP
　　（1、没　　办法　　还　　得　　住　　下去；
　　　　　ない　しかた　まだ AUX 住む XIAQU
　　　2、今日　搬家　真　　有点　舍不得　离开）
　　　　　今日 引越 実に 少し AUX 　　離れる
　　　ここには王婶が 3 年間住んでいる。（1、仕方なくまだ住み続けなければならない。2、今日引っ越すが、本当に離れがたい。）

　例（24）a の "我看这本书"（わたしはこの本を読む）は非瞬間的事態で、その事態の構成上のある時点（"一半"［半分］）で切断され、変化、つまりもう 1 つの事態が起こったことを表す。そのため中国語話者は、この時点までの部分を 1 つの総体的事態と見做し、le を伴う文で表現している。

　b の "他咬大雪梨"（彼は大きな梨をかじる）は動詞の意味的特徴が瞬間的事態を表し得るため（"咬"［かじる］は瞬間的動作を表す動詞である）、目的語の意味的特徴の点から非瞬間的事態を表せる（"大雪梨" と動詞の "咬"が組み合わされて繰り返される動作からなる持続を表す）（1.3 節参照）。ここで、中国語話者は持続的に繰り返される同一の動作を限界性を持ったいくつ

かの構成部に分解する。どの構成部も le を使用することによって、各々が独立した完結的な事態だということを表明する。すなわち、"他咬了一口大雪梨"（彼は大きな梨を一口かじった）は１つの独立した完結的な事態で、"他又咬了一口大雪梨"（彼はまた大きな梨を一口かじった）は別の独立した完結的な事態なのである。

　aとbは時間軸上に次のように表現できる。

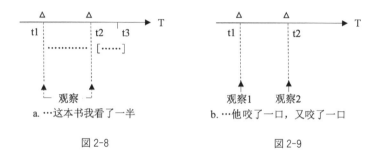

a. …这本书我看了一半　　　　　　b. …他咬了一口，又咬了一口

図 2-8　　　　　　　　　　　　　図 2-9

　cの"王婶住这地方"（王婶はこの場所に住む）は非瞬間的事態で、中国語話者は事態が３年間持続した時点で切断し、それまでを１つの完結的事態として示す。３年後続けて住むか移り住むかは、もう１つ別の事態として表現する。le は事態の完結性を表す明確な形態標識なのである。

　もう一度強調すべきは、事態は文のあらゆる構成成分が協働して表すものであり、多くの文法に関する論考で主張されているように動詞のみで表されるものではない（例えば Leech［1981］では、大方、動詞が事態を表し、その動詞には時間的限界がある[6]と述べられている）。aの"这本书我看了一半"（この本、わたしは半分読んだ）は限界を持つ完結的事態を表す。文で表される事態が"看"（読む）（のみ）の場合、動作行為が完了していない（から事態が非完結的だ）と推論することはできない。また、文で表される事態が"看这本书"（この本を読む）（のように対象を加えた場合）であっても動作の対象（この本）全体が完了していない（から事態が非完結的だ）という推論も

6)　Leech（1981：168）参照。

68

成り立たない。なぜなら、文で表現されるのは中国語話者が観察したもので、"我看这本书的一半"（わたしはこの本の半分を読む）ということだからである。動詞の後に付く le は観察できたのが完結的な事態であることを示す。"一半"（半分）も "三分之一"（三分の一）も完結的であり得るし、丸ごと 1 冊の本ももちろん完結的である。要は事態に対する観察の仕方がどのようであるかによる。この意味では、le は完了アスペクトのマーカーであると言うこともできる。ただし「完了」を動作あるいは対象の必然的な終了と解釈してはならないのである。

2.1.3　le の現実性

　現実性とは、ある参照時点において、事態はすでに実現済み（realized）であることをいう。le はこのような現実性を表す文法標識である。

　1.5 節で述べたように、現代中国語にはアスペクトはあるが、テンスはない。これは、中国語にはテンスの意味を担う文法形式が乏しいことを言うのであって、時間的概念が欠如しているわけではない。中国語において時間的概念は、主として "过去"（かつて）、"前年"（一昨年）、"明天"（明日）、"已经"（すでに）、"正在"（ちょうど〜しているところ）、"将要"（まもなく）、"三天以前"（三日前）、"入伍以后"（入隊した後）、"他进门的时候"（彼が部屋に入ったとき）などの語彙的な形式で表される。また、場合によっては文と文のあいだの意味関係で表される。

(25) a. 他　　有些　失望　　　　　了，
　　　3SG　少し　がっかりする　SFP
　　　无精打采地　　　朝　　营业员　瞅　　了　瞅。
　　　元気がなさそうに　…に　店員　　見る　LE　見る
　　　彼は幾分がっかりして、力なく店員をちらりと見た。

　b. 我们　一　　找　　　他　谈，
　　　1PL　NUM　訪れる　3SG　話し合う
　　　他　　就　　　一股脑儿　全　　说　　了。
　　　3SG　すぐに　残さずに　全て　話す　SFP

　　　　私たちが彼を訪ねて話しかけたら、彼はすぐさま包み隠さず全て打
　　　　ち明けた。

　例（25）のaとbが各々で表す2つの事態はいずれも時間的に継起する
ものである。bの“一…就～”（…するとすぐ～する）という構文は、2つの
事態が継起的でありながらも、ほぼ同時に起きたということが強調される。

　張秀（1957）によれば、中国語で表される時間は「相対時制」タイプだという。

　　　相対時制は発話時（または今現在）を絶対的な基準とせず、「動作の
　　　発生時間と、指定されたある参照時間との前後関係」だけを表示する。
　　　ここでいう「指定された参照時点」は、語やフレーズ、あるいは節で表
　　　される。もし指定されていない場合は、「今」が参照時点になる[7]。

　相対時制は、発話時を基準にする「絶対時制」に相対するものである[8]。

　本書でいう現実性は、相対的な時間の中での現実性である。文で表される
事態が過去のことであろうが、現在のことであろうが、未来のことであろう
が、（発生時間ではなく）参照時点で実現さえしていれば[9]、現実の事態に
なるわけである。以下で順次取り上げていく。

　1. 現在における現実。現在という参照時点（通常、発話時）に、事態が
すでに現実になっている。

（26）a. 程悦　　緩緩地　　　　仰起　　了　脸,
　　　　人名　　ゆっくりと　　あげる　LE　顔
　　　　姑娘　　端详　　　　了　好一会,　　　　痛心地　　　说…
　　　　女子　　子細に見る　LE　しばらくのあいだ　悲しそうに　言う

───────────────

7）　張秀（1957：156）参照。
8）　陳平（1988：417-420）は、相対時制について体系的に説明をしている。
9）　劉勲寧（1988）の説明によると、「実現」とは、動詞・形容詞およびその他の述語形
式の後に le が付くと、その語彙の意味内容が事実になっていることを表明することであ
るという。そのため、le を実現アスペクトマーカーと呼んでもよいという。『中国語文』
1988年第5期326頁にある議論を参照されたい。アスペクトに関する本書の考えは、劉勲
寧とは必ずしも一致しない。本書はアスペクトを時間の推移の中で、事態がどのように構
成されるかを観察することであると考えている。また「実現」とは、文で表される事態が
現実になることであり、動詞などが表す語彙の意味内容が事実になっていることだけを指
すものではない。

程悦がゆっくりと顔をあげると、女の子はしばらくのあいだしげしげと見て、悲しそうに…と言った。

b.我　　拿　　　了　她　手　里　的　钱，

　1SG　手に取る　LE　3SG　手　LOC　DE　金

　把　邮票　塞　　　给　　了　她，转身　　　走　　　了。

　BA　切手　詰め込む　…に　LE　3SG　体をかわす　離れる　SFP

　私は彼女の手の中にあるお金を取り、切手を彼女の手に握らせ、向きを変えて立ち去った。

例 (26) の a と b に見られる le を伴う節は、いずれも現在と同時に発生する事態を表す。現在は事態の参照時点でもあれば発生時点でもある。また、その発話がなされる発話時点でもある。a の 1 節目は以下のように時間軸上に図式化できる。

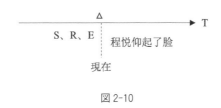

図 2-10

図 2-10 の S は発話時を、R は参照時点を、E は事態の発生時点を意味する。現在における現実事態の文においては、この三者は重なり合う。(マーカーを用いた現実の事態を 2 つ以上表す a と b のように) 現在における現実事態を複数表す場合、「現在 1 …現在 2 …」のような複数の「現在」の重なったラインが現れる[※2]。

※2　例 (26) b なら次のような図式が考えられる。

2. 過去における現実。過去のある参照時点（発話時は現在である）で、事態がすでに現実になっているものである。

(27) a. 半　个　月　前, 母羊　　　下　了　一　　只　　羔, 虎犊　似的,
　　　　半　CL　月　LOC　雌の羊　産む　LE　NUM　CL　仔羊　小虎　のよう
　　　　老是　"腾腾"　　　乱　　蹦,　　満院　撒欢。
　　　　いつも　とんとんと　むやみに　跳ねる　庭中　戯れる
　　　　半月前に雌羊が一匹の仔羊を生んだが、まるで虎の子のように、い
　　　　つもあっちこっちに跳んだり、庭で戯れたりしている。

　　　b. 去年　春节　　　前夕, 大伙　都　在　　　　　　　　忙　　着
　　　　去年　旧暦正月　手前　みんな　全員　…しているところ　忙しい　ZHE
　　　　操办　　年货,　他　却　従　　集市　上　买　了　一　堆
　　　　調達する　正月用品　3SG　しかし　…から　市場　LOC　買う　LE　NUM　CL
　　　　很　　大　　　的　抬粪筐,
　　　　とても　大きい　DE　ふん拾い用のカゴ
　　　　顶　　在　　　头　上　打道回府。
　　　　載せる　位置する　頭　LOC　帰宅する
　　　　去年の旧正月直前、みんなが年越し用品の調達に忙しそうにしてい
　　　　たのに、彼は市場で大きなふん拾い用のカゴをたくさん買って、頭
　　　　に載せて自宅に帰った。

例 (27) a の"半个月前"（半月前）も、b の"去年春节前夕"（去年の旧正月直前）も過去を指し示す語句であり、いずれも過去に起きた事態である。le を伴う節は、事態が過去において現実であることを表す（le が伴わない節であっても、過去であれば現実的である。マーカーがないだけである）。a の文に見られる le を伴う節で表されている事態は、以下のように時間軸上に図式化できる。

図 2-11

　この図から分かるように、過去における現実の事態においては、参照時点と事態の発生時点は重なり得る。しかし、重ならない場合もある。それは事態の発生時点 E が先にあり、その後に参照時点 R がある場合である。これも過去における現実に数えられる。

(28)a. 人们　呼隆　　一下　　围上来，　　不　　知　　　出　　　了　什么事。
　　　　人々　わーと　一気に　囲んでくる　NEG　分かる　起きる　LE　何事
　　　　人々がわーと囲んできて、何が起きたのか分からない。

　　b. 众人　看　　他　呑呑吐吐，　　一　　副　狼狈　　　样，　　更
　　　　人々　見る　3SG　しどろもどろ　NUM　CL　困り果てる　様子　なおさら
　　　　确信　　　他　占　　　了　女人　的　便宜。
　　　　確信する　3SG　（甘い汁を）吸う　LE　女性　DE　甘い汁
　　　　みんなはしどろもどろで困り果てている彼の姿を見てなおさら、彼が女性から甘い汁を吸っていたことを確信した。

　例 (28) a の“人们围上”（人々が囲んでくる）は参照時点で、発話時と同時点であると考えられる。“出了事”（事故が起きた）は参照時点における現実の事態である。図式化すると次のようになる。

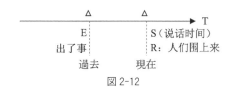

図 2-12

　過去または（過去の終点と見做せる）現在に至る前の事態を述べる場合、

現実的な事態であるため、原則的に文にleを用いることができる。もしもleが過去または現在までの事態にしか用いられないのであれば、「過去時」のマーカーと認定しても差し支えないだろう。ところが現代中国語において、leは未来の事態を述べる文にも用いられる。もちろんその場合でも、参照時点から見てleは依然として事態の現実性、つまり未来における現実を表している。

3. 未来における現実。未来における現実とは、発話時から見た場合は未来に起きるが、ある参照時点から見た場合はすでに現実になっている事態である。なお、これはleをテンスマーカーではなく、アスペクトマーカーと見做すべき主な根拠の1つである。

(29) a. 我　　明天　　下　　　　　了　　班　　　去　　看　　电影。
　　　　 1SG　明日　退勤する　LE　シフト　行く　見る　映画
　　　　 私は明日仕事が終わったら映画を観に行く。

　　 b. 哪天　他　　当　　了　　作家，还　　　　不定　　　　　　怎么样　呢。
　　　　 いつ　3SG　なる　LE　作家　なおさら　断言できない　どうだ　SFP
　　　　 いつか彼が作家になったら、なおさらどうなるかは予測できない。

例（29）aの"明天"（明日）は未来の時点を表すが、その時点で2つの事態が起きる。それは"我下班"（私は退勤する）と"我看电影"（私は映画を観る）である。"我看电影"を参照時点とした場合、"我下班"は現実の事態となる。leという文法標識はまさにこの事態の現実性を表している。aは次の図2-13のように時間軸上に図式化できる。

図2-13

現代中国語において、2つの未来の事態を表すとき、leを伴う事態Eを前

74

に、参照時点となる事態 R をその後におく。上記の文を "我明天看了電影
下班"（私は明日映画を観たら退勤する）に変えると、"看了電影"（映画を観た）
が現実の事態 E になり、"下班"（退勤する）が参照時点である事態 R になる。
言い換えれば、文法標識の le が事態の現実性を担保している。

　現在における現実や過去における現実と異なるのは、le が未来における現
実の事態に用いられるとき、時間的に先に起きる事態にしか用いられないと
いう点である。つまり、時間的に後に起きる事態にも用いられないし、2 つ以
上の事態に同時に用いることもできない。次の例はいずれも非文法的である。

(30) a. *我　　明天　　下班　　　　看　　了　電影。

　　　　1SG　明日　退勤する　観る　LE　映画

　　　cf. 我　　昨天　　下班　　　　看　　了　電影。

　　　　1SG　昨日　退勤する　観る　LE　映画

　　　　私は昨日仕事が終わった後に映画を観た。

　　b. *我　　明天　去　　了　図書館　借　　　了　両　　本　　书。

　　　　1SG　明日　行く　LE　図書館　借りる　LE　NUM　CL　本

　　　cf. 我　　昨天　去　　了　図書館　借　　　了　両　　本　　书。

　　　　1SG　昨日　行く　LE　図書館　借りる　LE　NUM　CL　本

　　　　私は昨日図書館に行って本を 2 冊借りた。

　le が現実性という性質を有するがゆえに、これが未来の事態に用いられる
とき、多くの制約を受ける。le は主に、継起する 2 つの事態のうち先に起き
る事態や、条件 − 結果の意味関係を表す複文の条件節に用いられる。

(31) a. 你　　読　　了　大学，　就　　　不　　会　　要　　　　　　我　了。

　　　　2SG　通う　LE　大学　すると　NEG　AUX　必要とする　1SG　SFP

　　　　あなたは大学に入ったら、私を必要としなくなるだろう。

　　b. 等　　你　　長大　　　了，当　　了　宇航員，

　　　　待つ　2SG　大人になる　SFP　なる　LE　宇宙飛行士

　　　　你　　就　　　会　知道　　什么　是　　　宇宙　了。

　　　　2SG　すると　AUX　分かる　何　　である　宇宙　SFP

　　　　あなたは大人になって宇宙飛行士になったら、宇宙とは何かが分か

るようになるだろう。

　２つの文とも想像世界における未来の事態を表す。条件的事態（"你读了大学"［あなたが大学に入った］）の現実性に基づいて、結果的事態を導くのである。なお、「〜に等しい」といった意味合いを持つ条件節を伴う文では、その結果を表す節に le が用いられることもある。

(32) a. 你　　养好　　　了　身体，
　　　　 2SG　養生する　 LE　体

　　　就　　（等于）　有　了　工作　的　本钱。
　　　すると　等しい　持つ　LE　仕事　DE　元手

　　　あなたが体調を整えたら、仕事の元手を持つようになる。

　 b. 离开　　了　山寨，你　　就　　（等于）　失去　了　保护。
　　　 離れる　LE　山村　2SG　すると　等しい　失う　LE　保護

　　　山村を後にしたら、あなたは守ってもらえなくなる。

　未来における単一の事態を表す文には、一般にleを用いることができない。事態の現実性が参照時点の欠如のために担保されていないからである。次の文は非文法的である。

(33) a. *我　　明天　看　　了　电影。
　　　　 1SG　明日　観る　LE　映画

　 b. *小王　　哪天　当上　了　飞行员。
　　　 人名　　いつ　なる　LE　パイロット

　例 (33) は未来に起きる事態を表す。(例 (29) a の「わたしは映画を観る」のような) その後に起こり、参照時点として読み取れる事態がないため、"我看电影"（私は映画を観る）と "小王当飞行员"（王くんはパイロットになる）の現実性が失われるのである。上記の文の"明天"（明日）、"哪天"（いつか）は事態の発生時点を表しているが、もしそれらが、その後に起こる事態の発生時点を表しているならば、未来における単一の事態を表す文にも le を用いることが可能である。

(34) a. 明天，我　　肯定　　已经　　离开　　了　上海。
　　　 明日　1SG　きっと　すでに　離れる　LE　地名

76

明日にはもう私はきっと上海を離れているだろう。

b. 下个月 一号，李瑛 就 成 了 一 名 大学生 了。

　　来月 　1日 人名 もう なる LE NUM CL 大学生 SFP

　　来月１日に、李瑛は大学生になる。

　例（34）aにある "明天" は "我离开上海"（私が上海を離れる）という事態の参照時点であり、事態そのものが起きる時点ではない（もちろん、事態そのものが「明日」に起きる可能性もあるが）。伝えようとしている情報は「明日までに」「明日あなたが来たときに」などであり、事態自体は「明日」から見た過去（「過去」の終点である「明日」を含む）に起きるものである。つまり、明日になって言えば、事態はすでに実現された現実となっているのである。bの "下个月一号"（来月１日）も参照時点であり、事態はその参照時点になった瞬間に現実となるのである。この２つの文は、時間軸上で次のように表すことができる。

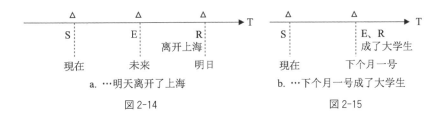

a. …明天离开了上海　　　　　　　b. …下个月一号成了大学生

図 2-14　　　　　　　　　　　　　　図 2-15

　事態の現実性を担保する参照時点と事態そのものの発生時点は、性質の異なる概念である。両者の指示対象（referent）が重なることもある（例えばbの "下个月一号"［来月１日］）。事態の発生時点はその事態を時間軸上に位置づけるものであるのに対し、事態の参照時点はその事態の性質（例えば、現実性など）を時間的に意味づけることである。時間を表す語句が、ある程度の幅を持つ時間量ではなく時点を表すものであるとき、両者の違いがよりいっそう明白になる。

(35) 明天 八点，我 肯定 已经 离开 了 上海。

　　　明日 8時 1SG きっと すでに 離れる LE 地名

明日の8時までに、私はきっと上海を離れているだろう。

　これは未来における単一の事態を表す文であるにもかかわらず、le を用いても文法的である。その理由は「明日の8時」が「私が上海を離れる」という事態の時間的な位置づけではなく、その事態が現実的性質を持つように時間的な定義をしているからである。事態は参照時点より以前に実現されて現実性を持つものであるため、le を用いることができる。参照時点より後に起きるのであれば現実性を持たず、le を用いることができないのである。

　以上の考察から分かるように、現実性と時間とのあいだには密接な関係がある。過去から現在までに起きている事態はみなすでに実現されたもので、現実性を有するものだと考えられ、le を用いることができる（もちろん le を義務的に使用しなければならないというわけではない）。その参照時点は発話時と考えても差し支えない。未来に起きる事態は現実性を持たないため、通常 le を用いることはできないというこの制約は、単一の事態において最も厳しい。その一方で、次の2つのケースにおいては制約が緩和される。1つ目は、文には未来の時間が2つ（以上）あり、片方は参照時点Rで、もう片方は事態の発生時点Eで、なおかつEはRよりも以前か、Rと同時である、つまり以下のように数式で表せる。

　　　$E \leq R$（「$\leq$」は「…より以前」または「…と同時」を意味する）

　換言すれば、未来の事態は未来の参照時点より前、あるいはそれと同時に起きる場合に限り現実性が担保され、le という文法標識で一種の「架空の現実」を表すことができるのである。事態が参照時点の後に起きた場合は現実性を持たないため、le を用いられない。制約が緩和される2つ目は、仮定を表す条件文に le を用いて「仮想の現実」を表すケースである（例えば例（31）と例（32））。その場合は通常、le は仮想条件を表す節にしか現れない。ただし、条件とそれに基づいた結論とのあいだに「等しい」意味関係が成り立つ場合は、le が条件節と主節の両方に用いられることがある。

　「現在」を「過去」という時間軸上の1点、つまり「過去」の終点と見做せば[10]、le の現実性は「過去」の時間の中で実現されるものである。「過去」

10）「現在」を「未来」の時間軸上にある点、つまり「未来」の始点と考えてもよい。

というのは、発話時の参照時点としての過去と、未来の参照時としての「過去」を含む。つまり、

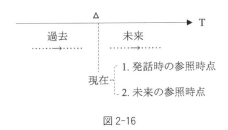

図 2-16

そう考えると、現実性の中身を次のように変換できる。

a. 過去における現実性＝　　過去における現実性

b. 現在における現実性＝　　過去の終結点における現実性

c. 未来における現実性＝

- 1.（未来の）過去における現実性
- 2.（未来の）過去の終結点における現実性

動態が動作（activity）と異なり、完結性が達成（accomplishment）と異なるのと同様に、現実性も真実性（truthfulness）とは別物である。未来の事態を叙述する文に存在する架空、仮想の現実のほかに、le はまた「偽りの現実」を表すこともできる。

(36)a. 母鴨　　　　生　了　一　个　天鵝蛋。

　　　　メスのカモ　産む　LE　NUM　CL　白鳥の卵

　　　　メスのカモは白鳥の卵を１つ産んだ。

　　b. 喜姐　打　　了　月亮　一　記　響亮　　　的　耳光。

　　　　人名　叩く　LE　月　NUM　CL　響き渡る　DE　びんた

　　　　喜姉さんは月に一発びんたをくらわした。

上記の例(36)[11]で表されている事態はいずれも架空のものであり、過去、

---

11)　哲学的な意味では、これらの文は自由意志論者には認められ、決定論者には認められない。文の真実性が言語使用に与える影響は、通常哲学や論理学で論じるべき課題だと思われ、言語学的研究ではめったに議論されない。

現在、未来のいずれの場合でも真実にならない。しかしながら言語学的には
これらの文はいずれも文法的であり、現実的な事態を表すものである。le は
事態が現実性を有するということを示すマーカーである。これらの文が許容
されない場合、それは真実を述べていないからで、非現実だからではない。

　複合的な事態を表す文において、le の現実性には少し複雑なケースがある。
『現代漢語八百詞』の考察によれば、連動文と兼語文[※3] に見られる le は一般
に最後の動詞の直後に付く[12]。すなわち、（前後の事態のうち）後ろの事態
に現実マーカーを付ける。同書では、次の例が挙げられている。

(37) a. 剛才　　他　　打　　　電话　叫　　了　一　辆　车。
　　　　 先ほど 3SG　かける　電話　呼ぶ LE NUM CL 車
　　　　 先ほど彼は電話して車を一台呼んだ。

　　　b. 昨天　请　　　　　张老师　给　　大家　　辅导　　了　一　　次。
　　　　 昨日　お願いする 人名　　…に　みんな　補習する LE NUM CL
　　　　 昨日張先生にお願いして、みんなに補習してもらった。

　上記の例（37）はいずれも複合的な事態を表すものである。2 つの事態の
あいだに行動と目的という意味関係があるため、目的となる事態（B と呼ん
でおく）に le を用いることによって、B の事態の現実性を担保すると同時に、
行動の事態（A と呼んでおく）の現実性も保証する。つまり、B の現実性が
A の現実性を含意する（B le → A le）のである。したがって、例（37）の
実際の意味は以下のとおりである。

(38) a. 剛才　　他　　打　　　了　电话　叫　　了　一　辆　车。
　　　　 先ほど 3SG　かける LE 電話　呼ぶ LE NUM CL 車

※3 「連動文」とは、述語が 2 つ以上の動詞句からなり、それらが並列・動詞−目的語・
動詞−補語・主語−述語・修飾−被修飾などのいずれの関係にも該当しない文のことであ
る。「兼語文」は「連動文」の一種だと考えられるが、述語を構成する 1 つ目の動詞（句）
の目的語が意味上 2 つ目の動詞（句）の主語となっている文のことである。
12) 呂叔湘主編（1981：315-316）参照。連動文と兼語文において前方の動作の完了を強
調する場合、le を前方の動詞に付けることができる。
　　我们　也　找　　了　一　个　旅馆　住　　　了　一夜。
　　1PL　も　探す LE NUM CL 旅館　泊まる LE 一晩
　　私たちも旅館を見つけて一晩泊まった。

　先ほど彼は電話して車を一台呼んだ。

　b. 昨天　请　　　　　了　张老师　给　　大家

　　　昨日　お願いする　LE　人名　　…に　みんな

　　　辅导　　了　一　　次。

　　　補習する　LE　NUM　CL

　　　昨日張先生にお願いして、みんなに補習してもらった。

　目的の事態ではなく行動の事態に le を用いた場合、文の現実性にどのような変化が起きるのであろうか。

(39) a. 刚才　　他　打　　　了　电话　叫　（一　　辆）　车。

　　　先ほど　3SG　かける　LE　電話　呼ぶ　NUM　CL　　車

　　　先ほど彼は車を呼ぶために電話をかけた。

　b. 昨天　请　　　　　了　张老师　给　　大家

　　　昨日　お願いする　LE　人名　　…に　みんな

　　　辅导　　（一　　次）。

　　　補習する　NUM　CL

　　　昨日みんなに補習してくれるように張先生にお願いした。

　行動の現実性は必ずしも目的の現実性を含意しない。つまり「A の現実性は B の現実性を含意すると限らない」（"A le →◇B le" という可能性を含意するに過ぎない）。目的事態の現実性は文法標識 le がないため保証されておらず、文の実際の意味は例（38）と決して同等ではない。"他叫了电话叫车"（彼は車を呼ぶために電話をかけた）であっても、"他叫了一辆车"（彼は車を［一台］呼べた＝車が実際に来た）とは限らない。なぜなら、誰も電話に出なかったり、車を呼んでも来なかったりするなど様々な可能性があり、目的事態には現実性がないからである。b も同様で、張先生に来てもらえなかったり、来てもらったが補習をしてもらえなかったりするなどの可能性がある。

　le が行動事態に用いられるか、目的事態に用いられるかで異なる現実性は、両事態における対比的な焦点の差異を生む。対比的な焦点になり得るのは通常 le を伴う事態だからである。例えば、肯定と対比をなす否定の場合は、通常 le を伴う事態が否定されるものである。

(40)a1. 剛才　　他　打　　　電話　叫　　了　一　　　辆　车。
　　　 先ほど 3sɢ かける 電話 呼ぶ ʟᴇ ɴᴜᴍ ᴄʟ 車
　　　 先ほど彼は電話して車を一台呼んだ。

　　a2. 剛才　他　打　　電話　没 / 不 是　　　叫　　一　辆　车。
　　　　先ほど 3sɢ かける 電話 ɴᴇɢ ɴᴇɢ である 呼ぶ ɴᴜᴍ ᴄʟ 車
　　　　先ほど彼は電話したが、車を呼ぶためではなかった。

　　b1. 剛才　　他　打　　　了 電話　叫　　（一　　辆）车。
　　　　先ほど 3sɢ かける ʟᴇ 電話 呼ぶ　ɴᴜᴍ ᴄʟ　車
　　　　先ほど彼は車を呼ぶために電話をかけた。

　　b2. 剛才　他　没 / 不 是　　　打　　　電話　叫　（一　辆）车。
　　　　先ほど 3sɢ ɴᴇɢ ɴᴇɢ である かける 電話 呼ぶ ɴᴜᴍ ᴄʟ　車
　　　　先ほど彼は車を呼ぶための電話をかけなかった。

　ここから分かるように、連動文や兼語文などの複合的な事態を表す文の中で、leで現実性が担保される事態は発話の中で強調したいことである。例(39)のように、行動事態の現実性は目的の事態の現実性を保証できないし、目的はその文の中で強調する箇所でもないため、具体的な数量を表す“一辆”（1台）、“一次”（1回）は用いなくてもよいこともある※4。

　要するに、現代中国語の現実アスペクトは、le という文法標識によって表現される。le には動態性・完結性・現実性という3つの主要な特徴がある。動態性は事態が変化しているという性質、つまり開始・持続・終結のいずれかの局面において変化があることを強調しているのであって、事態の過程に

※4　通常、連動文の中で最も伝えたい情報を表す動詞句にアスペクト形式が付く。例(39)では、目的を表す“叫一辆車”（車を一台呼ぶ）、“给大家辅导一次”（みんなに一回補習する）が「その文の中で強調する箇所ではない」ことを了解できるのは、アスペクト形式が付いていないためである。さらに、「数詞＋量詞」からなる数量表現（特に数詞が“一”の場合）は、概念として認識される事物・動作を、特定の時空間に実存している個別の事物・動作として提示する「個体化」の機能を持つため、（その文の中で強調する箇所ではない）「車を呼ぶ」と「みんなに補習する」に数量詞“一辆”（一台）、“一次”（一回）を用いる必要はなおさらないわけである（むしろ、行為を類・概念として提示する）。なお、「個体化」についての最新の研究としては、木村英樹（2014）「“指称”の機能——概念、実体および有標化の観点から」（『中国語学』第261号，pp.64-83）を参照されたい。

おける動作性をとりわけ強調するものではない。完結性は事態の総体性、すなわち事態が分解されないことを強調するものであり、事態の達成をとりわけ強調するものではない。現実性は事態の已然性（すでに現実になっていること）、つまり過去・現在・未来のいずれかにおいて、事態が参照時点より以前に実現していることを強調し、事態が真であるか否かを問題にしない。

2.2　経験アスペクト：“过”-guo

2.2.1　経験アスペクトの文法標識“过”-guo

　経験アスペクトは完結アスペクトの一種である。現実アスペクトと同様に、経験アスペクトも時間の推移の中で事態がどう構成されるかを外部から観察しており、分解不可能という事態の総体性を反映している。両者の相違点は、現実アスペクトが事態の現実性を強調するのに対して、経験アスペクトは事態の経過性を強調するという点である。現代中国語における経験アスペクトのマーカーは“过”-guo（以下、guoと記述）である。

　中国語の文法標識は次第に発達してきたものであり、その発達は今現在も展開されつつある。中国語学史上、注目すべきことが1つある。それは、1940年代に出版されたいくつもの重要な文法に関する論考において、アスペクトマーカーとしてのguoに関する言及がない、ということである[13]。ところが初期の白話文において、guoに経験アスペクトとして比較的典型的な用法がすでにあることが確認されている。

13）呂叔湘（1942）は12種類の動相形式を、王力（1944）は6種類の情貌形式を、高名凱（1948）は6種類のアスペクト形式を挙げているが、これらのいずれもguoは取り上げていない。一方、黎錦熙（1955［初版1924］）の『新著国語文法』では、「過去時」を表すものとしてguoに言及し、次の例を挙げている。
　　我　也　曽　使　过　眼色,　也　曽　遞　过　暗号。
　　1sg　も　かつて　使う　GUO　めくばせ　も　かつて　渡す　GUO　合図
　　私だってかつてめくばせをしたり、合図を送ったことがある。
　しかし黎錦熙はguoを時間を表す「副詞」とみなし、“已経”（すでに）、“曽経”（かつて）、“早就”（とっくに）、“向来”（これまでずっと）、“刚才”（先ほど）、“完”（…［し］終える）などと同列に扱っており、guoが表すアスペクト的意味を論じるに至っていない。

(41)a. 学生 也 亲 念 过 几 遍，并无 差落，
　　　学生 も 自ら 読む GUO NUM CL NEG 誤り
　　　哪 有 此 话？
　　　どこ ある この 話
　　　小生も自分で何回か読んだことがあるが、決して誤りがなかった。
　　　その話はどこからきたのだろうか。(『警世通言』第 13 巻)

b. 妹妹 几 岁 了？可 也 上 过 学？
　　妹 NUM 歳 SFP Q も 通う GUO 学校
　　妹はいくつですか。学校に通ったことありますか。(『紅楼夢』第 3 回)

c. 当时 他们 来 了，却 也 从来 没 空 过 的；
　　当時 3PL 来る SFP しかし も 従来 NEG 空く GUO SFP
　　如今 来 瞧 我们，也 是 他 的 好意，
　　今回 来る 見る 1PL も である 3SG DE 厚意
　　别 简慢 了 他。
　　PROH 行き届かない LE 3SG
　　かつて彼らが来てくれたとき、一度たりとも手ぶらで来たことがない。今回私たちをお見舞いにきてくれたのも彼のご厚意なので、失礼があってはいけない。(『紅楼夢』第 6 回)

50 年代になってようやく guo を le や zhe と同様にアスペクトマーカーと見做すようになり、アスペクトの意味に関する議論が次第に多くなった[14]。

現代中国語の guo が担っている意味は実に多い。内容語的な意味もあれば、機能語的なものもある。これらの意味は 1 つの連続体を成している。

(42)a. 我 跳上 公共汽车，竟然 一下子 坐过 了 站。
　　　1SG 跳び上がる バス 意外に あっという間 乗りすごす LE 駅

---

14) 兪敏（1954）の『漢語動詞的形態』では、guo を経験アスペクトを表す接尾辞と見做している。陸宗達、兪敏（1954：114）、張秀（1957：160）の分析も参照。ロシアの中国学研究者である Dragnov（1952：129）と Yakhontov（1952：126）はいずれも guo を「不定の過去時」の文法標識と捉えている。伊三克ほか編著の『華語課本』201 頁では、guo を「未完成―複数回アスペクト」と見做している。

私はバスに飛び乗ったが、意外にも乗り過ごしてしまった。

b. 忍　　　一　忍,　　　熬过　　高考,
我慢する　NUM　我慢する　堪える　大学入試
我们　痛痛快快　玩　一　　场!
1PL　思いきり　遊ぶ　NUM　CL
ちょっと我慢しよう。大学入試を乗り越えたら、私たちは思いきり
遊ぼう！

c. 我　已经　　考虑　　过　　了, 不　当　　这　个
1SG　すでに　考える　済む　SFP　NEG　なる　DEM　CL
体育委员。
体育（関係の学級）委員
私はもう考え済みだ。体育委員なんてなるつもりはない。

d. 我　曾经　　写　过　一　篇　小文,　　叫　《读者的阶梯》。
1SG　かつて　書く　GUO　NUM　CL　へたな文章　いう　作品名
私なんかはかつてへたくそな文章を一篇書いたことがある。それは
「読者の階段」という。

　上記の例（42）aの guo の意味は、ある空間を通過することである。bの
guo はある時間を過ごすという意味である。両者とも内容語的な形態素であ
る。cの guo はやや機能語に近く、あるポイント（事態の終結点）を通過し
たという「完了」の意味を有する。dの guo は完全に機能語化しており、経
験したある事態を表す。経験上のことは、当然ながら通過したり過ごしたり
するものであり、さらに完了したものでもある。しかし、これらよりも「か
つてそうであった」という経過的な意味のほうがより強調される。guo にお
ける内容語から機能語への変化の軌跡は次のとおりである。

（空間・時間を）通過する→完了→経験
内容語 ←——————————————→ 機能語

図 2-17

以下で取り上げる経験アスペクトの文法標識 guo は、主に d に表されている抽象化した意味であるが、c に表されている機能語化の途中にある「完了」の意味にも触れる。a と b に表されている「通過」の意味は具体的な意味であるため、考察の対象から一旦除外する。

2.2.2　guo の動態性

　経験アスペクトの文法標識 guo で表される事態は動的な性質を有する。この点は現実アスペクトの文法標識 le と同様である。guo で表されるのは経験上の事態であり、過去に起きてなおかつすでに完了しているため、当然変化を経ているわけである。guo の動態性は一種の経過的変化である。

(43) a. 我　　教　　　过　郑海波,　当　　过　　他　　的　班主任。
　　　　 1SG　教える　GUO　人名　　　なる　GUO　3SG　DE　クラス担任
　　　　 私は鄭海波に教えたことがあり、彼のクラス担任をしたことがある。

　　 b. 有　人　曾　　　做　　过　不　让　　　　人　做梦　　的　实验。
　　　　 いる　人　かつて　する　GUO　NEG　…させる　人　夢を見る　DE　実験
　　　　 人に夢を見させない実験をやった人がいる。

　"我教郑海波"（私は鄭海波に教える）と"有人做实验"（実験をやる人がいる）はいずれも経験上（experienced）の事態である。guo はこのように経験上の変化を表す。しかし現実アスペクトの文法標識 le とは異なる。静的動詞が述語になるとき、le の動態性はある静的状態への突入（＝始動）という変化を示す。それに対して、guo の動態性は、ある静的な状態からの脱出（＝終結）という変化を示す。次の 2 つの文を比較されたい。

(44) a. 他　　俩　　红　　了　脸。
　　　　 3SG　二人　赤い　LE　顔
　　　　 彼ら 2 人は喧嘩した。

　　 b. 他　　俩　　红　　过　脸。
　　　　 3SG　二人　赤い　GUO　顔
　　　　 彼ら 2 人は喧嘩したことがある。

　例（44）a の le が表すのは、始動という動的変化を経て、彼ら 2 人は「怒っ

ている」という静的状態に入ったという意味である。一方、b の guo が表す
のは、終結という動的変化を経て、彼ら 2 人は「怒っている」という静的状
態から離脱したという意味である。guo が静的動詞の後について、終結点に
おける動態性を表す文をさらにいくつか提示しておく。

(45) a. 我　什么　都　　知道，
　　　 1SG　何　全て　知る
　　　 谁　让　　　咱们　好　　　　　过　一　场　呢。
　　　 誰　…させる　1PL　（仲が）よい　GUO　NUM　CL　SFP
　　　 私は何だって知っている。だって私たちは付き合ってたんだもの。
　　b. 我　实在　怀疑　他们　是否　　　真诚地　　　相爱　　过。
　　　 1SG　実に　疑う　3PL　…か否か　誠心誠意で　愛し合う　GUO
　　　 彼らが本当に愛し合っていたかどうかは実に疑わしいと思う。
　　c. 彩虹　着实　迷惑　　过　我　一　阵，…
　　　 虹　　本当に　迷わす　GUO　1SG　NUM　CL
　　　 私は実にしばらくのあいだ虹に迷わされていた。
　　d. 从前　她　也　曾　　紧张　　过，沉重　　过，…
　　　 昔　　3SG　も　かつて　緊張する　GUO　重苦しい　GUO
　　　 昔、彼女も余裕がなかったし、気持ちが重苦しい時期があった。

　guo が終結点における動態性という特徴を持つため、終結の意味と相容れ
ない一部の静的動詞には guo が付かない。例えば、"认得"（知っている）、"认
识"（知り合いである）、"认为"（…と思う）、"晓得"（知る）、"知道"（知る）、
"包含"（含む）、"充满"（充満する）など。次の文は現代中国語としては非文
法的である。

(46) a. *我　知道　过　这　件　事。
　　　　 1SG　知る　GUO　DEM　CL　事柄
　　b. *这　里面　包含　过　老工人　　　　　多少　　　心血　啊。
　　　　 DEM　LOC　含む　GUO　ベテランの労働者　どれほど　心血　SFP

2.2.3　guo の完結性

　guo は le と同様、分解しないまとまった 1 つの事態に用いられ、観察の視点も事態の外部にある。guo で表す完結した事態は経験上のものであり、（le が表す完結性のような）現実的なものではない。guo の完結性は一種の経過的総体性である。

(47) a. 老鬼　　一　　听　　谢小晶　也　在　　　内蒙
　　　　人名　NUM　聞く　人名　　も　…で　地名
　　　　插　　过　　队，　　　　　　　当即　拍板。
　　　　入る　GUO　（人民公社の）生産隊　即座　決める
　　　　謝小晶も内モンゴルで生産隊に入隊したことがあると聞くと、老鬼はすぐに決めた。

　　 b. 报　　上　不　是　　宣传　　过　爸爸　是　　改革家　吗?
　　　　新聞　LOC　NEG　である　宣伝する　GUO　父　　である　改革者　SFP
　　　　怎么　　又　　怀疑　爸爸　贪污　　呢?　我　弄不明白。
　　　　どうして　また　疑う　父　横領する　SFP　1SG　分かりようがない
　　　　新聞では父を改革者だと宣伝していたではないか。なぜ今度は父に横領疑惑をかけるのか。私には理解できない。

　“谢小晶插队”（謝小晶は生産隊に入隊する）と“报上宣传爸爸”（新聞は父を宣伝する）はいずれも完結した事態であり、なおかつ外部から観察された分解しない事態である。また、経過的で過去の歴史においてすでに起きており、終結している事態でもある。これらの文の動詞の前に副詞“曾经”（かつて）を加えることができる。実際の言語資料でも、guo と“曾经”（“曾”）がセットで用いられる例はかなり多い。2 つほど例示しておく。

(48) a. 发表　　　了　这　篇　电视　　讲话　　以后，
　　　　公表する　LE　DEM　CL　テレビ　スピーチ　…のあと
　　　　他　曾　　接到　过　恐吓电话,
　　　　3SG　かつて　受ける　GUO　脅迫の電話
　　　　但　　他　并未　寻求　特别　　保护。
　　　　しかし　3SG　NEG　求める　特別の　保護

　　このテレビスピーチを公表したあと、彼は脅迫の電話を受けたこと
　　があるが、特別の警備を要請しなかった。

　b. 和　　　我　　　曾经　　　读　　　过　　的　　三毛　　作品　　相比,
　　　…と　1sg　かつて　読む　GUO　DE　人名　作品　比べる

　　　琼瑶　的　小说　像　　　　小夜曲,　　　很　　　　动听,
　　　人名　DE　小说　…に似る　セレナーデ　とても　(聞いて) 感動的だ

　　　就是　太　　　缠绵,　　太　　　伤感　　　　　　了。
　　　ただ　あまり　切ない　あまり　感傷的になる　　SFP

　　　私がかつて読んだことのある三毛の作品と比べると、瓊瑶の小説は
　　　まるでセレナーデのようで、とても感動的だ。ただ、あまりにも切
　　　なく、あまりにも感傷的になる。

　注意すべきなのは、ここでいう「完結」とは、文が表す事態の総体性のこ
とであり、動詞が表す動作の総体性ではない。また「分解不可能」とは、事
態を事態の外側から観察するという意味であり、事態自体が道理上分解不可
能という意味ではない。「経過」とは歴史上の経験を指す。その事態は以前
に起きて、なおかつすでに終了している。guo を用いた文が表す事態（とり
わけ動詞が表す動作）が及ぼす影響については触れられていないが、もちろ
ん否定もされていない。

(49) a. 我们　只　　　　　　　握　　　过　　两　　次　　手,　　没　　　想到
　　　　1PL　たった…だけ　握る　GUO　NUM　CL　手　　NEG　思いつく

　　　　一　　　次　　是　　　开始,　一　　　次　　便　　　　　是　　　结束。
　　　　NUM　CL　である　始まり　NUM　CL　すなわち　である　終わり

　　　　私たちは 2 回しか握手したことがない。(そのうちの) 1 回は始ま
　　　　りのときで、もう 1 回がさよならのときだなんて、思いも寄らなかった。

　b. 几　　年　　前,　几　　位　　新潮　　　　　　　　　　评论家
　　　NUM　年　LOC　NUM　CL　新しい潮流にあった　評論家

　　　就　　　　　　　特别　关注　　　过　　王朔　的　小说。
　　　もうすでに　特に　注目する　GUO　人名　DE　小说

　　　数年前、時流に乗った評論家数名はすでに王朔の小説に注目していた。

例（49）aの"我们握两次手"（私たちは2回握手する）という事態は guo を用いることによりその完結性を表す。文中の数量表現"两次"（2回）は事態自体が分解可能であることを示しているが、guo（または le）が使われていること、そして zhe が用いられない[※5]といった構文的な特徴から、中国語話者はこの「2回」を分解しない1つのまとまりと見做す。道理上分解可能であっても、構文上分解不可能であることにしたがっている。また、等しく静的で文成分が揃った2つの文（節）を用いて、直前の文（節）に含まれる道理上の分解可能性を表現する。

bの"几位评论家关注王朔小说"（評論家数名は王朔の小説に注目する）という事態は guo を用いてその経過性を表す。評論家たちが今も依然として注目しているかどうかに文は立ち入らない（"几年来，评论家们一直关注着王朔小说"［数年来、評論家たちは変わらず王朔の小説に注目している］と比較されたい）。しかし、それを否定しているわけでもない[15]。これは表現上の異なるレベルの問題である。ただし、guo には終了という意味特徴があるため、guo が表す事態も「今はもうそうではない」と解釈される傾向にある。

(50)a. 郭辉　考上　　了　中国科技大学，
　　　　人名　受かる　LE　組織名
　　　　我　記得　　　　　　写　信　告诉　过　您。
　　　　1SG　記憶している　書く　手紙　伝える　GUO　2SG
　　　　郭輝さんが中国科技大学に受かったことを手紙であなたに伝えたことがあるとわたしは記憶している。

　　　b. 校长　发　　　完　　　　　　言，　　　请　　　　　　参加　　　过
　　　　　校長　発する　…し終わる　スピーチ　お願いする　参加する　GUO
　　　　　"一二九"运动　的　老师　发言。
　　　　　12・9運動　　DE　教員　発言する

───────────────

※5　例（49）の"过"を"着"に替えた"我们只握着两次手"は非文法的である。例（20）と（22）bに関する分析も参照。

15)　"几年前，几位新潮评论家就特别关注过（现在仍然关注着）王朔的小说"（数年前、時流にのっていた数名の評論家は、王朔の小説に特に注目し、なおかつ今も引き続き注目している）のような文があっても良いからである。

　　校長はスピーチを終えると、12・9 運動に参加したことのある教員
　　に発言させた。

　c. 十渡　　前　　几　　天　还　　　　淹死　　　过　　游人，
　　　地名　　前　NUM　日　案外と　溺死する　GUO　観光客

　　　万一　　　出　　　　事　　　呢?
　　　万が一　　起きる　　事故　SFP

　　　十渡では数日前に観光客が溺死した。万が一事故が起きた場合は(ど
　　　うするのか)。

　以上の例文に見られる "告诉"(伝える)、"参加"(参加する)、"淹死"(溺
死する) という動詞は、guo が付くことによって、文で表される事態に「今
はもうそのようではない」という意味が付与される。しかし、必ずしもこの
文からそういった推論が得られるわけではない。次の文を比較されたい。

(51)a. 去年　春游　　　去　　过　　一　　次　長城，
　　　去年　春の遠足　行く　GUO　NUM　CL　地名

　　　今年　要　　　选　　別外　一　　个　風景区。
　　　今年　AUX　選ぶ　他の　NUM　CL　観光地

　　　去年の春の遠足で万里の長城に行ったので、今年は別の観光地を選
　　　ばなければならない。

　b. 我　　跟　　　　　　着　他　来　　到　　他　家，那　　虽然
　　　1SG　…の後に付く　ZHE　3SG　来る　着く　3SG　家　DEM　…けれど

　　　只　　　　　来　　过　一　　次　的，却　　　是　　我　已经
　　　たった…だけ　来る　GUO　NUM　CL　DE　しかし　である　1SG　すでに

　　　熟悉　　　的　房间。
　　　熟知する　DE　部屋

　　　私は彼の後に付いて彼の家に来た。たった 1 回しか来たことがない
　　　が、すでに熟知しているその部屋へ来た。

　例 (51) a の "去过"(行ったことがある) は、今はもうそうではない、と
いう意味を表すが、b の "来过"(来たことがある) は、今また来ていること
を表す。guo が現在に与える影響はあくまで可能性に過ぎず、必然的な影響

ではない。guo は文が経過的で1つのまとまった事態を表すことを強調し、その他の意味合いは文の個々の構成要素共同で決まる。

　guo が表す総体性は特別な意味を有する。それは、事態が完結的で終了しているものの、（必ずしもそうではないものの）一度のみならず何回か繰り返して起きる可能性があるということである。そのため1950年代には、guoは「未達成―複数回アスペクト」のマーカーであると主張する研究者がいた[16]。例えば、例（51）の"去过长城"（万里の長城に行ったことがある）、"来过他家"（彼の家に来たことがある）で表される事態はいずれも完結的で終了しているものでありながら（「未達成」という考え方は妥当ではなかろう）、この種の事態が複数回あるということを仄めかしている。つまり、当該の事態の集合（set）に2つ以上のメンバーを有する可能性があるというわけである。"同学们去长城春游"（同級生たちは万里の長城に春の遠足に行く）と"我来他家"（私は彼の家に来る）は複数回起きてもかまわないのである。趙元任（1968）が「不定過去時」を取り上げたとき、次のように述べている。

　　軽声で読まれる guo は純粋たる接尾辞で、「過去において少なくとも1回ある」という意味を表す。

李訥ほか（1983）は「経験貌」を取り上げたとき、以下のように類似する考えを見せている。

　　guo は事態があるとき、通常は過去において、少なくとも1回経験されたという意味を表す。

　実際の言語使用場面では、複数回と解釈不可能な動詞にはguoは付かない。例えば次の例は一般的に非文法的だと見做される。

(52)a. *张　　家　的　小三子　去年　长大　　　过。
　　　人名　家　DE　三男　　去年　大人になる　GUO
　 b. *李大爷　小时候　死　过　一　次，后来　又　活转来　了。
　　　人名　　幼いとき　死ぬ　GUO　NUM　CL　後に　また　復活する　SFP

16）　本章の注 14 参照。

c. *一九五六年，他　　在　　　北京大学　毕　　　过　业。

1956年　　　　3SG　…で　組織名　　終わる　GUO　学業

　経験の事態に対する否定（経験したことがない）の語気を強める形式は、現代中国語に 2 種類ある。その 1 つは "一次也没（有）V 过"（一度も V したことがない）（ちなみにもう 1 つは "从来没（有）V 过"［これまで V したことがない］）。

(53) a. 哪　　一　　次？　你　一　　次　也　没　交　　　　过！

どの　NUM　CL　2SG　NUM　CL　も　NEG　提出する　GUO

你　为什么　不　交　　　作业?

2SG　なぜ　　NEG　提出する　宿題

いつのことだって？　君は一度も提出したことがないじゃないか！なぜ宿題を提出しないんだ？

b. 我们　相处　　　几　年，一　　次　手　也　没　握　　过。

1PL　付き合う　NUM　年　NUM　CL　手　も　NEG　握る　GUO

私たちは数年付き合ってきたが、一度も手を繋いだことがない。

c. 可惜　　的是，　　他　一　　次　课　也　没有　给

惜しい　DE　である　3SG　NUM　CL　授業　も　NEG　…に

我　补　　　过。

1SG　補講する　GUO

残念なことに、彼は一度も私に補習してくれたことがない。

　このような否定構文が存在する意味的な根拠を言えば、当該の事態が 1 回以上発生し得ることが前提になる（presuppose）からにほかならない。

　とは言え、guo が複数回という意味を含意することを強調し過ぎるのは妥当ではない。また、guo のアスペクト的意味を「複数回」と定義したり、「少なくとも 1 回経験している」と加える必要もなかろう。その理由の 1 つは guo で反映されるのはあくまでも可能性としての複数回であり、必然的な複数回ではないからである。

(54) a. 妈妈　再　没　提　　　以前　爱　　过　的　那　个　人。

母　　また　NEG　言及する　以前　愛する　GUO　DE　DEM　CL　人

93

母はかつて愛した人のことを二度と口にしなかった。

b. 她　是　　教　　　过　我们　的　所有　　　老师　里
　　3SG　である　教える　GUO　1PL　DE　あらゆる　教員　LOC

　　最　　特别　的　一　　位。
　　最も　特別だ　DE　NUM　CL

　　彼女は私たちに教えてくれた先生の中で最も特別な1人だ。

　この2つの例文に含まれる事態の"妈妈以前爱过那个人"（母はかつてあの人を愛したことがある）と"她教过我们"（彼女は私たちに教えたことがある）に対して、「少なくとも1回経験した」のように数量的な制限を加えることは難しい。「愛する」「教える」といった概念は通常回数を想起させることがないからである。

　2つ目の理由は、事態は動詞ではなく、文で表されるからである。動詞が表す動作が複数回起きることが可能でも（文法標記 guo をつけられる）、その文が表す事態が複数回起こるというわけではないからである。

(55)a. 你　读　　过　书，懂得　　　道理，为什么　做　　这　种　事？
　　　2SG　読む　GUO　本　理解する　道理　なぜ　　やる　DEM　CL　事柄
　　　君は教育を受けていたし、道理を分かっているのに、なぜそんなことをするのか。

　b. 妈，　　　您　就　　　没　做　过　女孩子　吗？
　　　お母さん　2SG　だって　NEG　する　GUO　女の子　SFP
　　　お母さん、お母さんだって女の子だったんじゃないですか。

　"读"（読む）と"做"（する）などの動詞はともに複数回起き得る動作を表すものであるが、"你读过书"（君は教育を受けたことがある）と"您做过女孩子"（あなたは女の子であった）で表される事態は複数回発生し得るものではない。これらの事態は、aのように抽象的な意味を表すために回数をカウントできなかったり、bのように生涯にわたって一度だけ経験したりするものである。

　以上の考察を踏まえ、本書は経験アスペクトの意味に回数という概念を使わず、経験上の動的で完結的な事態を表すものである、とまとめたい。

94

2.2.4　guo の経験性

　経験アスペクトの最も重要な意味特徴は、経験性（experience）である。経験性は「曾然性」ともいう。経験性とは、事態が参照時以前に起き、なおかつ参照時と関わらない、つまり経験上のものである性質のことである。現代中国語では事態の経験性を文法標識 guo で表す。

　経験性は現実性とは異なる。参照時点以前（参照時点を含む）に実現された事態はみな現実性を持ち、le で表示される。これに対して、参照時点より前（参照時点を含まない）に起きて、なおかつ終了した事態のみが経験性を有し guo で表示される。経験性の参照時点は通常発話時である。時間軸上における現実性と経験性の相違を図 2-18 に示す。

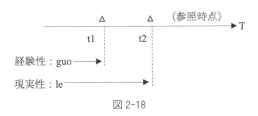

図 2-18

　現実の事態が発生する境目は t2 であるのに対し、経験の事態の発生および終了の境目は t1 である。

(56) a. 这　　地方　我　住　　了　三　　年。
　　　 DEM　場所　1SG　住む　LE　NUM　年
　　　 ここに私は 3 年間住んでいた。

　　 b. 这　　地方　我　住　　过　　三　　年。
　　　 DEM　場所　1SG　住む　GUO　NUM　年
　　　 ここに私は 3 年間住んでいたことがある。

　例（56）a は現実の事態を表しており、それを表すマーカーは le である。b は経験の事態を表し、それを表すマーカーは guo である。両者を時間軸上で表すと以下のとおりである。

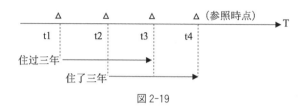

図 2-19

　t4 は参照時点であり、le で表す事態は時点 t2 に発生し、t4 まで（3 年間）持続して 1 つの完結した事態となる。事態が終了しているかどうかは問題にされておらず、終了していてもしていなくてもかまわない。一方、guo で表す事態は時点 t1 に発生し、t3 まで（3 年間）持続して 1 つの完結した事態となる。当該の事態はすでに終了しており、参照時点の t4 と関係しない。

　ここで取りあげたのは、le が現在における現実を表すものであるが、もし le で表されるのが過去における現実であれば、時間的な指示は guo と限りなく類似する。次の文を比較されたい。

(57)a. 小时候，　我　　在　　这儿　住　　了　三　　年。

　　　幼いとき　1sg　…で　ここ　住む　LE　NUM　年

　　　幼いときに私はここに 3 年間住んでいた。

　　b. 小时候，　我　　在　　这儿　住　　过　三　　年。

　　　幼いとき　1sg　…で　ここ　住む　GUO　NUM　年

　　　幼いときに私はここに 3 年間住んでいた。

　過去を表す時間表現 "小时候"（幼いとき）が用いられたために、a、b ともに過去に発生しなおかつ終了している事態を表す。時間軸上では重なって現れる（正確には、時間的に並行する 2 つの事態であると言うべきであろう）。次のように図式化できる。

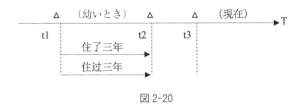

図2-20

　過去の事態を表す現実アスペクトと経験アスペクトの時間的指示が、時に「重なり合う」という意味では、guo と le は互いに置き換えられると考えてもよい。例えば a の le を guo に置き換えてもよいし、逆のパターンも可能である。次の例も時間的な意味においては、guo と le は置き換えられる。

(58)a. 奥斯汀　生前　只　　　　　　発表　　过/了　七　篇　文章。
　　　　人名　　生前　たった…だけ　発表する　GUO LE　NUM CL　文章
　　　　オースティンは生前7篇の文章しか発表しなかった。

　　b. 这些　被褥，房东　只是　　　　　在　　结婚　时
　　　　DEM　寝具　大家　たった…だけ　…に　結婚　とき
　　　　盖　　过/了　一　次。
　　　　かける　GUO LE　NUM　CL
　　　　これらの寝具は、大家が結婚したときに一回使っただけである。

　　c. 从　　　镜子　里，我　看出　　　上次　染　　了/过
　　　　…から　鏡　　LOC　1SG　見かける　前回　染める　LE GUO
　　　　的　头发，已然　　露出　　的　白根。
　　　　DE　髪の毛　すでに　現れる　DE　白髪の根元
　　　　鏡を通して、前回染めた髪の根元にもう白髪が現れているのを見つけた。

　　d. 是　　　呀!　我　小时候，　就　　由于　　　太　　认真,
　　　　である　SFP　1SG　幼いとき　こそ　…のため　あまり　真面目だ
　　　　还　　挨　　了/过　爷爷　的　一　　顿　揍。
　　　　案外と　受ける　LE　GUO　祖父　DE　NUM　CL　叩き
　　　　そうだ!　私は幼いとき真面目すぎて、お爺さんに一度叩かれたこ

とがある。

　guo と le が置き換えられるとはいえ、置き換えられた文の意味内容は全く同じではない。guo は事態の経過性を強調するが、le は事態の現実性を強調する。両者は中国語のアスペクト体系において立場が異なる。図 2-20 を見ると、guo と le の時間的な指示は重なるものの参照時点は同じではない。"住过三年"（3 年間住んでいたことがある）の参照時点は発話時 t3 であり、文は経過性という特徴を有する事態を表す。それに対し、"住了三年"（3 年間住んでいた）の参照時点は "小时候"（幼いとき）に当たる t1 から t2 であるため、文は（過去における）現実という特徴を有する事態を表す。よって、過去の事態を現実的に述べる文においては、le は用いられるが guo は用いられない。次の例の le は guo に置き換えられない。

(59) a. 那天　　晩上，　　她　和　　几　　个　　狂熱　　　崇拝
　　　 あの日　夜　　　3SG　…と　NUM　CL　熱狂的だ　崇拝する
　　　 詩人　的　女同学　　敲响　了　詩人　的　房门，
　　　 詩人　DE　女子学生　叩く　LE　詩人　DE　部屋の扉
　　　 受到　　了　詩人　熱情　　的　接待。
　　　 受ける　LE　詩人　親切だ　DE　もてなし
　　　 あの晩、彼女と詩人を熱狂的に崇拝している何人かの女子学生は詩人の扉を叩いて、詩人の親切なもてなしを受けていた。

　　 b. 那　　一　　次，我　丢掉　了　会計　職務，
　　　 DEM　NUM　CL　1SG　失う　LE　経理　職位
　　　 却　　　意外地　獲得　　了　愛情。
　　　 しかし　意外に　獲得する　LE　恋
　　　 あのとき、私は経理という職を失ったが、意外にも恋愛を手に入れた。

　guo で表される事態は、経過性という特徴により、みな終了している事態である。それに対し、le で表される事態はすでに実現済みという現実の特徴を強調するものの、必ずしも終了を意味しない。次の 2 つの文を比較すれば、両者の意味上の違いが明らかである。

(60) a. 李洋　去　　过　　北京。

　　　　人名　行く　GUO　地名

　　　　李洋は北京に行ったことがある。

　　 b. 李洋　去　　了　　北京。

　　　　人名　行く　LE　地名

　　　　李洋は北京に行った。

　先行研究で指摘されているように、例（60）a は李洋が今現在北京にいないことを含意し、b は李洋が今まだ北京にいることを含意する[17]（あるいは北京に向かっている途中を表す。le 自体は結果を含意しない。例えば、"李洋打了她，但没打着"［李洋は彼女を殴ろうとしたが、当たらなかった］が成立する）。過去を表す時間表現（以下の例では"小时候"）があっても、依然としてこのような違いはある。

(61) a. 小时候，　李洋　去　　过　　北京。

　　　　幼いとき　人名　行く　GUO　地名

　　　　幼いとき、李洋は北京に行ったことがある。

　　 b. 小时候，　李洋　去　　了　　北京。

　　　　幼いとき　人名　行く　LE　地名

　　　　幼いとき、李洋は北京に行った。

　例（61）a は幼いときに発生して、なおかつすでに終了している事態を表す。李洋は今北京にいない。b は幼いときに実現済みの事態を表す。李洋は今も北京にいる可能性がある。ところが、このような意味の違いは次のような数量表現を含む文においては中和される。

(62) a.（小时候），李洋　去　　过　　一　　次　　北京。

　　　　幼いとき　人名　行く　GUO　NUM　CL　地名

　　　　幼いとき、李洋は北京に一度行ったことがある。

　　 b.（小时候），李洋　去　　了　　一　　次　　北京。

　　　　幼いとき　人名　行く　LE　NUM　CL　地名

---

17)　張暁玲（1986）、孔令達（1986）、劉月華（1988）などの論考を参照。また李訥（1983：208）も参照。

幼いとき、李洋は北京に一度行った。

数量表現"一次"（1回）の介在によって、2つの文が表す事態はいずれも終了と解釈され、「李洋は今北京にいない」という意味も読み取れる（文のアスペクトの意味は各構成要素の総和で決まることがここでも確認できる）。しかし、guo で表されるのは経験という意味での終結で、le で表されるのは過去における現実という意味での終結である。

まとめると、現代中国語の経験アスペクトは文法標識 guo によってマークされ、経験上の動的で完結的な事態を表すことを意味内容とする。経験性は経験アスペクトの本質的な属性である[18]。guo の動態性は経験上の変化として現れ、guo の完結性は経験上の総体として現れる。また guo の経験性は参照時点から逸脱した「曾然性」として現れる。guo で表される事態は完結性を有する。

2.3　短時アスペクト

2.3.1　「動詞重ね型」について

短時アスペクトも完結アスペクトの一種であり、短い時間を占める、動的で完結した事態であることを示し、中国語では動詞の重ね型（例："看看"［ちょっと見る］）で表される。短時アスペクトが現実アスペクトの le や経験アスペクトの guo と異なる点は、短時アスペクトは事態が時間軸上に占める長さ（短さ）を特に強調し、よく未来の事態を表す文に用いられることである。

中国語の「動詞重ね型」は印欧語のものと比べ、表現力に富む特色をもった表現形式である。しかしながら、「動詞重ね型」の性質や、「動詞重ね型」に含まれる形式の種類、さらには「動詞重ね型」の表す意味内容については、中国語研究者のあいだで意見が分かれている。

---

18)　先行研究における guo の名付け方からも、guo と事態の時間との密接な関係が窺える。例えば、Yakhontov（1957）は guo を「不定過去時」（時制）と名付け、趙元任（1968）は「不定過去態」（アスペクト）と名付けている。

　考え方の1つは、中国語には独立した動詞重ね型が存在しないということである。例えば、范方蓮（1964）によると、"笑一笑"（ちょっと笑う）は動詞の"笑"（笑う）と数量構造（"一笑"）の組み合わせだとした上で、"笑笑"（ちょっと笑う）は"笑一笑"と同じものであり、あいだの"一"が、ある一定の音声的条件のもとで脱落しただけだとしている。いわゆる「動詞重ね型」は、実質「動詞と量詞を組み合わせた一形式にすぎず、それ以上の文法標識ではない」というものである[19]。

　黎錦熙、劉世儒（1959）は「動詞重ね型」を狭い意味での文法標識として取り上げているが、その性質については、基本的に「統語論」の範疇に属するとしている。

　　なぜなら、動詞重ね型の後方の一語は動量詞[※6]の性質をもつからである。これと前方の語は「動詞＋副詞[※7]」の関係をなしており、動詞重ね型はこのような関係から構成されるある種の「動副」型フレーズである（「動補」型ともいう）。そのため、両者のあいだに数詞"一"（または動詞接尾辞の"了"）を割り込ませることができるのである[20]。

ところが先行研究の多くは、中国語には独立した文法構造をもつ動詞重ね型が存在しており、動詞重ね型は狭義的な形態変化であると考えている[21]。通時的な観点からいえば、現代中国語の文法標識は語彙的要素から次第に発達してきたものであり、今でもその途中にある。動詞重ね型もその例外ではなく、動詞と数量構造から変化してきたものである。それは、次の王力（1944）

19）　范方蓮（1964：264）および第3節の「『動詞重ね型』はどんな構造なのか」（271-274頁）の分析を参照。
※6　動作の回数を表す「数詞＋量詞」からなる数量フレーズのこと。例："敲一下"（1回叩く）、"念几遍"（数回音読する）における"一下"（1回）と"几遍"（数回）。なお、"一下"が論理上の最小回数を表すことから、純粋な回数の表示から動作行為が軽微であることの表明へと意味機能が拡張している。
※7　ここでいう「副詞」は adverb ではなく、この後に述べられていることからも分かるように、「補語」と同一のものであると理解されたい。
20）　黎錦熙、劉世儒（1959：203）参照。
21）　俞敏（1954）および論文集『漢語的詞類問題』に収録された多くの研究者たちによる論考を参照。

の指摘にも見られる。

　もし"看一看"（ちょっと見る）という言い方だけがあって、"看看"がないならば、この形式を「情貌」と考えなくてもよかろう。なぜなら、"看一看"の後方の"看"は単位を表す名詞と同じ品詞と考えられ、"看一看"は"看一下"（ちょっと見る）とほぼ同じ性質を持つからである。しかしながら、"一"が頻繁に省略され、なおかつ省略されたということが意識されない以上は、動詞を繰り返すこと自体が動詞に関わる特別な文法標識となるため、自然と情貌の一種と考えられるにいたるのだ[22]。

「動詞重ね型」という構造については、動詞が重畳した構造（例：看看）しか認めず、重畳した後の構造を1語だと主張する研究者もいれば、あいだに特定の成分が挿入されたもの（例：看一看）も「動詞重ね型」だと主張する研究者もいる。挿入可能な成分には"了""一""了一""…着…着""…来…去""不"などがある。挿入可能な成分をめぐる基準に基づき、動詞重ね型を2種類、4種類、6種類、さらには8種類（5つのアスペクトと1つのムードを表す）にまでも分類可能である等々、様々な説がある[23]。

　動詞の重畳（すなわち、AA式）の表す意味についても、研究者間で意見が必ずしも一致しない。

　俞敏（1954）では、動詞重ね型は"一下"（1回／ちょっと）の意味を内包し、アスペクトと並行する「量」を表す文法範疇に属するという見方が示されて

---

22)　王力（1944）『中国語法理論』上巻：297頁。

23)　陸宗達、俞敏（1954）、朱徳熙（1982）にある「動詞重ね型」を取り上げた章節では、動詞そのものの重畳という形式のみに言及している。李人鑑（1964）は「単音節の動詞Aの重畳形式であるAAと2音節の動詞ABの重畳形式であるABABだけが動詞重ね型である」とし、それ以外の構造はいずれも動詞重ね型ではないとしている。

　何融（1962）は"AA"と"A了A"という2形式を動詞重ね型として認めている。王還（1963）もこの2形式のみを考察した（"A"は単音節の動詞と2音節の動詞を含む）。

　李訥ほか（1983：211-214）は「暫時時貌」（delimitative aspect）という節で"AA"、"A一A"、"A了一A"の3形式を取り上げていたが、"A了A"が現代中国語において不適格な形式だと誤認した。

　范方蓮（1964）は"AA"、"A一A"、"A了A"、"A了一A"の4形式を考察した。

いる。

　呂叔湘（1942：232）は、動詞重ね型は「暫時」や「軽微」といった意味を持つため「短時相」と呼べるという。また、「試み」の意味も持つため「試み相」と呼んでもよいとしている。

　王力（1944：296）では、動詞重ね型は「短時貌」であり、そこで述べられる行為を、連続する複数の行為の複合体ではなく1つの単体と見做すものだと述べられている。

　高名凱（1948）は、動詞重ね型を「畳動アスペクト」と考え、動作の始まりと終わりが繰り返し起こることを表すもので、時間とは関わらないと述べている。

　黎錦熙（1955：145）は、動詞重ね型は「ある動作が始まって継続しようとしたばかりで、また間もなく終了しそうな動向を表す」としている。動詞重ね型を内部から観察する方法（1.2.3参照）の角度から取り扱うアプローチだと思われる。

　ロシアの研究者であるDragnov（1952：115）は、動詞重ね型は、動作の強化と弱化という異なる2種類の意味を表すことができるとしている。

　何融（1962）は、動詞重ね型には、動作の強化・弱化・繁雑化という3つの機能があると述べている。

　王還（1963）は、動詞重ね型で表される2種類の「量」的な意味を詳しく考察した。その1つは、ある完結した動作を1つの単位として、行動が複数回行なわれることを重畳で表すものであり、その場合、あいだにleを挿入

　張静（1979）は6形式を考察した。上記の4種類のほか、"A着A""AABB"という2形式も動詞重ね型にカウントしている。

　申小竜（1988）は中国語の動詞重ね型には8種類の形式があるとしている。張静があげている6種類のほか、"A来A去"と"A不A"も考察した。申小竜によると、この8種類の動詞重ね型は5つのアスペクト（暫微アスペクト・頻繁アスペクト・暫微完成アスペクト・変化を引き起こす持続アスペクト・反復アスペクト）と1つのムード（問い掛けムード）を表す。

　そのほか、黎錦熙、劉世儒（1959：202）の『漢語語法教材』第2編の「動詞重ね型」という節では、継続的な文法的意味を表す"一A一A"と持続的な文法的意味を表す"A啊（呀）A的"も取り上げられている。

できないということ、2つ目は、動作のある断片を1つの単位として、その1回の行動を重畳で表すものであり、その場合はleが挿入できる、ということである。

　李人鑑（1964）は、動詞重ね型が時・動作の弱化・試みといった意味を持つという見方に異論を唱え、動詞重ね型は不定の量を表すと述べている。

　范方蓮（1964）は、動詞重ね型は、「1回」という定量も、不定の少量も表すことができるとしている。そのほか、1. 試み、2. 気軽さと婉曲、3. 動作の反復という3つの意味も有するという。

　上述した先行研究は、おおよそ動詞が動作を表すという角度から動詞重ね型の文法性質と文法的意味を考察したものである。

　本書の立場はこれらの先行研究の立場とは異なる。動詞に動作が反映されるのではなく、文に事態が反映されるという角度から、動詞重ね型という文法標識の意味を探るのである。動詞重ね型を述語にした文で表されるのは、短時間の、動的で完結した事態である。「短時性」は動詞重ね型の本質的特徴である。文は、過去における短時的事態も未来における短時的事態も表すことができ、文中の重ねられた動詞は、短時アスペクトの文法標識である。ここでいう動詞重ね型とは動詞そのものを重ねる形式、すなわち、"AA式"（Aは1音節または2音節の動詞を指す）を指している。"A了A"という形式は、アスペクトの文法標識が埋め込まれた構造なのであり、leが動詞重ね型の"AA"に割り込み、短時アスペクトに現実アスペクトが付加されている。この形式を用いることで、文が表す短時の事態は同時に、実現済みの現実の事態であることを指し示す（3.2.5参照）。その内部構造は次のとおりである。

（63）他　有点　不好意思地　　笑　了　笑。

　　　3SG　少し　恥ずかしそうに　笑う　LE　笑う

　　　彼は幾分恥ずかしそうにちょっと笑った。

以下では主に "AA" 構造を考察することとし、必要に応じて "A 了 A" も取り上げる。

2.3.2　動詞重ね型の動態性

動詞重ね型に「動態性」という性質があることは明白である。動詞重ね型が述語になる文で表わされる事態は、いずれもある変化を表し、異質的な時間的構造を有している。

(64) a. 金斗　老汉　故意　　扬　　　扬　　　手　中　的　旱烟袋

　　　人名　老人　わざと　あげる　あげる　手　LOC　DE　キセル

　　　打趣　　　道：……

　　　からかう　言う

　　　金斗爺さんはわざと手の中のキセルを高くあげ、…とからかった。

　　b. 我　　問　　她，"还　　有　　什么　困难　　　吗？"

　　　1SG　聞く　3SG　また　ある　何　　困った事　SFP

　　　她　　揺　　揺　　头，転身　　　　　　　走　　　　　了。

　　　3SG　振る　振る　頭　体の向きを変える　立ち去る　SFP

　　　私は彼女に「他に困ったことがあるのか」と聞いた。彼女は首を横に振り、体の向きを変えて立ち去った。

文中の "金斗扬烟袋"（金斗はキセルをあげる）も "她揺头"（彼女は首を振る）も動態性を持っている。動詞を重ねることで、この動態性はよりいっそう確実なものになっている。現実アスペクト le や経験アスペクト guo と比べると、短時アスペクトを表す動詞重ね型はより多くの制約を受けている。le のように静的動詞の直後に付いて静的事態にシフトするという始動の変化も表せないし、guo のように終結点における変化も表せない。動詞重ね型は短時間の推移の中での変化を表す。重ね型を作れる動詞は基本的に動的動詞であり、静的動詞と結果動詞は意味的な制約があるため、重ねることができない。次の文はいずれも不適格である。

(65) a. *她　　整天　　就是　爱　　　爱　　　孩子。

　　　3SG　一日中　だけ　愛する　愛する　子ども

b. *芹姐　的　身体　病　病　就　　好　了。
人名　DE　からだ　病む　病む　すると　治る　SFP

『動詞用法詞典』に収録されている 1,000 個以上の動詞[24]を対象に分析した結果、le がつかない動詞が 68 個、guo がつかない動詞が 98 個あるのに対し、重ねることができない動詞はなんと 587 個もある。これは、収録された動詞（常用される動詞）の 46.3％ に当たる。つまり guo の 6 倍で、le の 8.5 倍にもなるのである。次の表に示すとおりである。

表 2-1　le, guo との共起および重ね型が作成可能である動詞の割合

項目＼特徴	＋	割合 %	−	割合 %	合計
le	1,198	93.8	68	6.2	1,266
guo	1,168[※8]	92.3	98	7.7	1,266
重ね型	679	53.7	587	46.3	1,266

　上記の表 2-1 にも反映されているように、完結アスペクトの 3 つの文法標識の中では、動詞重ね型の動態性が最も強く[※9]、動詞重ね型を用いた文で表

---

24)　孟琮ほか（1987）の『動詞用法詞典』の説明によると、同書は『現代漢語詞典』から 1,328 個の動詞を選び、合計 2,117 個の意味項目を立てている。同書には動詞の各用法について詳細な記述（le、guo、zhe が付くかどうか、重ね型の有無などの情報を含む）がある。本書の動詞との共起に関する統計は基本的に『動詞用法詞典』の記述に基づいて整理したものである。同書の記述の一部は改善の余地がある。例えば動詞の"洗澡"（お風呂に入る）は"洗洗澡"という重ね型があるとしながら、動詞の"散歩"（散歩する）については"散散歩"という重ね型があることに言及していない。しかしながら統計を行なう際には、筆者は同書の記述に基づいて整理することにした。同書に実際にある動詞項目は 1,266 個である。

※8　原著は「1,169」としているが、表 3-1 を元に修正した。

※9　「動詞重ね型の動態性が最も強い」という考えについては、論理的に幾分飛躍している感がある。おそらく著者は、完結アスペクトの 3 つの文法標識はいずれも共起する動詞に動態性を求めるものであるが、その中で重ね型を作成できる動詞が最も少ないという結果から、重ね型が最も強い制約を持つ（動態性を要請する度合いが高い）ということになると考えたのだろう。

される事態は、始動点および終結点における変化を有するだけではなく、持続過程（短時間ではあるが）においても変化を有するのである。次の構造を比較されたい。

(66) a. 我　打　　了／她　　我　打　过　她／我　打　　打　她。

　　　1SG　叩く　LE　3SG　　　　　　GUO　　　　叩く　叩く

　　　私は彼女を叩いた／叩いたことがある／ちょっと叩く。

　　b. 她　红　　了　脸／她　红　过　脸／她　红　　红　脸。

　　　3SG　赤い　LE　顔　　　　赤い　GUO　　　　赤い　赤い

　　　彼女は顔を赤くした／赤くしたことがある／ちょっと赤くする。

　例（66）a では動的動詞“打”（叩く）が用いられ、3 タイプの文で表される事態の動態性は顕著である。b では静的動詞（形容詞）“红”（赤い）が用いられ、3 タイプの文は動態性の強弱に違いがある。“她红了脸”（彼女は顔を赤くした）の動態性は、ある静的状態に突入する際の変化に現れ、“她红过脸”（彼女は顔を赤くしたことがある）は、ある経験的な静的事態が終結するという変化に現れる。一方、“她红红脸”（彼女はちょっと顔を赤くする）の動態性は、短時的事態の全過程を貫く[※10]。

2.3.3　動詞重ね型の完結性

　動詞重ね型が有する完結性といった特徴も、時間の推移における事態の構成を内部からではなく外部から観察することによって現れる。動詞重ね型は

※10　中国語母語話者である訳者の語感によれば、文脈から切り離され単独で発せられる“她红红脸”（彼女はちょっと顔を赤くする）は“她红了脸”（彼女は顔を赤くした）、“她红过脸”（彼女は顔を赤くしたことがある）ほど自然ではない。また、訳者の独自の調査で収集した“红红脸”の実例はいずれも次のようにすでに現実になっている事態を表すものである。

春儿　红　　红　脸，往　　小道　上　　跑下去　　　　　了。(孫犁『風雲初記』)
人名　赤い　赤い　顔　…へ　細道　LOC　走って降りていく　SFP
春児はちょっと顔を赤くし、細道の方へかけ降りて行った。

　この事実からも、動詞重ね型は（静的動詞の重ね型で表される事態がすでに現実になっているという意味とリンクするほど）動態性が強いことがうかがえる。なお、“红脸”は「顔を赤らめる」のほか、慣用句として「腹を立てる、けんかをする」という意味も持つ。

事態の短時性という特徴を強調する（1.5.2 参照）のだから、短時間持続する事態であるということは言うまでもない。黎錦熙（1955）は動詞重ね型が「ある動作が始まって持続しようとしたばかりで、間もなく終了しそうな動向を表す」[25] としている。申小竜（1983）も動詞重ね型にはある程度「持続」の意味が含まれると指摘している。しかし、動詞重ね型は事態の持続を強調するどころか、むしろ事態の非持続的な意味を強調するものである。例(67)を見てみよう。

(67)a. "嗯"，　金斗　老汉　点　　点　　头，表示　赞成。
　　　　 うん　 人名　 老人　 頷く　 頷く　 頭　 表す　賛成
　　　　「うん」と金斗爺さんは頷き、賛成の意を表した。

 b. 金斗　老汉　点　　着　　头，表示　赞成。
　　 人名　 老人　 頷く　 ZHE　頭　 表す　賛成
　　 金斗爺さんは頷きながら、賛成の意を表した。

 c. 为了　　　　　给　　她　补虚，　　　　　公爹　咬　　咬　　牙
　　…のために　…に　3SG　栄養補給する　舅　　かむ　 かむ　 歯
　　杀　了家里　唯一　的那　只　老母鸡。
　　殺す　LE　家　LOC　唯一　DE　DEM　CL　年取った雌鶏
　　彼女に栄養を補給するために、舅は歯を食いしばり、家にいる唯一の年取った雌鶏を殺した。

 d. 公爹　咬　着　牙杀　了　家里　唯一　的　那　只
　　舅　　かむ　ZHE　歯　殺す　LE　家　LOC　唯一　DE　DEM　CL
　　老母鸡。
　　年取った雌鶏
　　舅は歯を食いしばりながら、家にいる唯一の年取った雌鶏を殺した。

　動詞重ね型を用いている例（67）のａとｃの"金斗点头"（金斗が頷く）と"公爹咬牙"（舅は歯を食いしばる）はともに持続不可能な事態を表す。話し手が事態の外部から当該事態の構成を観察し、事態が分解されない完結性を

---

25)　黎錦熙（1955：145）参照。

108

表す。一方、b と d は文法標識 zhe を用いることで、事態の持続性や話し手が事態の内部から当該事態の持続局面を観察していることを際立たせる。zhe は事態が分解可能である非完結の性質を表す。

　「重ね型」形式は確かに非完結の持続の意味を表し得る。

(68)a. 王英　说　　着　说　　着　就　　　　睡着　　了。

　　　人名　話す　ZHE　話す　ZHE　すると　寝付く　SFP

　　　王英はしゃべっているうちに寝てしまった。

　　b. 他　进得　庙　来，　对着　观音　拜　了　又　　拜，

　　　3SG　入る　寺　来る　…に　観音　拝む　LE　また　拝む

　　　口　中　　念念有词。

　　　口　LOC　なにやらつぶやく

　　　彼は寺に入ってきて、観音様を何回か拝み、口の中で何やらぶつぶつ呟いていた。

　例（68）a が有する持続意は zhe で表され、b の持続意は "又"（また）で表されている。"说着说着"（話しながら）と "拜了又拜"（拝んでまた拝む）はいずれもフレーズであり、形態変化の意味での動詞重ね型ではないため、短時アスペクトと見做せない。

　古代中国語では、例えば、"行行重行行，与君生别离"（離れていき、また離れていき、あなたとは生きながら別離している）や "飞飞摩苍天，来下谢少年"（飛び上がって大きく青空を旋回し、再び降りて来て少年に「ありがとう」と言った）のように、動詞の重畳形式で持続の意味を表していた。しかしながら、このような用法は中国語の発達に伴い次第に「廃れた」[26] ため、現代中国語の動詞重ね型にはもう非完結の意味を表す用法がない。

　動詞重ね型の完結性は未来の事態を表す文にも現れる。これも guo と le などほかの完結アスペクトと異なる点である。上述したように、guo は経験意の制約を受けているため、主に経験した事態に用いられ、未来の事態に用いることは非常に稀である。le は未来の事態に用いられることがあるものの、

---

26)　王力（1944：157）の分析を参照。注釈において、王力は現代中国語の口語の "谢谢" は動詞重ね型で持続を表す用法の名残だとしている。同書 251 頁の注 6 参照。

現実性を担保する未来の参照時点が必要であるため、その文は通常複合的な事態を表すものである。こういった制約は動詞重ね型には見られない。動詞重ね型は完結意を保持しながら、過去・現在・未来の事態を自由に表現でき、また未来の事態を表す文により多く用いられる。

(69) a. 他　　決定　　到　　乡下　去　　串　　　一　　趟　亲戚，
　　　 3SG　決める　…に　田舎　行く　訪れる　NUM　CL　親戚
　　　 见识　　　　　　见识。
　　　 見聞を広げる　見聞を広げる
　　　 彼は見聞を広げるべく、親戚に会いに田舎に行くことを決めた。

b. 碗橱　　里　有　饺子　呢，我　　来　给　　你们　热　　　热。
　　食器棚　LOC　ある　餃子　SFP　1SG　来る　…に　2PL　温める　温める
　　食器棚に餃子があるよ。私が温めてあげようか。

c. 公爹　　说："石榴　过门　早，亏，　　　　补　　　补。"
　　舅　　言う　人名　嫁ぐ　早い　(体が) 弱い　補給する　補給する
　　舅は「石榴は幼くして嫁ぎ、体が弱いので、ちょっと栄養補給をしないと」と言った。

上記の文中の「彼が見聞を広げる」、「私が餃子を温める」、「石榴が栄養を補給する」は、いずれも未来の事態である。文に動詞重ね型が使われているということは、事態を分解しないということ、そして事態の内部的な構造を問題にしないということを意味する。

動詞重ね型はよく命令文や条件節に用いられるが、それらも未来の事態を表す。

(70) a. 厂长，　你　　快　　去　　看　　　看　　吧。
　　　 工場長　2SG　早い　行く　見る　見る　SFP
　　　 工場長、早く行って見てみてください。

b. 我　是　　　不行　　了，不　能　　去，
　　1SG　である　無理だ　SFP　NEG　AUX　行く
　　请　　　　大家　　想　　　想　　办法　吧。
　　お願いする　みんな　考える　考える　方法　SFP

110

　　私には無理だ。行けない。どうか皆さんで方法を考えてください。

c. 中国　的　音乐　真　　　好，　谁　要是　动　　　了　怒，
　　中国　DE　音楽　本当に　よい　誰　もし　動かす　LE　怒り

　　听　　听　　你们　的　音乐，
　　聞く　聞く　2PL　DE　音楽

　　心情　　就　　会　平静　　下来　　　了。
　　気持ち　すると　AUX　落ち着く　降りて来る　SFP

　　中国の音楽は実によい。怒っている人も、あなたたちの音楽を
　　ちょっと聞いたら気持ちが落ち着いてくるだろう。

d. 把　咱　家　的　底子　都　　掃　　　　掃，
　　BA　1PL　家　DE　基礎　全て　探し回る　探し回る

　　只怕　　也　盖不起。
　　おそらく　も　建てない

　　うちの全財産を使っても、おそらく建てられないだろう。

　例（70）のaとbは命令のムードを表し、"你看"（あなたが見る）と"大
家想"（みんなで考える）は話し手の望みであり、いずれも外部から観察した
未来の完結事態である。cとdは動詞重ね型が条件節で用いられている。注
目に値するのは、現実アスペクトの文法標識であるleと短時アスペクトの
文法標識である動詞重ね型が並行して現れる点である。"谁动了怒"（誰かが
怒る）が未来に実現する事態を表し、"谁听听音乐"（誰かが音楽を聞く）は未
来の短時間行われる事態を表す。この2つが条件となり"心情平静下来"（気
持ちが落ち着いてくる）結果となる。

　動詞には重ね型になったあと、未来の事態を表す文の中でのみ用いられ、
過去や現在の事態には用いられないものもある。leとguoとは対照的である。
主に2音節の動詞がそれに相当する（例："爱护"［大切に保護する］、"爱惜"
［大切にする］、"帮助"［手伝う］、"改革"［改革する］、"关心"［関心を持つ］、
"明白"［分かる］、"明确"［明確にする］、"迁就"［妥協する］、"提倡"［提唱
する］など）。leとguoの振る舞いは動詞の音節数に関係しないが、動詞重
ね型は、重ね型を持つ動詞は単音節のものが多いといった特徴があり、音節

数とかなり関わる。『動詞用法詞典』に収録されている 1,000 個以上の常用動詞をもとにすると、次の対照表ができる。

表 2-2　音節数から見た動詞重ね型

動詞	総数	単音節	2 音節	3 音節
重ね型を持つ	679	432	247	0
重ね型を持たない	587	147	438	2
計	1,266	579	685	2

　上記の表から分かるように、現代中国語の単音節動詞の大多数は重ね型を有し、全体の 74.6%（432/579）を占めている。2 音節動詞は多くが制約を受け、常用されるものだけを対象にした統計でも、36.1%（247/685）[11] にしか届かない。常用されている 2 音節動詞でもこのように低い割合であるのだから、それほど常用されていない 2 音節動詞では、重ね型を作ることができる割合はさらに低くなる。

　動詞重ね型がよく未来における完結事態を表すのに用いられることに関連して、文中にモーダル（modal）な意味を表す語や未来の意味を表す助動詞が現れ得る。

(71) a. 林机厂　　　　　的　厂长　　　总

　　　林業機械工場　DE　工場長　　いついかなる場合でも

　　　得　熟悉　　熟悉　　林区　嘛。

　　　AUX　把握する　把握する　林区　SFP

　　　林業機械工場長は、いついかなるときでも林区のことを把握しておかなければならないもの。

　　b. 老的　知道　　　　为　　　　　小的　　打算,

　　　老人　知っている　…のために　子ども　考える

　　　小的　　也　要　暖　　暖　　老人　的　心。

　　　子ども　も　AUX　温める　温める　老人　DE　心

　　　老人は子どもの（利益の）ために考える心積もりなのだから、子ど

※ 11　原著は「36.2%」だが、誤植と判断した。

もも老人の心を暖かくするよう努めなければならない。

c. 誰　治　　　　　呢?　緊要　　关头　　还是　　去

誰　治療する　SFP　肝心な　瀬戸際　やはり　行く

求　　　　　求　　　　　解放军　吧。

お願いする　お願いする　解放軍　SFP

誰が治療するって?　肝心な瀬戸際ならやはり解放軍に頼みに行っ
てみよう。

d. 我　来　瞧　瞧　是　　　什么　毛病。

1SG　来る　見る　見る　である　何　　故障

何の故障なのか、私がちょっと見てみよう。

　"得"(…せざるを得ない)、"要"(…せねばならない)、"去"(行く)、"来"(来
る)などは事態が未来に起きる※12ことを示しており、この種の動詞重ね型
の用法は、「試行性」という性質を持っていると言える。これは短時間で動
作を行なうという意味から拡張してできた性質だと考えられる。

2.3.4　動詞重ね型の短時性

　「短時性」が短時アスペクトの最も主要な性質である。「短時」とは抽象的な
概念であり、時間軸上に占める長さが表示できず、測定可能な具体的な時間と
は必然的な関係を持たない。1分間を短時とも考えられなければ、1日を短時
ではないとも考えられない。そのため、短時を物理的な時間の概念というより
も、むしろ心理的な時間の概念と考えたほうがより言語事実に即している[27]。

※12　移動動詞としての意味ではなく、動詞の前に置いて、命令・意志表明と誘いかけ
の意味を助けるマーカーとして機能しているものを指す。

27)　もちろん、分析する際に「短時」の物理的な根拠についても十分重視しなければな
らない。例えば「地球は太陽の周りを回っている」や「川は海に流れ込む」などの恒常的
な事態は、通常短時アスペクトを表す動詞重ね型を用いることができない(以下の例は一
般的に不適格であると考えられる)。

　*地球　绕　　　　　　着　太阳　转　　转

　地球　周りをぐるぐる回る　ZHE　太陽　回る　回る

　*江河　向着　　　大海　流　　流

　河川　…に向かって　海　流れる　流れる

話し手が、ある事態を比較的短時間を占めるものか、もしくは占めようとするものだと捉えていれば、短時アスペクトの文でそれを表現する。動詞重ね型はこのような短時性を表す。

(72)a. "我　　就　　怕　　　　我们　连长",
　　　　1SG　…だけ　怖がる　1PL　　連長
　　　　严班长　稍　　停,　　又　　揺　　揺　　头。
　　　　人名　　少々　止まる　また　振る　振る　首
　　　　「私は我々の連長だけが怖い」と、厳班長は少し話を止め、また首
　　　　を横にちょっと振った。

　　b. 小青年　向　　他　诉苦,　　　　　他　　笑　　笑　　说：
　　　　若者　…に　3SG　苦しみを訴える　3SG　笑う　笑う　言う
　　　　"你们　占便宜　　　了。"
　　　　2PL　甘い汁を吸う　SFP
　　　　若者たちは彼に苦しみを訴えたが、彼は笑って「君たちは甘い汁を
　　　　吸っているよ」と言った。

　　c. 他们　希望　老汉　动　　　动　　　金口,　　　给
　　　　3PL　望む　老人　動かす　動かす　貴重な言葉　…に
　　　　他们　批　　　　　一　　块　宅基地。
　　　　3PL　認可する　NUM　CL　宅地
　　　　彼らは老人が口を開き、宅地の割り当てを認可すると言ってくれる
　　　　ことを望んだ。

　　d. "下午　不要　去　　后山　　了, 陪　　　　客人　转　　转。"
　　　　午後　PROH　行く　奥の山　SFP　付き添う　客　回る　回る
　　　　午後は奥の山へ行くことをやめなさい。お客さんに付き添って周囲
　　　　をちょっと回ってあげたら？

　例（72）のａとｂにある"严班长揺头"（厳班長が首を横に振る）と"他笑"
（彼は笑う）は現在における短時の事態であり、ｃとｄの"老汉动金口"（老
人が口を開く）と"你陪客人转"（あなたが客に付き添って周囲を回る）は未来
における短時の事態である。動詞重ね型の"揺揺""笑笑""动动""转转"

114

は短時性を表すものである。

　動詞重ね型に現実アスペクトマーカーである le が伴うと、短時性はとりわけ顕著になる。

(73) a. 他　　　指　　　　了　指　　　托翁　的　雕像　说,
　　　　　3SG　　指差す　LE　指差す　人名　DE　彫像　言う
　　　　　"他　以　　　真诚　感动　　了　你。"
　　　　　3SG　…を以て　誠意　感動する　LE　2SG
　　　　　彼はレフ・トルストイの彫像を指差して、「彼は誠意でもって君を感動させたね」と言った。

　　b. 他　望　　　着　　紙盒　想　　　了　想,　　解下　　一　道　辮绳。
　　　　　3SG　眺める　ZHE　紙箱　考える　LE　考える　解ける　NUM　CL　紐
　　　　　彼は紙箱を眺めながらちょっと考えて、一本の紐をほどいた。

　　c. 连长　望　　　了　望　　　草垛,　　看　　了　看　"疯牛",
　　　　　連長　眺める　LE　眺める　わらぐま　見る　LE　見る　狂い牛
　　　　　径自　　走　　出　　牛棚,　到　"班部"　　坐下。
　　　　　勝手に　歩く　出る　牛小屋　行く　班の本部　座り込む
　　　　　連長はわらぐまを眺め、狂牛を見やってから、勝手に牛小屋を出て、班の本部に行って座り込んだ。

　例 (73) の "指了指" "想了想" "望了望" "看了看" はいずれも文で表された事態が短時の事態であることを示している。

　短時は抽象的な時間の概念であるため、動詞重ね型を用いた文には通常具体的な時間の幅を表す補語が現れない。例 (74) の文はいずれも非文法的である。

(74) a. *爹,　　　我　　先に　看　　看　　一会儿　　书　嘛。
　　　　　お父さん　1SG　先に　見る　見る　しばらく　本　SFP
　　b. *表哥　　上前　　　去　　摸　　摸　　她　的　额头　几　　秒钟,
　　　　　従兄弟　前に出る　行く　触る　触る　3SG　DE　ひたい　NUM　秒間
　　　　　好　　烫　　　　人!
　　　　　とても　やけどする　人

c. *这　个　问题　我们　考虑　　考虑　　一晚上，明天　答复。

　　DEM CL 問題 1PL 考える 考える 一晩 明日 返答する

　　"一会儿"（しばらく）、"几秒钟"（数秒間）、"一晩上"（一晩）のような補語となる語句は、事態が時間軸上に占める具体的な時間の幅を指示するため、短時アスペクトで表される抽象的な意味特徴とかみ合わない。よって、動詞重ね型と同じ文で共起できないということが起こる。動詞重ね型で表される文法的な意味は「量」であると言うのも[28]、あくまで不定の抽象的な短時間の幅を指しているのである。

　　時間表現が補語ではなく連用修飾語である場合は、動詞重ね型と共起可能である。なぜなら、補語は事態が及ぶ時間の長さを表し、連用修飾語は事態が発生する時間の範囲を表すという意味で、補語と連用修飾語は性質が異なるからである。この違いは、le を伴う文において特に顕著である。次の文を比較されたい。

(75) a. 他　上午　　打　　了　球。

　　　3SG 午前中 やる LE 球技

　　　彼は午前中に球技をやった。

　　b. *他　打　　了　上午　　球。

　　　3SG やる LE 午前中 球技

　　c. *他　一　上午　　打　　了　球。

　　　3SG NUM 午前中 やる LE 球技

　　d. 他　打　　了　一　上午　　球。

　　　3SG やる LE NUM 午前中 球技

　　　彼は午前中ずっと球技をやっていた。

　　例（75）の"上午"（午前中）は事態の発生する時間の範囲を表し、連用修飾語にはなるが補語にはならない。これに対し、"一上午"（午前中ずっと）

---

28) 俞敏（1954）は、動詞重ね型は「量」を表す文法範疇だとしており、意味は"一下"（ちょっと）と同じだという。李人鑑（1964）は動詞重ね型の文法的意味を不定量の動作持続あるいは反復としている。朱徳煕（1982）は、動詞重ね型を「時間の長さが短いこと、あるいは動作の量が少ないこと」を表すと述べている。

は事態が及ぶ時間の長さであり、補語にはなるが連用修飾語にはならない。つまり、連用修飾語になる時間表現は動詞重ね型で表される抽象的な短時とは矛盾せず、両者は同じ文内に共起することができる。次は適格な文である。

(76) a. 不　　信？　　我　晚上　给　　你　试验　试验。
　　　NEG　信じる　1SG　夜　…に　2SG　試す　試す
　　　信じてくれないの？　夜に少し試してあげる。

　　 b. 张　　县长　　下个月　要　来　　看　　看　　漁民　出海　　　的
　　　人名　県の長　来月　　AUX　来る　見る　見る　漁民　海に出る　DE
　　　盛大　　場面。
　　　盛大な　様子
　　　張県長は来月漁民が海に出る盛大な様子を見に行く予定だ。

　　 c. 老孙　哪，你　　一会儿　表　　　表　　　态，怎么　干？
　　　人名　SFP　2SG　後ほど　表明する　表明する　態度　どう　やる
　　　孫さんよ、どうすればいいか後でちょっと意見を聞かせてくれないか？

例 (76) にある "晚上"（夜）、"下个月"（来月）、"一会儿"（後ほど）は、いずれも事態の及ぶ具体的な時間幅ではなく、事態の発生する時間的範囲を指すものであるため、動詞重ね型が使用可能なのである。

短時を抽象的で心理的な時間の概念と捉えることで、論争を引き起こしているいくつかの現象が説明可能になる。一部の研究者によると、動詞重ね型は「少量」を表すため、長い時間を要する「『ご飯になるようにお米を炊く』『蒸しパンになるように生の生地を蒸す』には動詞重ね型が用いられないのに対し、短い時間で実現できる『残りのご飯を温める』『冷めた蒸しパンを蒸す』には動詞重ね型が使用される」という[29]。これに異論を唱える研究者は "把条皮带煮煮吃了一天"（革製のベルトを煮て 1 日の食料に当てた）が適格な文であることを指摘している[30]。ところが、ある事態に実際にかかる

---

29)　王還（1963：24-25）の関連する分析を参照。
30)　李人鑑（1964：260）の関連する分析を参照。

時間の長さと、観察者がその事態にかかる時間を短いと感じるのか長いと感じるのかは別のことである。言語はコミュニケーションの道具であり、コミュニケーション参与者の表現形式は、事態に対する彼らの観察のし方を反映している。

(77) a. 他　　一　　个　上午　就是　　煮　　煮　　饭，什么　也　没　干。
　　　　 3SG　NUM　CL　午前　…だけ　炊く　炊く　ご飯　何　　も　NEG　やる
　　　　 彼は午前中食事なんかの支度だけで、(それ以外に)何もしなかった。

　　 b. 他　煮　　了　一　　个　　上午　的　饭，　什么　也　没　干。
　　　　 3SG　炊く　LE　NUM　CL　午前　DE　ご飯　何　　も　NEG　やる
　　　　 彼は午前中ひたすら食事の支度をしていて、(それ以外に)何もしなかった。

　例 (77) a は短時の事態を表しており、彼はご飯なんかを炊くことで容易に時間を潰したという意味である。b で表される事態には短時の意味合いがない。a と b の指示対象は同じ客観的事態だろうが、伝え方や伝わってくる意味内容は大いに異なる。次も動詞重ね型で事態の短時性が表されている例である。

(78) a. 吴婶　　整天　　就是　　打　　打　　毛线，看　　看　　电视，
　　　　 人名　一日中　…だけ　する　する　編み物　見る　見る　テレビ
　　　 从来　　　　　不　串门。
　　　 これまでずっと　NEG　人の家で喋る
　　　　 呉おばさんは一日中編み物をしたり、テレビを見たりして、人の家でおしゃべりしたりすることはこれまで一度もない。

　　 b. 老头子　退居　　　二线　　了，不大　　　　　　去
　　　　 親父　引退する　第二線　SFP　さほど…でない　行く
　　　 所　　　　　里，平时　看　　看　　闲书，
　　　 (職場の)所　LOC　普段　見る　見る　暇つぶしの娯楽本
　　　 打　　打　　牌，兴致　来　　了，
　　　 やる　やる　麻雀　興味　来る　LE

找	人	聊	聊	天,	倒	也	自在。
訪れる	人	(雑談)する	(雑談)する	雑談	案外と	も	自由自在だ

親父は第一線を退いた後、あまり職場に行かず、普段は娯楽本を読んだり、麻雀をやったりして、興味が湧いてきたら誰かを捕まえて雑談したりするので、案外自由気ままな暮らしをしている。

例（78）のaとbはいずれも、慣習的な事態を表す。動作は1回以上起きる。動詞重ね型は依然として短時性という特徴を持つ。時間が非常に早く経つことを意味し、文に含まれる気軽さや軽微な動作などの意味は全て短時性によって決定され、また短時性から拡張してできたものである。しかし、こういった気軽さと気楽さは、動詞重ね型の必然的な特徴ではない。例（79）で表される事態はどれも気軽さや気楽さはないが、短時的なものであることには変わりがない。

(79) a.

都	是	娶	媳妇	大汉子	了,
もう	である	娶る	嫁	大の男	SFP

也	该	学	学	怎么	过	光景。
も	AUX	学ぶ	学ぶ	どう	過ごす	生計

もう嫁を娶る大の男なのだから、どうやって生計を立てるかを学ばないと。

b.

这	位	厂长	慌	了	神,	连忙	问	有	没
DEM	CL	工場長	慌てる	LE	気持ち	慌てて	聞く	ある	NEG

有	现成	的	方案,	他	好	拿	回去
ある	既成	DE	プラン	3SG	AUX	持つ	戻っていく

应付	应付。
対処する	対処する

この工場長は気が急いていて、できている案はないかと慌てて聞いた。彼はそれを持ち帰って対処するからと言った。

c.

我	又	仔细地	看	了看,	马上	倒退	一	大	步:
1SG	また	仔細に	見る	LE 見る	すぐ	後退する	NUM	大きな	歩

麻疯！

ハンセン病

私は再びよくよく見てから、すぐに一歩大きく後ろへ下がった。ハンセン病だ！

　動詞重ね型を含む文の中には、試行の意味を有するものもある。これも短時性に関わっている。また、試行の意味は往々にして未来の事態を表す文、特に命令文に現れる。

(80) a. 你　回去　　　办　办　看，办不成　也　没　什么。
　　　 2SG 戻っていく やる やる みる できない も NEG 何
　　　 あなたは帰ってからちょっとやってみて。失敗しても大丈夫だ。

　 b. 老何, 你　愿意　给　　我　参谋　　　参谋　　　吗?
　　　 人名 2SG AUX …に 1SG 知恵を貸す 知恵を貸す SFP
　　　 何さん、ちょっと相談に乗ってくれませんか。

　 c. 好好　　学　学　吧, 你　有　　咱 爹　那　一半
　　　 ちゃんと 習う 習う SFP 2SG 有する 1PL 父 DEM 半分
　　　 只怕　　也　好　了。
　　　 おそらく も よい SFP
　　　 ちゃんと見習いなさいよ。お父さんの半分でもあれば、もう十分だろう。

　 d. 瞅　空　给　你　妈　做　双鞋, 买　买　你　妈 的 心。
　　　 見る 隙間 …に 2SG 母 作る CL 靴 買う 買う 2SG 母 DE 心
　　　 手隙のときにおふくろさんに靴を1足作って、おふくろさんを喜ばせなよ。

　動詞重ね型は短時の事態を表すが、試しに行なう事態も占める時間幅が長くないだろうから、試行を表す事態も短時の事態と考えられる。動詞の重ね型は、未来の事態に用いられ、その上さらに命令の形式が加わると、試行の意味合いがよりいっそう強くなる。例 (80) a の動詞重ね型の直後においた語気助詞の"看"(…［し］てみる) は、文法的には近未来における試行のマーカーとなっている。そのため、例 (80) の文における試行の意味は、文型、

120

未来時、語句、および動詞重ね型で表される短時という意味からの拡張義が、共同で作用した結果である。動詞重ね型がよく未来の事態を表す文に用いられることによって、動詞重ね型を持つ文もしばしば試行性の意味を有する。しかし、試行性は動詞重ね型の基本的属性ではない。過去の事態を表す文に動詞重ね型が用いられても試行の意味は含まない。

(81)a.他　看　　看　　手表，　点　　点　　头，　啊，三点半　了！

　　　3SG　見る　見る　腕時計　頷く　頷く　頭　INTJ　3時半　SFP

　　　彼は腕時計をちらっと見て、頷いた。「あ、もう3時半だ！」

　　b.我　想　帮　　　他，他　却　　　笑　　笑　　说

　　　1SG　AUX　手伝う　3SG　3SG　しかし　笑う　笑う　言う

　　　这　　是　　　他　一　个　人　的　事。

　　　DEM　である　3SG　NUM　CL　人　DE　こと

　　　私は彼を手伝おうとしたが、彼は笑って言った、これは彼個人のことだと。

　　c.组长　把　英文　说明书　　看　　了看，翻　　翻　　词典，

　　　係長　BA　英語　取扱説明書　見る　LE　見る　捲る　捲る　辞書

　　　很　　快　　就　　弄清　　　了　怎么　回　事。

　　　とても　早い　すぐ　解明する　LE　どう　CL　こと

　　　係長は英語の取扱説明書を読んだり、辞書で調べてみたりして、すぐにどういうことなのかを明らかにした。

　例(81)はいずれの文も動詞重ね型が使われているが、表しているのは試行の事態ではなく、全て短時の事態である。ということは、試行の意味は気軽さや軽微さといった意味と同様に、具体的な語句が持つ短時性の意味が拡張したものであり、動詞重ね型そのものの基本的意味属性ではないのである。なお、動詞重ね型を用いた文は、場合によって婉曲・懇願などの意味を持つといわれるが、それは言葉の運用面における修辞的な現象であろう。

　まとめると、現代中国語の短時アスペクトは動詞重ね型で表示され、「AA」をその形式とする。その意味内容は、短時間を占める完結した動的事態を表すことである。短時アスペクトの動態性が強ければ、動詞重ね型が受ける制

約も比較的大きい。多くの2音節の動詞は重ね型を持たない。動詞重ね型は、事態の短時的で非持続的な特徴を強調し、よく未来の事態を表す文に用いられる。短時は抽象的な概念であり、時間軸上の具体的な長さを明示することができない。試み・気軽さ・軽微といった意味は、動詞重ね型の短時性が具体的な語句の中で拡張したものであり、短時アスペクトの基本的意味属性ではない。

第3章　非完結アスペクト

3.0　はじめに

　非完結アスペクトとは、事態の構成をその内部から観察するものである。観察対象である事態を事態の開始、持続、過程の各局面に分解して観察し、特定の文法標識で表示する。

　現代中国語の非完結アスペクトには主に以下3種類がある。

　持続非完結アスペクト：「持続アスペクト」と略称する。動詞の直後に"着"-zhe が付く（以下、zhe と表記する）。

　始動非完結アスペクト：「始動アスペクト」と略称する。動詞の直後に"起来"-qilai が付く（以下、qilai と表記する）。

　継続非完結アスペクト：「継続アスペクト」と略称する。動詞の直後に"下去"-xiaqu が付く（以下、xiaqu と表記する）。以下順に取り上げていく。

3.1　持続アスペクト："着"-zhe

　持続アスペクトは、事態の構成の中の持続の局面を観察したものであり、事態の始まりや終わり、事態全体は表さない。図 3-1 のように図式化できる[※1]。

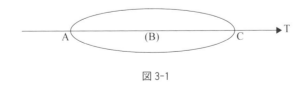

図 3-1

※1　原著の図に若干手を加えた。

図中の円形は時間軸上の AC 間を占める事態を表す。完結アスペクトは AC を１つのまとまりとして観察したものであるのに対し、非完結アスペクトはその中の一部を観察したものである。A 点は始動アスペクトを、C 点は終結アスペクトを（現代中国語は終結アスペクトを持たないが）、B 点は持続アスペクトを観察することになる。注意すべきは、B 点は必ずしも定位点ではなく、A と C のあいだにある（A 点・C 点を含まない）任意の点でかまわないということである。各点で観察された事態はみな持続中のものと捉えられる。つまり、持続アスペクトは事態の内部に注目した観察であるため、非完結的でかつ持続性を有するのである。現代中国語では zhe という文法形式でそれを表示する。

　では zhe は、le や guo、動詞の重ね型のように動的な性質を持つのだろうか。確かに zhe は動的な側面を持つ。zhe が用いられる文が表す事態は変化を反映し、非均質的な時間の構造を有する。

(1) 我　　読　　着　　姑姑　的　信，　眼泪　滴　　　　在　　信纸　上。
　　 1SG　読む　ZHE　おば　DE　手紙　涙　　こぼれる　…に　便箋　LOC
　　 私はおばからの手紙を読んでいるとき、涙が便箋にこぼれ落ちた。

　しかし zhe には同時に静的な一面もある。時に変化を反映せず、均質的な時間の構造を持った静的な事態であり得る（静的動詞を必ず用いるわけではない）。

(2) 一　張　双人床，　　床　　底下　放　　着　　哑铃　　和　拉力器。
　　 NUM CL　ダブルベッド　ベッド　LOC　置く　ZHE　ダンベル　…と　エキスパンダ
　　 ダブルベッドが１台あり、ベッドの下にダンベルとエキスパンダが置いてある。

　文法標識 zhe がこのように動的な面と静的な面を併せ持っているという二面性は、動詞のタイプや構文とも関係している。

　非完結的でかつ持続的、また「動的」・「静的」の二面性を持つという特徴は、現代中国語の持続アスペクトが有する主たる意味特徴である。

124

3.1.1　zhe の非完結性

　非完結性とは、文が事態の局部的構成を表すという性質のことであり、分解した事態に対して話し手が内部から行なった観察を反映する。持続アスペクトの非完結性が表すのは、事態開始後から終結前まで事態が持続するという状況である。

(3) a. 我　　眨巴　　　　　　　　着　　眼睛　想　　　了　半天,
　　　1SG（目を）ぱちぱちする　ZHE　目　考える　LE　半日

　　　然后　　回答: 不　対!
　　　その後　答える　NEG　正しい

　　　私は目をぱちぱちしてしばらく考えた後に、「違う！」と答えた。

b. 他　母亲　仔細　　打量　　着　我,
　 3SG　母親　仔細に　目測する　ZHE　1SG

　　看　　得　我　有些　发毛。
　　見る　PTC　1SG　少し　びくびくする

　　彼の母親は私をじろじろと観察し、私を少しびくびくさせた。

c. 哥哥　抖　　着　一　张　新　　来　的　晚报　対　我　说:
　 兄　　振るう　ZHE　NUM　CL　新しい　来る　DE　夕刊　…に　1SG　言う

　　真　　可惜。
　　実に　惜しい

　　兄は来たばかりの夕刊を振り挙げながら、私に「実に惜しい」と言った。

　持続アスペクトは、事態の持続局面にだけ関心を持ち、始まりや終わりなど別の局面については無関心である。b の"他母亲打量着我"（彼の母親は私をじろじろと観察している）を例にとれば、当該の事態がいつ始まって、いつ終わったのか、どのような状況なのかは観察の視野に入っていないし、また事態の外部から 1 つのまとまった事態として観察するわけでもない（2.1.2 の分析を参照）。完結アスペクトの表現"他母亲打量了我"（彼の母親は私をじろじろと観察した）と比較すると、時間軸上における両者の現れ方は次のとおりである。

125

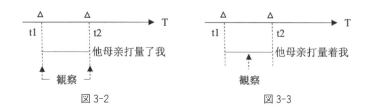

図 3-2   図 3-3

　仮に観察されるのが t1-t2 という時間の幅を占める事態だとすれば、完結アスペクト le の観察範囲は外部から見た事態全体であり、分解した事態ではない。それに対して、zhe で表される持続アスペクトは事態の内部構成である持続の局面に注目する。そのため、持続アスペクトは非完結性を持つと考えられる。

　持続アスペクトが非完結性という特徴を有するがゆえに、事態が占める具体的な時間幅を表す語句とは共起できない。なぜなら、この類の語句は事態に完結性を付与するからである。次は不適格な文である。

(4) a. *姑娘　　　在　　　钱箱　里　　翻腾　　着　　一阵。

　　　　 若い女性 …で　 銭箱　LOC　 あさる　ZHE　しばらく

　　 b. *他　　拼命地　挣扎　　着　　三　　分钟,

　　　　 3SG　懸命に　頑張る　ZHE　NUM　分間

　　　　 终于　　　游　　到　　了　　岸边。

　　　　 ようやく　泳ぐ　…に　LE　岸辺

　　 c. *这　　种　虚荣　和　　自尊　　　保持　着　　几十　年。

　　　　 DEM　CL　虚栄　…と　プライド　保つ　ZHE　NUM　年

　例 (4) の "一阵"（しばらく）、"三分钟"（3分間）、"几十年"（数十年）はいずれも事態の時間幅を表し、分解不能な総体性という特徴を事態に付与している。これは zhe で表される非完結性と矛盾する。これらの時間表現を削除するか、あるいは zhe を完結アスペクトの文法標識 le に置き換えると、文が成立する。

　持続アスペクトは具体的な時間を示す語句と相入れないのみならず、回数などの動作量を表す語句とも共起できない。その理由はこのような計量の語

句も事態に完結性をもたらすため、持続アスペクトの非完結性と矛盾するた
めである。以下も不適格な文である。

(5) a. *我　很　　得意地　又　朝　空中　抢　　着　几　拳。
　　　　1SG　とても　自慢そうに　また　…に　空　振り回す　ZHE　NUM　拳

　　b. *"书呆子!"　老黄　瞟　　　　着　我　一　　眼。
　　　　書物ばか　人名　流し目に見る　ZHE　1SG　NUM　CL

　　c. *于是　我　教训　　着　他　一　　番,
　　　　それで　1SG　教え諭す　ZHE　3SG　NUM　CL

　　　　告诉　他　马上　　要　考试　了。
　　　　伝える　3SG　すぐに　AUX　試験　SFP

例 (5) にある"几拳"(何回か [拳を振り回す])、"一眼"(一眼)、"一番"(一
回) のような動作量を表す語句は、非完結アスペクトを表す zhe と共起でき
ない。

　また、持続アスペクトの非完結性は、zhe が動作の結果を表す語句と共起
できないことにも現れている。動作の結果を伴うということは、当該の事態
が完結性を有するということを意味するため、zhe の非完結性と相入れない
のである。次の文もまた不適格である。

(6) a. *他　果断地　　拉亮　　着　电灯,　坐　　了　起来。
　　　　3SG　躊躇せずに　灯す　ZHE　電灯　座る　LE　起き上がる

　　b. *我　在　　热处理车间　找到　　着　王　　科长。
　　　　1SG　…で　熱処理工場　見つける　ZHE　人名　課長

　　c. *她　从　　军挎包　　　　　　里　掏出　　着　钱包。
　　　　3SG　…から　軍用ショルダーバッグ　LOC　取り出す　ZHE　財布

例 (6) の"拉亮"([スイッチの紐を引いて] 灯す)、"找到"(見つける)、"掏
出"(取り出す) はいずれも動作の結果を表し、文で表される事態に完結的
な意味を持たせるため、zhe との共起ができない。[動詞＋結果補語] から
成るフレーズの多くは動作の結果を表すものである。例えば、"读懂"(読ん
で分かる)、"看完"(見終わる)、"累垮"(疲れ果てる)、"办好"(ちゃんとやり
遂げる)、"走进"(歩いて入る)、"跑开"(走って離れる)、"听明白"(聞いて理

解する）、"打扫干净"（掃除して清潔になる）などがそれである※2。こういったものは通常非完結性を有する zhe とは共起しないが、完結性を表す le とは共起できる。

　時間や動作量を表すフレーズ、また［動詞＋結果補語］フレーズが、いずれも zhe と共起しないのは、こういったフレーズが事態の内部の構成を観察するという非完結性と相入れないためである。上記3種類の不適格な文を、以下の（7）のように修正すれば適格な文となる。

（7）a. 他　拼命地　　挣扎　　着，終于　　　游　　　到　　了　岸边。
　　　 3SG　懸命に　頑張る　ZHE　ついに　泳ぐ　…に　LE　岸辺
　　　 彼は懸命に頑張って、ついに岸辺に泳ぎ着いた。

　　 b. 我　很　　　得意地　　又　朝　　空中　抡　　　着　拳。
　　　 1SG　とても　得意気に　また　…に　空　振り回す　ZHE　拳
　　　 私は得意気に再び空に向かって拳を振り回していた。

　　 c. 她　从　　　军挎包　　　　　　　　里　掏　　　　　着　钱包。
　　　 3SG　…から　軍用ショルダーバッグ　LOC　ほじくり出す　ZHE　財布
　　　 彼女は軍用ショルダーバッグから財布を取り出そうとしている。

　例（7）a からは時間補語を、b からは数量表現を、c からは結果補語を削除することによって、文は事態全体ではなく持続の局面を表すようになる。

3.1.2　zhe の持続性

　持続性は事態の連続性を指す。持続性という特徴を有する zhe は事態が中断なく持続中であることを表す。

（8）a. 他　脑子　里　不停地　　　　　　　闪动　　着　郭辉　的　身影。
　　　 3SG　脳　LOC　ひっきりなしに　きらめく　ZHE　人名　DE　姿
　　　 彼の頭の中ではひっきりなしに郭輝の姿が浮かんでいる。

※2　ここに挙げられた例のうち、"走进""跑开"は一般に［動詞＋方向補語］のフレーズに分類されるが、方向補語も結果補語同様、動作の結果を表すものと見做しているのだろう。また、これらの［動詞＋結果補語］フレーズは、表1-3の「結果動詞」と同じものを指すと考えられる。フレーズと動詞の区別は形態論的には重要であるが、ここではその区別については論じていない。

b. 一　　段　　叫　　　　人　悲愤　　　的　故事　叩击　着

　　NUM　CL　…させる　人　悲しみ憤る　DE　物語　叩く　ZHE

戦士们　　的　心。

戦士たち　DE　心

人を悲しませ憤らせるある1つの物語が、戦士たちの心に強く響い

ている。

c. 我　大口地　呼吸　　　着　这　清新　　的　空气，

　　1SG　大口で　呼吸する　ZHE　DEM　新鮮な　DE　空気

真　　　有点　坚持不住　　　　　　　了。

本当に　少し　頑張り続けられない　SFP

私は大きく新鮮な空気を吸って吐いたら、本当にもう頑張り続けら

れなくなったような気がした。

"闪动身影"（姿が浮かび上がる）と "呼吸空气"（空気を吸って吐く）を比較

しても分かるように、持続可能な時間の長さは事態によって異なる。しかし、

zhe は時間の長さではなく、事態の持続過程に関心を持つ。

　瞬間動詞は非持続といった意味特徴を有し、時間軸上で表されると、始まり

と終わりが重なった1つの点となり（過程を持たない）、「単純変化」(simple

change) の特徴を持つ[1]。一方の zhe は時間的な広がりを持つため、一般的

には瞬間動詞と zhe は意味的に相入れず共起できない。以下は非文法的な

文である。

(9) a. *他　离开　着　心爱　　　的　岗位，心里　怪　　难受　的。

　　　　3SG　離れる　ZHE　心から愛する　DE　職場　心の中　とても　切ない　SFP

b. *李伟　一直　忘　　着　这　件　事。

　　　人名　ずっと　忘れる　ZHE　DEM　CL　事柄

c. *广州　来　　的　列车　正　　到　　着　上海站。

　　　地名　来る　DE　列車　ちょうど　到着する　ZHE　上海駅

例 (9) の "离开"（離れる）、"忘"（忘れる）、"到"（到着する）はみな瞬間

---

1) 陳平(1988：412)は「この類のシチュエーションの発生と終息は瞬間的なことであり、
時間軸上における始まりの点と終わりの点はほぼ重なっている」と述べている。

動詞であり、持続の意味を表す文法標識 zhe と共起できない。このような動詞は他に "成立"（成立する）、"达到"（達する）、"跌"（転ぶ）、"获得"（獲得する）、"毕业"（卒業する）、"开除"（除名する）、"碰见"（出会う）、"取消"（取り消す）、"死"（死ぬ）、"停止"（止まる）、"忘记"（忘れる）、"牺牲"（犠牲にする／なる）、"遗失"（紛失する）、"遇到"（遭遇する）などがある。

　ところが、実際の現代中国語では、瞬間的な意味を表す動詞が zhe と共起する例も決して珍しくない。

(10) a. 王军　轻轻地　敲　　門。
　　　　人名　軽く　　叩く　ZHE　扉
　　　　王軍は扉を軽く叩いている。

　　 b. 吴刚　在　　月宫　　　　里　砍　　　　　着　桂花树　　　　呢。
　　　　人名　…で　月の中の宮殿　LOC　たたき切る　ZHE　モクセイの木　SFP
　　　　呉剛は月の宮殿でモクセイの木をたたき切っているよ。

　　 c. 跳　　着,　跳　　着,　凤梅的　脚　都　　抬不起来　　了。
　　　　跳ぶ　ZHE　跳ぶ　ZHE　人名　DE　足　すら　上がらない　SFP
　　　　踊っているうちに、鳳梅の足すらも上がらなくなった。

"敲"（叩く）、"砍"（たたき切る）、"跳"（跳ぶ）はいずれも瞬間的動作を表し、非持続的な意味特徴を有しているが、持続の意味を表す文法標識 zhe を伴い、現代中国語の文として成立している。同じタイプの動詞は他に "点头"（頷く）、"咳嗽"（咳をする）、"剁"（断ち切る）、"踢"（蹴る）、"拍"（叩く）、"闪"（きらめく）、"跺脚"（足を踏み鳴らす）などがある。一部の瞬間動詞が持続の意味を表す zhe と共起できるのはなぜであろうか。「数」という概念に基づいて説明を試みていく。

　まず瞬間動詞と le との組み合わせから見てみよう。瞬間動詞はある瞬間に発生しかつ同時に終わる動作を表し、動作の回数の面からいえば、意味的に単数と一致し、複数とは矛盾するはずである。しかしながら、次のような文は適格なものである。

(11) 王军　敲　了　一　下，又　　敲　　了　両　下，門　開　了。
　　　人名　叩く　LE　NUM　CL　また　叩く　LE　NUM　CL　扉　開く　SFP

　　王軍は 1 回叩いてからまた 2 回叩いた。すると扉が開いた。

　瞬間動詞は意味的に時間軸上の 1 つの点に対応し、幅のある時間と矛盾するはずであるが、次のような文もまた成立する。

(12)　王军　　足足　　　　敲　　了　　　三　　　分钟,
　　　人名　まるまる　叩く　LE　NUM　分間

　　　才　　　　　有　　　人　过来　　　　　开　　门。
　　　ようやく　いる　人　やって来る　開く　扉

　　　王軍はまるまる 3 分間（扉を）叩いた。そうしてやっと誰かがやってきて扉を開けてくれた。

　例 (11) の "王军敲了两下门"（王軍は扉を 2 回叩いた）は完結の事態であり、2 回行なわれる動作（動作と事態の区別は非常に重要である）に関わっており、複数の動作である。つまり、瞬間的な動作が 2 回繰り返されるわけである。

　例 (12) の "王军敲了三分钟门"（王軍は 3 分間扉を叩いた）も完結の事態を表すが（le を使用している）、1 回の動作を表すものではない。瞬間動詞の "敲"（叩く）がもし 1 回の動作を表すなら、「3 分間」という幅のある時間と相入れないからである（"王军看了三分钟书"［王軍は 3 分間読書した］と比較されたい）。この文で表されるのは 3 分間持続していたある事態であり、そこで動作が何回も発生した、つまり、瞬間的な動作が複数回繰り返されたわけである。

　瞬間動詞が le と共起した場合、動作の繰り返し（repetition）を表す。これは zhe と共起するケースにも当てはまる。つまり、瞬間動詞と zhe が共同で表される事態の持続性は繰り返される動作として表されるのである。現実アスペクト le との相違は、"敲着"（叩いている）のような瞬間動詞と zhe との組み合わせは、繰り返される動作の具体的回数を表さないという点にある。また、"*敲着三分钟"（3 分間叩いている）が成立しないことから、繰り返しの動作が及ぶ具体的な時間幅も表さない。

　瞬間動詞に zhe が付くことによって生じる持続性と非瞬間動詞のそれは、時間軸上の振る舞いが異なる。"王军敲着门"（王軍が扉を叩いている）を例

にとれば、この文は"敲"（叩く）という瞬間的な動作が繰り返されること
を表すが、このような繰り返しからある非完結的な事態が構成される。言い
換えれば、複数の瞬間的動作からなる点的な組み合わせから事態が構成され
る。これに対し、"王军推着门"（王軍が扉を押している）のように、非瞬間
動詞に zhe が付くことによって構成される持続の過程は、動作の繰り返し
という意味を含まない。時間軸上における両者の振る舞いを比較されたい。

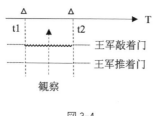

図 3-4

　図の波線は瞬間的動作の点的な繰り返しからなる持続の過程を意味し、実
線は動作そのものが伸びてできた持続を表す。t1 から t2 は観察する事態の
範囲を指し、点線は広がり得る非完結の事態であることを示唆する。
　zhe との組み合わせで用いられる瞬間動詞は動作性が強く、より具体的で
繰り返しが可能な動作を表す。通常は瞬間動作動詞である。例えば、例(10)
の"敲"（叩く）、"砍"（叩き切る）、"跳"（跳ぶ）などがある。zhe と組み合
わせて用いられない瞬間動詞は、動作性が弱く抽象的であり、繰り返すこと
ができない動作を表す。通常は瞬間的結果動詞である。例えば例 (9) の"离
开"（離れる）、"忘"（忘れる）、"到"（到着する）などがある。
　瞬間動詞と zhe との共起によって表現される複数の概念は複数回の動作
に関係しているほか、時に動作主体の複数性にも関係する[2]。主体が単数で

---

2)　Comrie（1976：43）は次の英語の例を挙げ、主語の動作主の数が瞬間動詞の使用に与
える影響を説明した。
　　a. ?（at this point）John is reaching the summit.
　　b. The soldiers are already reaching the summit.

動作が繰り返されない場合は、瞬間動詞は zhe と共起しない。一方、主体が複数であれば、動作は繰り返されることが可能であり、その繰り返しは複数の主体が次から次へと瞬間動作を実行することによって構成されるのである。瞬間動詞と zhe の共起がこのような持続の過程を表すという点が、上記であげてきた例とは異なる。

(13) a. *一　　顆　　手榴弾　爆炸　　　着。
　　　　 NUM　CL　手榴弾　爆発する　ZHE

　　　 b. 无数　　　手榴弾　爆炸　　　着。
　　　　 無数の　　手榴弾　爆発する　ZHE
　　　　 無数の手榴弾が爆発している。

　　　 c. 手榴弾　一　　　顆　接　　　　　一　　顆　地　爆炸　　　着。
　　　　 手榴弾　NUM　CL　接続する　NUM　CL　PTC　爆発する　ZHE
　　　　 手榴弾が次から次へと爆発している。

　例（13）a の瞬間動作"爆炸"（爆発する）の主体である"手榴弾"（手榴弾）が単数であり、動作は繰り返されないため、持続アスペクトの文法標識 zhe を付けると文が成立しない。b と c の主体はともに複数であり、動作の繰り返しが可能であるため、一種の持続過程をなし得る。よって、持続アスペクトの文法標識 zhe を付けても文が成立するのである。

　zhe の持続性はさらに短時アスペクトの文法標識である動詞の重ね型との比較によっても明らかである。短時アスペクトを表す動詞重ね型が瞬間動詞に用いられると、短時性の制約を受けて、動詞で表される動作も繰り返しの意味合いを含む可能性がある。これは瞬間動詞に zhe が付くのと意味的に類似するようである。

(14) a. 他　　向　　大家　　点　　点　　头，朗声　説　　道…。
　　　　 3SG　…に　みんな　頷く　頷く　頭　大声　話す　…と
　　　　 彼はみんなに向かって何回か頷いてから、大声で…と話しかけた。

　　　 b. 他　　向　　大家　　点　　着　　头，(?朗声　説　　道…。)
　　　　 3SG　…に　みんな　頷く　ZHE　頭　　大声　話す　…と
　　　　 彼はみんなに向かって頷きながら、大声で…と話しかけた。

c. 连长　拍　　拍　　手　表示　同意。

　　連長　叩く　叩く　手　表す　同意

　　連長は何回か拍手して、同意を示した。

d. 连长　拍　　着　　手　表示　同意。

　　連長　叩く　ZHE　手　表す　同意

　　連長は拍手しながら、同意を示した。

　例（14）aの"点点头"（何回か頷く）は、1回以上の動作を表す可能性がある。bの"点着头"（頷いている）は必ず複数回ある。両者とも複数回の動作を含意する。ところが、この2種類の形態の意味内容は決して同じではない。動詞の重ね型は事態の非持続性を強調する。"他点点头"（彼は何回か頷く）は幅のある時間を占める可能性があるが、その時間幅は極めて短い。話し手がこの形式を用いるのは事態の持続過程ではなく、短時性を際立たせるためなのである。一方、文法標識 zhe は対照的にまさに事態の持続性を強調するものである。"他点着头"（彼は頷いている）は非持続的な瞬間動詞を用いながらも、zhe の使用が瞬間動作の繰り返しを意味し、事態の持続性を担保する。その結果、事態の非完結性も担保することとなる。zhe は事態の持続を強調し、動詞の重ね型は非持続を強調する。zhe は瞬間動作の繰り返しを表し、動詞の重ね型はそれを強調しないのである。

3.1.3　zhe が有する動的・静的の二面性

　動態と静態はともに事態のあり方である。動態は変化を反映し、静態は変化を反映しない。現代中国語の持続アスペクトの文法標識 zhe には動的な一面がある。zhe を用いる文は力の変化や位置変化を表し得る。

(15)a. 我们　就　　这么　　　　　一声不吭地　　　　　走　　着。

　　　 1PL　ただ　このように　一言もしゃべらずに　歩く　ZHE

　　　 私たちはただこんなふうに一言もしゃべらずに歩いている。

b. 小鸟　在　　树上　欢蹦乱跳地　　　　唱　　着　晨歌。

　　小鸟　…で　木　LOC　喜んで跳ね回るほど　唄う　ZHE　オーバード

　　小鳥は木の上で喜んで跳ね回り、オーバードを唄っている。

　c. 严班长　不停地　　　　　转　　着　　圈, 不停地　　　　　自言自语。
　　人名　　ひっきりなしに　回る　ZHE　輪　ひっきりなしに　独り言を言う
　　厳班長はひっきりなしに歩き回ったり、独り言を言ったりしている。

　例（15）の"我们走（路）"（私たちは歩く）、"小鸟唱歌"（小鳥は歌を歌っ
ている）、"严班长转圈"（厳班長は［歩き］回る）はいずれも非均質的な
(heterogeneous) 時間的構造を有する。つまり、事態そのものの個々の瞬間
が他の瞬間とは異なるわけである。例えば「歩く」は、前の瞬間には足が上
がり、次の瞬間には足が地面を踏み、その過程で力には強弱の変化もあれば
位置変化もあり、動的性質が明らかである。しかし、zhe の動態性は持続と
いう意味特徴の制約を受け、事態の始まりや終わりにおける変化を表せず、
事態が進行している中での変化だけを反映するのである。

　一方、zhe が有する持続性の影響があるからこそ、動態性は時に曖昧にな
る。特に静的動詞または動作性の強くない動詞にzheが付くと、その文は往々
にして静的性質を呈する。

(16) a. 醒　　　　来　　一　　看,　丁然　红　　　着　　脸,
　　　　目覚める　来る　NUM　見る　人名　赤い　ZHE　顔
　　　　坐　　在　　　床边。
　　　　座る　…で　ベッドの横
　　　　目が覚め、周りを見ると、丁然が顔を赤くしてベットの横に座って
　　　　いた。

　　b. 其实,　他　　的　　话　　里　　蕴藏　着　　极　　　　复杂　　　的　　感情。
　　　　実は　3SG　DE　話　LOC　潜む　ZHE　極めて　複雑な　DE　気持ち
　　　　実は、彼の話には極めて複雑な感情が潜んでいる。

　　c. 我　　现在　是　　　这样　　　　渴望　　　着　愛,
　　　　1SG　今　　である　このように　渇望する　ZHE　愛
　　　　渴望　　　着　友情。
　　　　渇望する　ZHE　友情
　　　　私は今このように愛と友情を渇望しているのだ。

d. 广场　中央，矗立　　着　一　　座　烈士　纪念碑。
　　広場 LOC　　聳える ZHE　NUM　CL　烈士　記念碑
　　広場の中央に烈士記念碑が 1 基聳えている。

e. 大海　敞开 它　宽阔　的　胸膛，在　　　　等　着　我们！
　　海　　開く 3SG 広い DE　胸　…している 待つ ZHE 1PL
　　海は広い胸を開いて、私たちを待っている！

f. 当然，　　　服务部门　　　也　存在　　着　不少　　　问题。
　　もちろん　サービス部門　も　存在する ZHE 少なくない 問題
　　言うまでもないが、サービス部門にも多くの問題が存在している。

　例（16）で表されているのは、いずれも持続の過程における静的事態である。事態が持続している中で、事態の始点における変化（すなわち、状態に入る時点での変化）も過程中の変化も、さらには終点における変化も観察できない。その事態は均質的な（homogeneous）時間の構造を有する。つまり、事態が進んでいる中のどの瞬間も他の瞬間と同じ姿なのである。zhe はこのような文において静的な意味特徴を見せる。馬希文（1987）は zhe の意味内容について考察した際、「動詞の直後に zhe を付けると状態を指し示すこととなる」と述べている [3]。またかつてイギリスの言語学者である Leech（1981）も、かつて「持続は状態の 1 特徴である」と指摘している [4]。これらの考えはいずれも持続アスペクトの静的意味を強調する反面、持続アスペクトの動的意味を認めていなかったり軽視したりしている。

　以上で挙げた現代中国語の実例から分かるように、持続アスペクトの zhe は動態性と静態性を併せ持っている。この二面性は動詞の意味特徴と密接に関係している。動的意味特徴を有する動詞に zhe が付くと、文で表される事態は動態性を持つようになる。例えば、"走着"（歩いている）、"唱着"（歌っている）、"转着"（回っている）、"吠着"（[犬が] 吠えている）、"眨着"（瞬いている）、"做着"（作っている）、"奔跑着"（走っている）、"抽泣着"（すすり泣いている）、"扭动着"（揺らしている）、"寻找着"（探している）、"催促着"（促

---

3)　馬希文（1987：20）参照。
4)　Leech（1981：169）参照。中国語訳版は 238 頁を参照。

している）、"解释着"（弁明している）などがこれである。一方、静的意味特徴を持つ動詞にzheが付くと、文で表される事態は静態性を持つようになる。例えば"红着"（赤くしている）、"等着"（待っている）、"围着"（囲んでいる）、"坐着"（座っている）、"站着"（立っている）、"隔着"（隔たっている）、"爱着"（愛している）、"存在着"（存在している）、"有着"（持っている）、"渴望着"（渇望している）、"充满着"（充満している）、"容纳着"（収納している）、"掌握着"（支配している）、"饱含着"（満ちている）、"惦记着"（気にかけている）などである。

　zhe と位置的な意味を表す動詞（動作の結果としてある場所に定位する動作を表す動詞のこと、例えば"穿"［着る］、"挂"［掛ける］、"套"［はめる］など。つまり**表1-3**の「位置動詞」のこと。1.3.2 参照）の組み合わせの状況は複雑である。この類の動詞は、静的なものと動的なものとの中間で、過渡的なタイプであり、言い換えれば静態性と動態性を併せ持つと言ってもよかろう。実例においては、この類の動詞が述語である場合、動的事態も静的事態も表し得る。zhe が有する動態性と静態性はこのタイプの動詞との共起によって、よりいっそう際立つ。

　(17) 詩人　穿　　着　　时新　　的　茄克，　　好不　　得意。
　　　　詩人　着る ZHE 流行りの DE ジャケット とても　得意がる
　　　　詩人は流行りのジャケットを着て、とても得意がっている。

　この文は2種類の性質の事態を表し得る。1つは動的事態である。つまり、詩人がジャケットを身につけようとする動作である。もう1つは静的事態である。つまり、詩人がジャケットを身にまとっているのである。動的事態が静的事態の先行事態（つまり原因）であり、静的事態が動的事態の後続事態（つまり結果）であるように、この2つの事態は関係している。言い換えれば、静的事態は動的事態の延長線上にあるものと見做せる。このことからも zhe の二面性が窺えるわけである。劉寧生（1985）の考察によると、現代中国語の zhe は状態の持続と動作の進行を表すことができるが、位置動詞に zhe をつけると両者の相違が現れるという[5]。

5)　劉寧生 (1985) 参照。劉寧生は zhe は状態の持続と動作の進行のいずれも表せると考え、

中国語の実例において、zhe の二面性は偏ったり、曖昧になったりすることがある。それは主として他の言語成分の影響を受けた結果である。まず挙げられるのは言うまでもなく動詞の意味である。これは、例えば上で述べた動的動詞と静的動詞がそれぞれ zhe と共起することによって現れる違いからすでに窺えることである。位置動詞に用いられても、このような意味的な偏りがある。場合によっては動態性が強かったり、静態性が強かったりする。例えば、文に動作主が現れると、zhe はより強い動態性を帯びる。

(18) a. 诗人 站   在   镜子 前 穿   着   时新   的 茄克，
　　　詩人 立つ …で 鏡   LOC 着る ZHE 流行りの DE ジャケット

　　　洋洋自得。
　　　得意満面である
　　　詩人は鏡の前に立ち、流行りのジャケットを着て、得意満面だ。

　　b. 妈妈   系   着   围裙   走   进   屋 里 说：
　　　お母さん 結ぶ ZHE エプロン 歩く 入る 部屋 LOC 言う

　　　"你   嚷嚷   什么？"
　　　2SG 喧しく声を立てる 何
　　　お母さんはエプロンを身に付けながら部屋に入ってきて、「何を騒いでいるの」と言った。

　　c. 常鸣 捏   着   一   团 泥巴，
　　　人名 こねる ZHE NUM CL 泥

　　　说是   要   捏出   个 关公 来。
　　　…と言う AUX こねて作る CL 人名 来る
　　　常鸣は泥をこねながら、関羽様を作ってみせると言った。

　　d. 学生 背   着   这样   一   个 包袱，
　　　学生 背負う ZHE このような NUM CL 重荷

さらに、それに連動して動詞も動作を表すものと状態を表すものとに分けられるという。それにより、2つの動的カテゴリの相違を全面的に明らかにできると述べている。両者の対立を示すのは「定位させる」意味を持つ位置動詞であるという。

能　考得好　　　　　吗？

AUX　試験がうまくいく　SFP

学生はこのような重荷を背負っているのだから、試験がうまくいく
わけがないだろう。

　これに対し、動作主が現れない、とりわけいわゆる「存在文」において
は⁶⁾、zhe はより強い静態性を帯びる。

(19) a. 工厂　大门　上　挂　　着　一　　块 “闲人免进”　　的　牌子。

　　　工場　入り口 LOC　かける ZHE NUM CL　部外者立入禁止 DE　看板

　　　工場の入り口に「部外者立入禁止」という看板がかけてある。

　b. 小青年　嘴　里　叼　　　着　一　　根　万宝路　（烟）。

　　　若者　　口 LOC　くわえる ZHE NUM CL　マルボロ　タバコ

　　　若者の口にはマルボロのタバコが 1 本くわえられている。

　c. 墓碑　上　刻　着 “一　个　生活　在　　山林　中 的　老妇人”。

　　　墓碑 LOC　彫る ZHE NUM CL　暮らす …で　山林 LOC DE　老婦人

　　　墓碑に「山林に暮らしていた 1 人の老婦人」と彫ってある。

　d. 黑板　上　写　着　两　个　醒目　　　的　大　　字：奋进！

　　　黒板 LOC　書く ZHE NUM CL　人目を引く DE　大きな　文字　奮進

　　　黒板に「奮進」という人目を引く 2 つの大きな文字が書いてある。

　動作主が現れているものの、事態が強い静態性を持つ文もある。それは動
作主らしきものが当該の文中では動作を行なう者ではなく、先行する動的事
態の結果の影響が及ぶ場所を表すに過ぎないからである。この場合、動作主
を場所を表す語句に置き換えても意味がほとんど変わらない。

(20) a. 郭辉（身　上）穿　　着　一　件　蓝天牌　　　运动衣。

　　　人名　体 LOC　着る ZHE NUM CL　ブランド名　スポーツウェア

　　　郭輝は藍天ブランドのスポーツウェアを着ている（郭輝の身体には
　　　藍天ブランドのスポーツウェアが着られたままになっている）。

---

6)　范方蓮（1963）『存在句』（存在文）の説明によると、zhe を用いる存在文は 3 つのパー
ツからなり、[場所詞＋動詞 -zhe ＋数詞 - 量詞 - 名詞] をその形式とする。

b. 丽萍（肩　上）背　　着　　一　　个　　竹篓，

　　人名　肩　LOC　背負う　ZHE　NUM　CL　竹かご

　　顺　　　　　河沿　走　　下来。

　　…に沿って　河岸　歩く　降りて来る

　　麗萍は竹かごを背負って、河岸に沿って降りてきた（麗萍の肩に竹
　　かごが背負われた状態で、［麗萍は］河岸に沿って降りてきた）。

c. 我　（手　里）拿　　着　　这　　封　　信，

　　1SG　手　LOC　持つ　ZHE　DEM　CL　手紙

　　心　里　不　是　　　个　滋味。

　　心　LOC　NEG　である　CL　味

　　私はこの手紙を手にすると、いやな気持ちになった。（私の手にこ
　　の手紙が持たれたまま、［私は］いやな気持ちになった。）

　ここでは「より強い動態性」「より強い静態性」という表現を採用してい
るが、位置動詞に zhe が付くこと自体、もともと意味的に二面性を持って
いる。しかし多くの場合、動作の持続（動態性）と結果の持続（静態性）の
どちらがより強いか、またはより弱いかということしかなく、明確な境界を
決めにくい。例えば、上で挙げている"捏着泥巴"（泥をこねている）、"叼着
香烟"（タバコをくわえている）、"拿着信"（手紙を持っている）などは、いず
れもこのような二面性を持ち（そのため、この現象を「多義」と呼ぶ研究者
もいる）、動作を表すと同時に結果をも表すのである。

3.1.4　存在文における zhe と le

　最後に、先行研究でよく取り上げられているzheとleが置き換えられるケー
スについて考察する。

　非完結アスペクトの文法標識 zhe と完結アスペクトの文法標識 le は、基
本的な性質が異なるため、使用上も当然違いがあり、通常は置き換えられな
い。ところが、以下のような例においては、zhe と le の区別は消失してい
るようにみえる。

(21)a. 墙　　上　　挂　　　着／了　一　　幅　　画。
　　　　壁　LOC　かける　ZHE/LE　NUM　CL　絵
　　　　壁に絵が1枚掛けてある。

　　b. 椅子　上　　坐　　着／了　两　　个　　人。
　　　　椅子　LOC　座る　ZHE/LE　NUM　CL　人
　　　　(lit.) 椅子に2人の人が座っている（椅子に座っている人が2人いる）。

　　c. 草棚　　　　上　积　　　着／了　一　　层　　雪。
　　　　わらぶき小屋　LOC　積もる　ZHE/LE　NUM　CL　雪
　　　　わらぶき小屋（の屋根）に雪が積もっている。

　　d. 脸　上　长　　　着／了　几　　颗　　黑痣。
　　　　顔　LOC　生える　ZHE/LE　NUM　CL　ほくろ
　　　　顔にほくろがいくつかある。

　　e. 黑板　上　　画　　着／了　一　　幅　　漫画。
　　　　黒板　LOC　描く　ZHE/LE　NUM　CL　漫画
　　　　黒板に漫画が一枚描かれている。

　　f. 头发　　上　　插　　着／了　好些　　　野花。
　　　　髪の毛　LOC　挿す　ZHE/LE　たくさん　野の花
　　　　髪に野花がたくさん挿されている。

　上の例は異なるタイプの動詞で構成される存在文である。これらの文では zhe と le は置き換えることができ、意味も変わらないようである。これをどう説明したらよいだろうか。

　范方蓮（1963）は、ここの le は zhe と等しいものであるから置換可能であり、動詞の直後に付いて完了を表す le とは異なるとしている[7]。于根元（1983）は、状態を導く動作そのものはすぐに終わるが、結果状態が長く続くことを意味する動詞があり、動作の完了は状態の形成を意味するとし、文章の中で重複を避けるべく zhe と書いたり、le と書いたりするのだと説明している[8]。

---

7)　范方蓮（1963：389）参照。
8)　于根元（1983：117）参照。

劉寧生（1984）は、zhe を後に付ける動詞は静的動詞、le を後に付ける動詞は動的動詞であり、両者は決して同じではないものの、存在文においては相違が中和されるとしている[9]。

　上記3つの異なる考えは（それぞれ、le の細分化・修辞的用法・動詞の分類に注目する）、説明の道理性にも強弱の差があるが、zhe と le が上記のような例において互いに置換でき、さらに意味が変わらないという点に関しては共通している。

　本書は、zhe と le の相違は上記のような文においても消えず、両者が置き換えられた文は成立はしているが、意味は決して同じではないという見解を持つ。le を用いる文は完結の動的現実事態を表す。その完結性は当該の事態に対する観察が外部（outside）から行なわれ、事態を分解しないということを le が表すことによって現れる。その動態性は、ある状態に「入った」という始点における変化を le が表すことによって現れる。その現実性は、ある参照時点からすれば文で表されるのは已然の事態であることを表すことによって現れる。一方、zhe を用いる文は、非完結の強い静的持続事態を表す。その非完結性は、当該の事態に対する観察が内部(inside)から行なわれ、事態が分解可能であるということを zhe が表すことによって現れる。その強い静態性は、存在文において位置動詞の後に付き、変化を反映しないということによって現れる。その持続性は当該の事態が持続している中にあるということを表すことによって現れる。同じ意味を表す2つの並行的な変換構文に見られる相違でもって、zhe と le の違いが説明できる。

(22)　A
　a1. 墙　　上　　挂　　　着　　一　　幅　　画。
　　　壁　LOC　かける　ZHE　NUM　CL　絵
　　　壁に1枚の絵が掛かっている。
　b1. 墙　上　挂　　　着　　的　　是　　　一　　幅　　画。
　　　壁　LOC　かける　ZHE　DE　である　NUM　CL　絵
　　　壁に掛かっているのは1枚の絵である。

9)　劉寧生（1984：55）参照。

c1. 一　幅　画　在　　墙　上　挂　　　着。

　　NUM　CL　絵　…で　壁　LOC　かける　ZHE

1枚の絵が壁に掛かっている。

B

a2. 墙　上　挂　　了　一　　幅　　画。

　　壁　LOC　かける　LE　NUM　CL　絵

壁に1枚の絵が掛かっている。

b2. *墙　上　挂　　　了　的　是　　　一　　　幅　　画。

　　　壁　LOC　かける　LE　DE　である　NUM　CL　絵

c2. *一　幅　画　在　　墙　上　挂　　　了。

　　　NUM　CL　絵　…で　壁　LOC　かける　LE

　意味を変えない前提で変換すると、zheが付くA列の文はいずれも成立するのに対し、B列の文の中には成立しないものもある（例 (21) の6種類の文を変換した後の結果も同様である）。このように、文法的に対応している文型が、意味解釈の面では対応しないのである。ということは、たとえ存在文においても、zheとleは言語体系におけるそれぞれの意味特徴を依然として保持していることとなり、「互換説」は成立しないのである。置き換えられて得た文は適格ではあるが、同じ統語・意味特徴を持つ文ではないからである[10]。

　これに関連して、存在義を表す典型的な動詞である"有"（ある、いる、存在する）がle、zhe、guoといった形態を伴うと、異なるアスペクトの意味になる。それぞれ1例を挙げておく。

(23)a. 巧英　已经　　有　了　一　　个　孩子，

　　　人名　すでに　いる　LE　NUM　CL　子ども

---

10)　このように互換可能なle、zheが並行的に変換されると、それに並行するような意味の変化が得られない事例は他にも多数挙げられる。例 (21) の各文にある動詞の"挂"（掛ける）、"坐"（座る）、"积"（積もる）、"长"（生える）、"画"（描く）、"插"（挿す）は、現代中国語の存在文においてleとzheが互換可能な6種類の動詞に属する（李臨定『現代漢語句型』第10章「存在句型」を参照）。これらの文において、現実アスペクトのマーカーleと持続アスペクトのマーカーzheの意味特徴は区別される。

但　　　仍然　　相貌　出众。

しかし　依然と　容貌　抜群である

巧英はすでに子どもが 1 人いるが、相変わらず抜群に綺麗だ。

b. 这　　种　文化　与　　民族　有　　着　　天然　　的　歴史联系。

DEM　CL　文化　…と　民族　ある　ZHE　天然の　DE　歴史的関連

このような文化は民族と必然的な歴史的関連性を持っている。

c. 他们　在　　政治　上　　有　　过　　一　　段　曲折　　的　经历。

3PL　…で　政治　LOC　ある　GUO　NUM　CL　複雑な　DE　経験

彼らは政治の面において複雑な経験をしている。

　以上の文はアスペクト標識を使わなくても文法的であり、静的存在の事態を表す。しかし、le、zhe、guo を用いることによって、文で表されるアスペクトの意味が全く異なる。互いに置き換えることができるとはいえ、置き換えた後の文で表される事態の意味特徴が大きく変わる。

　まとめると、持続アスペクトには非完結性、持続性、「動的・静的の二面性」という 3 つの主な意味特徴がある。非完結性は、出来事の内部から観察することを意味する。そのため、時間表現や動作量（回数など）の表現および動作の結果を示す語句と zhe との共起が制限される。持続性は事態の推移の中で連続している特徴を反映する。瞬間動詞が持続アスペクトの文に用いられると、動作の繰り返しや主体が複数いるといった意味を表すが、zhe と動詞の重ね型はそれぞれ強調される内容が異なる。動的・静的の二面性は持続性によって決まり、実際の用例における動態と静態の強弱は動詞の意味タイプと密接に関わっている。位置動詞と zhe の組み合わせは多義的であり、他の成分の影響によって意味の偏りが生じる。zhe と le は異なる形態であり、たとえ存在文においてでも両者の統語的・意味的な特徴は同じではなく、「互換説」が認められない。

3.2　始動アスペクト：“起来”-qilai

3.2.1　qilai について

　中国語におけるアスペクトの意味を表す専用形式は次第に発達してきたものであり、この発達は今も進行中である。現実アスペクトのマーカー le や経験アスペクトのマーカー guo、持続アスペクトのマーカー zhe のような、すでに専らアスペクトの意味を表す文法的手段として機能語化してきたものもあれば、短時アスペクトのマーカーである動詞の重ね型のように、特定のアスペクトの意味を表す形式として定着してきたものもある[11]。また、一部の形式は、発達していく中でアスペクトの意味を表す機能が生まれてはいるものの、語彙的意味を依然として保持しているため、これらのアスペクトの意味を表す用法を単に元来の語彙的な意味が拡張したものと見做すのがよいか、それともすでに独立した文法形式と見做すべきかが判断しにくい。qilai や xiaqu はまさにこの類の言語形式である。

　中国語研究の中には、高名凱（1948）や李訥ほか（1983）のように qilai と xiaqu をアスペクトの形式として取り上げないものもあるが、より多くの研究者たちは、qilai と xiaqu をアスペクトの意味を表す形式と認めている。しかし、qilai と xiaqu の性質に関しては、意見が分かれている。趙元任（1968）は、軽声で発音される qilai は「始動アスペクト」を表す接尾辞、xiaqu は「継続アスペクト」を表す接尾辞としている[12]。張秀（1957）は qilai と xiaqu を「限界アスペクト」を表す 2 つの動詞接尾辞と考え、それぞれ動作または状態の始まり（“开始分体”）と動作の継続進行（“继续分体”）を表すとい

---

11)　le、zhe、guo を接辞、語尾、助詞と認定している研究者も多くいる。高名凱の『語法範疇』（1957：24）では、le、zhe を機能語としている一方、動作の完成、動作の持続といったアスペクトの意味を表すとしている。そのため、「准狭義」的な文法範疇という概念を提唱し、形態変化によって表される狭義的な文法範疇や、語彙によって表される広義的な文法範疇と区別している。

12)　趙元任（1968：129-130）参照。

う[13]。呂叔湘（1942）は中国語の白話文において、「専ら『動相』を表す機能語がいくつか発達してきた。これらの語は語彙的な意味が希薄であり、接尾辞に近い」と述べ、qilai と xiaqu を取りあげている[14]。王力（1944）は qilai と xiaqu はいずれも動補構造（王力の言う"使成式"）における補語（王力の言う"末品补语"）を借用してできた"情貌"のマーカーだとし、「そのため、文法的な観点から言うと、開始貌の情貌は進行貌や完成貌ほど純粋ではない」と述べている[15]。『現代漢語八百詞』でも qilai と xiaqu のアスペクトを表す用法を、それらと同形式である方向動詞の用法の1つと分析している[16]。

　本書は qilai と xiaqu のアスペクトの意味を表す用法を語彙的用法から独立させ、独立した文法形式であると考えている。ただし、qilai と xiaqu の機能語化（文法形式化）の度合いは le、guo、zhe ほどは進んでおらず、語彙的な意味をある程度残している[17]。

　現代中国語の qilai は多くの用法を併せ持つ。直接、述語動詞になることもあれば、動詞の後に付いて数種類の意味を表すこともある。

(24)a. "你　乱讲　　　　　什么？"　文婷婷　　冲动地　　站起来。
　　　2SG　デタラメを言う　何　　　　人名　　興奮して　立ち上がる
　　　「あなたは何デタラメを言ってるの？」と文婷婷は興奮して立ち上がった。

---

13)　張秀（1957：166-168）参照。
14)　呂叔湘（1942：228-230）参照。
15)　王力（1944：293-294）参照。
16)　呂叔湘主編（1980：391-392, 498-501）参照。
17)　実際、le、guo、zhe も動詞の後に付いた補語から発達してきたものであり、現代中国語でも、依然として語彙的な意味が少しは残っている。例えば、"你吃了这碗饭吧"（この一杯のご飯を食べてしまいなさい）、"这电影你看过没有"（［見るべき映画のリストを見ながら］この映画はあなたは観ることを済ませたか）、"他按着胸口说话"（彼は胸に手を押し当てたまま［付着］話す）など。このようなことから、馬希文（1983）は動詞の直後に付く（様々な）le から、動詞の"了"（完了する）の弱化した形式を分離するべきだと主張した。

146

b. 说起来　　　咱们　是　　　亲戚，有　什么　事　　也不　会
言ってみれば 1PL　である　親戚　ある　何　　こと　も　NEG AUX
瞒　　　你。
包み隠す 2SG
言ってみれば私たちは親戚なんだから、何かあればあなたに隠した
りしない。

c. 噢，　这　事情　我　想起来　　了。
INTJ　DEM　事柄　1SG　思い出す　SFP
おお、その件なら私は思い出した。

d. 巧珍　说　　着，泪水　已经　　在　　眼眶　　里　旋转　起来。
人名　話す　ZHE　涙　すでに　…で　目のふち　LOC　回る　QILAI
巧珍は話しながら、もう目に涙を浮かべている。

e. 她　望　　着　镜　中　的　自己，
3SG　眺める　ZHE　鏡　LOC　DE　自分
莫名其妙地　　　　高兴　起来。
わけが分からなく　喜ぶ　QILAI
彼女は鏡に映っている自分を眺め、不思議とうれしくなってきた。

　物が下から上への空間移動を表す例（24）aの"站起来"（立ち上がる）の
qilai は語彙的意味として最も基本的なものである。bの"说起来"（言って
みれば）の qilai はすでにイディオム化しており、「動詞の意味する方面につ
いて言えば」という意味を表す。他の例として、"干起来你不是我的对手"（やっ
てみれば、君は私に敵わない）、"这事看起来容易，做起来实难"（このことは見
たところ簡単そうだが、やってみれば実は難しい）が挙げられる。cの"想起来"
（思い出す）の qilai は動作によってある結果を得られたことを表す。dの"旋
转起来"（回り始める）は"旋转"（回る）という動作の始まり、eの"高兴起
来"（うれしくなってくる）は"高兴"（喜ぶ）という状況が出現し、なおかつ
このような動作や状況が続くことを表す。qilai のこれらの用法には、内容
語的なものもあれば、機能語的なものもある。しかし、いずれも「始まる」
という意味を含んでおり、特にdとeの qilai は比較的典型的な始動アスペ

クトの用法だと思われる。全文を吟味し qilai のアスペクトの意味を考察すれば、qilai を用いた文で表されるのは動的な始動の事態であることが分かる。

3.2.2　動態性を有する qilai

事態が動的であるか、静的であるかにかかわらず、始まりと終わりの時点には必ず変化がある。qilai は事態の開始を表すため、その動態性は事態の始まりにおける変化を直接反映することに現れる。

(25) a. 她　　一　　屁股　坐　　在　　床　　上，蒙　　　　着　　脸
　　　　3SG　NUM　尻　　座る　…で　ベッド　LOC　覆いかぶせる　ZHE　顔

　　　鸣鸣地　　哭　　起来。
　　　うっうっと　泣く　QILAI

　　　彼女はぺたんとベッドに座り込み、顔を覆って「うっ、うっ」と泣き出した。

b. 我　　冲着　他　　粗鲁地　　骂　　起来，
　　1SG　…に　3SG　無骨に　罵る　QILAI

　　不　　知道　　怎么　这么　　火。
　　NEG　分かる　なぜ　こんなに　怒る

　　私は彼に向かって無骨に罵倒し始めたが、なぜこんなに怒っているか分からなかった。

c. 照完　　　相　　后，我　和　丁然　闲聊　　　起来。
　　撮り終わる　写真　後　1SG　…と　人名　雑談する　QILAI

　　写真を撮り終わってから、私は丁然と雑談し始めた。

例（25）にある "她哭起来"（彼女は泣き出す）、"我骂起来"（私は罵倒し始める）、"我俩聊起来"（私たち 2 人は雑談し始める）はいずれも事態の始まりを表し、動的な変化を表している。このような始点における変化は終了せず、続くものである。事態のこのような変化を qilai が表す。

瞬間動詞は始まりと終わりが重なり、動作が続かない（3.1.2 参照）ため、瞬間動詞が述語になる文には始動アスペクトの形態 qilai が用いられない。次はいずれも非文法的である。

148

(26) a. *机关枪　响　　了，无数　　士兵　牺牲　　　　起来。

　　　　機関銃　鳴る　SFP　無数の　兵士　犠牲になる　QILAI

　　 b. *他　一　　看到　　　　玉泉　的　身影，就　　离开　　起来　桌旁。

　　　　3SG　NUM　見かける　人名　DE　姿　　　すぐ　離れる　QILAI　机の横

瞬間動詞が文において「反復」の意味を持ち、表される動作が続くのであれば、qilai と共起することが可能である。これは持続アスペクトにおける瞬間動詞の振る舞いと類似する（3.1.2 参照）。

(27) a. 喜庆　的　锣鼓　　　　敲　　起来　了。

　　　　祝い　DE　どらと太鼓　叩く　QILAI　SFP

　　　　お祝いのどらと太鼓が打たれ始めた。

　　 b. 警车　　顶上　的　红灯　　　闪　　　　起来　了。

　　　　警察用車　ルーフ　DE　赤いランプ　きらめく　QILAI　SFP

　　　　警察用車のルーフにある赤いランプが点灯し始めた。

始動アスペクトは qilai がよく静的動詞（形容詞）の後に付き、ある状態に入ることを表す際にも現れる。ある状態に入るということはすなわち変化であり、表される事態は動態性を持つ。

(28) a. 酒菜　下　　肚，放出　　热量，大家　　开始　活跃　　起来。

　　　　酒と肴　降る　お腹　放出する　熱量　みんな　始まる　ざわつく　QILAI

　　　　酒と肴を食し、その熱量が身体中に回ると、みんなざわつき始めた。

　　 b. 我　坐　　到　　自己　座位　上，心　里　忽然　　高兴　起来。

　　　　1SG　座る　…に　自分　座席　LOC　心　LOC　突然に　喜ぶ　QILAI

　　　　私は自分の席に座ると、心の中でふっと喜びが沸き上がってきた。

　　 c. 让　　　　　他　这么　　　一　说，我　对　　　音乐　也

　　　　…に…される　3SG　このように　NUM　言う　1SG　…に対し　音楽　も

　　　　似乎　　　爱好　　起来。

　　　　…のようだ　好きだ　QILAI

　　　　彼にそう言われたら、私も音楽が好きになり始めたような気がした。

実際、形容詞に qilai が付いたものが、事態の動態性を最も示しやすい。50 年代に起こった品詞問題をめぐる大論争の前後には、qilai の付加の可否

を基準にして、qilai が付いた形容詞を動詞と見做すべきだとする研究者がいた[18]。例えば、例 (28) にある"大家活跃起来"（みんながざわつき始めた）、"我心里高兴起来"（私は心の中で喜びが沸き上がった）は、「ざわつく」や「喜ぶ」という状態に入ったということを表すのである。さらに例を挙げておく。

(29) a. 他　走　　得　　很　　　慢，　脚步　也　有点　沉重　起来。
　　　3SG　歩く　PTC　とても　遅い　歩調　も　少し　重い　QILAI
　　　彼は歩くのが遅く、歩調も少し重くなり始めた。

　　b. 同学们　　　已经　　开始　　注意到　我　的　信　　多　　起来。
　　　同級生たち　すでに　始まる　気づく　1SG　DE　手紙　多い　QILAI
　　　同級生たちはすでに、私の手紙が増え始めたことに気がついた。

　　c. 我　一时　紧张　　　起来，脸　也　发热。
　　　1SG　急に　緊張する　QILAI　顔　も　熱くなる
　　　私は急に緊張し始め、顔も熱くなった。

　　d. 技术　市场　又　　热闹　　　起来　了。
　　　技術　市場　また　賑やかだ　QILAI　SFP
　　　テクノロジーマーケティングの世界はまた賑やかになり始めた。

qilai はよく形容詞に付いて事態の動態性を表すほかに、形容詞的な成語（四字熟語など）の後に付いて同様な機能を持つ。

(30) a. 信　　还　　没有　来，　我　的　心　一下子　骚动不安　　起来。
　　　手紙　まだ　NEG　来る　1SG　DE　心　急に　　不安に陥る　QILAI
　　　手紙はまだ届いておらず、私の心は急に不安に陥った。

　　b. 现在，伊拉克　这　个　小弟弟　又　　桀骜不驯　　起来。
　　　今　　地名　DEM　CL　弟　　また　傲慢不遜だ　QILAI
　　　現在イラクという弟分はまた傲慢不遜なまねをし始めた。

---

18)　丁声樹ほか（1961：7）は次のように述べている。「形容詞に le、qilai の類のものをつけた場合（例："花红了"［花が赤くなった］、"雨大起来了"［雨が激しくなってきた］）、動詞とほとんど区別がない。［中略］このように用いられた形容詞は、動詞と考えても差し支えがない」。最初の出典は『中国語文』1952年第 8 期 19 頁。

c. 爸爸　高兴地　　　喝上　两　　盅，　　　　他　　现在

父　　嬉しそうに　飲む　NUM　小さな酒杯　3SG　今

财大气粗　　　　　　　　　　　起来。

財産が増えれば鼻息も荒くなる　QILAI

父は嬉しそうにお酒を 2 杯飲んだ。彼は今金持ちになり横柄に振る舞い始めた。

3.2.3　qilai が事態の始まりを表す

　始動アスペクトは持続アスペクト同様、内部から事態の構成を観察したものである。持続アスペクトは事態の持続の局面（B）を観察し、始動アスペクトは事態の開始の局面（A）を観察する。両者とも非完結アスペクトである。次の図式に示すとおりである。

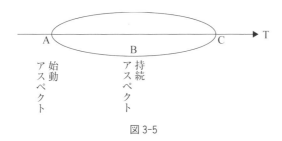

図 3-5

　A から C は 1 つの事態を表し、始動アスペクトは A 点に対する観察で、事態はすでに始まっており、なおかつ続いていく。持続アスペクトは AC における任意の 1 点（A と C を除く）、すなわち B に対する観察で、事態の持続性を示す。始動アスペクトは事態の始まりを観察したものであるため、時間軸上においては単方向的な広がりを持つ、つまり始点から前方に向かって広がり得る。これに対し、持続アスペクトは双方向的な広がりを持つ、つまり観察点より先も後も事態の範囲に入るわけである。よって、上の図 3-5 はさらに次の図 3-6、図 3-7 のように精緻化できる。

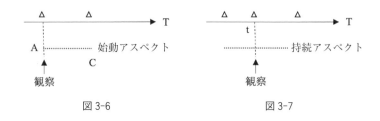

図 3-6   図 3-7

次の文を比較されたい。

(31)a. 我们　海阔天空地　闲扯　　　起来。

　　　1PL　　自由奔放に　雑談する　QILAI

　　　私たちはとりとめのない雑談をし始めた。

　　b. 我们　海阔天空地　闲扯　　　着。

　　　1PL　　自由奔放に　雑談する　ZHE

　　　私たちはとりとめのない雑談をしている。

　　c. 海花　"扑哧"　　一　声　笑　　起来　了。

　　　人名　クスッと　NUM　声　笑う　QILAI　SFP

　　　海花はクスッと笑い出した。

　　d. 海花　一直　　这么　　　　吃吃地　　笑　　着。

　　　人名　ずっと　このように　フフフと　笑う　ZHE

　　　海花はずっとこんなふうにフフフと笑っている。

　例 (31) a の "我们闲扯"（私たちは雑談する）という事態が始点にあって、始点から前方に向かって広がっていく。qilai がその事態の始動性を表し、また担保している。b の "我们闲扯"（私たちは雑談する）という事態は持続の局面にあり、事態には境界がなく、双方向に伸びることが可能である。zhe は事態の持続性を表し、また担保している。

　qilai が持つ動態性と同様に、qilai が有する始動性も形容詞が述語になる文に最も顕著に現れる。

(32)a. 三　　天　部队　饭　　一　　吃,

　　　NUM　CL　軍隊　食事　NUM　食べる

芦花　的　脸色　红润　　　起来　了。

人名　DE　顔色　血色がよい　QILAI　SFP

軍隊のご飯を 3 日間食べていると、蘆花の顔は血色がよくなってきた。

b. 毕业　临近，郭辉　一时　　竟　　怅然　　　　起来。

卒業　近く　人名　ふっと　意外に　がっかりする　QILAI

卒業が近づくと、郭輝は意外にも残念に思えてきた。

c. 三伏　还　没　到，　　怎么　天　突然　　闷热　　起来?

真夏日　まだ　NEG　到着する　なぜ　天気　いきなり　蒸し暑い　QILAI

まだ真夏日にはなっていないのに、なぜ天気がいきなり蒸し暑くなってきたのだろう。

　形容詞の語彙的意味は、もともと活動も変化も反映せず、静態性を有するものだが、一旦始動アスペクトの文法標識 qilai と共起すると、形容詞が表す状態に入ったという変化を表せるようになる。このような動的変化は、qilai の意味特徴によって、始点におけるものであることが示されるのである。

3.2.4　qilai の異形態

　qilai は"起"と"来"からなる形式である。文中の動詞が目的語を伴う場合、qilai がよく分離して使われるが、事態が始まるというアスペクト的意味を表すことに変わりがない。目的語を伴った qilai を一種の異形態と見做してもよいだろう。

(33) a. 回　　到　教室，几　个　同学　突然　　対　　　我　鼓

戻る　…に　教室　NUM　CL　同級生　いきなり　…に対して　1SG　叩く

起　掌　　来。

QI- 手のひら -LAI

教室に戻ったら、何人かの同級生が私に向かって突然拍手し始めた。

b. 特务　一　走　近，

スパイ　NUM　歩く　近い

望风　　的　难友　就　　咳　　　　起　嗽　来。

見張る　DE　獄友　すぐ　（咳を）する　QI-咳-LAI

スパイが近づくと、見張っていた仲間はすぐに咳をし始めた。

c. 老　　　　　　红军　忘情地　哼

歳を取った　紅軍　夢中に　低い声で歌う

起　当年　反　　"围剿"　　的　歌　来。

QI-当時　抗する　包囲討伐　DE　歌-LAI

年寄りの元紅軍兵士は我を忘れて、「包囲討伐」に抗していた当時の歌を低い声で歌い始めた。

3.2.5　qilai と le との併用

現代中国語では、始動アスペクトの文法標識 qilai と現実アスペクトの文法標識 le が共起する例が見られる[19]。

(34)a. 上　　　　了　船，他们　就　　谈　　　　了　起来。

搭乗する　LE　船　3PL　すぐ　話し合う　LE　QILAI

船に乗ると、彼らはすぐに話し合いを始めた。

b. 老景　问　了　些　情况，然后　突然　沉默　　了　起来。

人名　聞く　LE　CL　状況　その後　突然　黙り込む　LE　QILAI

景さんは状況を少したずねて、その後突然黙り込んだ。

c. 院子　里　的　几　个　孩子　不一会　吵　了　起来。

庭　LOC　DE　NUM　CL　子ども　ほどなく　騒ぐ　LE　QILAI

庭にいる何人かの子どもがほどなくして騒ぎ出した。

qilai は非完結アスペクトの形式の1つであり、le は完結アスペクトの形式の1つである。意味特徴が違うものの、共起可能であるのはなぜであろうか。この現象は言語表現が複雑であることを示唆する。

アスペクト形式の併用は多くの言語に観察される現象である。例えば英語

---

19)　文末の"了"は語気助詞、もしくは語気助詞と現実アスペクトの le との融合であるため、qilai と le との併用を考察する際、文末の"了"を一旦除外し、le と qilai が文中（厳密にいえば動詞の後の成分として）で共起する事例のみを挙げることにした。

には完了と進行アスペクトがあり、さらには完了形進行アスペクトがある（例
えば、I have been reading.）[20]。筆者は 2.3.1 で、現実アスペクトの文法標識
le と短時アスペクトの文法標識である動詞重ね型が共起する状況を考察し
た。一般には、アスペクト形式の併用は、アスペクトの意味の総和を表す。
例えば、"他笑了笑"（彼はちょっと笑った）のような短時アスペクトと現実
アスペクトの併用は、文において表される事態が短時のものでもあれば、現
実のものでもあることを示し、現実短時アスペクトと呼ぶことができる。本
書は、アスペクトの意味の総和は階層的に組み合わさった関係にあると考え
る。始動アスペクトと現実アスペクトの形態の併用も、アスペクトの意味が
階層的に組み合わさった関係であるため、現実始動アスペクトと呼ぶことが
できる（例："他笑了起来"［彼は笑い出した］）。次の節で取り上げる継続ア
スペクトの文法標識 xiaqu も現実アスペクトの文法標識 le と併用でき（例：
"他喝了口水，又接着讲了下去"［彼は水を 1 口飲み、また話を続けた］）、現実
継続アスペクトと呼ぶことができる。現代中国語におけるこれら 3 種類のア
スペクト形式が併用される際の階層的組み合わせ関係は次のように図式化で
きる。

(35) a. 他　　笑　　了　　笑。　　　（現実短時アスペクト）

　　　3SG　笑う　LE　笑う

　　　彼はちょっと笑った。

　　　　　　他笑笑
　　　　　　　　他笑了

　　b. 他　　笑　　了　　起来。　　（現実始動アスペクト）

　　　3SG　笑う　LE　QILAI

　　　彼はちょっと笑った。

　　　　　　他笑起来
　　　　　　　　他笑了

---

20)　Quirk ほか（1985：188-189）参照。

c. 他　　讲　　了　　下去。　　（現実継続アスペクト）

3SG　話す　LE　XIAQU

彼は話し続けた。

> 他讲下去
>> 他讲了

　ここでは現実始動アスペクトが成立した要因について考えてみる。始動アスペクトは事態の始点を表す。始点は事態の一部であり、また事態が続くだろうという予測的意味が始動アスペクトに含意されるため、始動アスペクトを非完結アスペクトと見做している。ところが、見方を変えれば、話し手は事態の始点を相対的に完結している一部分として捉えることも可能である。なぜなら、始まりには点的な特徴があり、完結性を比較的容易に感じとることが可能であるからである。話し手はまず事態の始まりに気づき、その後、始点を相対的に完結している部分として観察を行なう（よって現実始動アスペクトが階層的な組み合わせだと考えられる）。言語においては、このようにアスペクト形式の併用によって、この複雑な観察の仕方を反映させるのである。それとは対照的に、持続アスペクトで表される事態は、観察の視点から言えば、双方向に広がり得るという特徴があり、観察対象は定位の点ではないため、事態の相対的完結性が感じられない。そのため、現代中国語には持続アスペクトと現実アスペクトが併用される形式がないわけである[21]。そのほか、中国語には"*他笑过笑"のような経験短時アスペクトも"*他笑过起来"のような経験始動アスペクトも存在しない[※3]。

---

21)　英語に完了アスペクトと進行アスペクトが併用される形式があるが、それは英語の完了アスペクトに「終点志向」の意味があるためなのかもしれない。中国語の現実アスペクトとの異同を明らかにする対比的研究が俟たれる。

※3　階層的な組み合わせに基づくアスペクト形式の併用という考えでは、同じく完結的アスペクトに属する経験アスペクトの guo を用いた"*他笑过起来"が成立しないことを説明しにくいのではなかろうか。むしろ、[V・le・X・Y]構造（X・Y は移動の経路と直示を表す方向補語であるが、それを出自とするアスペクト形式の qilai や xiaqu も含む）の le はアスペクトの le ではなく、「動き」を描くためのものであり、V と XY のあいだに le を挟むことでそれを実現しているという見方（島津幸子［2017］の注 5 と注 11 を参照）に説得力がある。それを敷衍した島津幸子（2017）は、[V・X・Y]は動態的な事態の

156

　まとめると、始動アスペクトは事態が始まり、なおかつ続くことを表す。その文法標識 qilai は目下まだ発達途中にあり、比較的顕著な語彙的意味を有する。qilai で表される事態は始点における変化であり、強い動態性を有する。qilai はよく形容詞と共起する。目的語を伴う文においては qilai が分離して使われるが、意味は変わらないため、始動アスペクトの異形態と考えられる。qilai は現実アスペクトの文法標識 le との併用が階層的に組み合わさったものとして可能であり、事態の始まりの相対的完結性を示す。

3.3　継続アスペクト：“下去”-xiaqu

3.3.1　xiaqu について

　始動アスペクトと同様に、継続アスペクトも事態の内部に着目し、時間の推移における事態の構成を観察する非完結アスペクトの一種である。しかし、継続アスペクト形式である xiaqu は、qilai よりも遅く機能語化された。王力（1944）の考察によると、18 世紀に出版された『紅楼夢』には持続アスペクトの意味を表す xiaqu が見当たらない。継続アスペクトの意味特徴は、事態の内部構造のある点において持続し続けることを示すことであり、xiaqu でマークされる。

　xiaqu の語彙的意味は、高い所から低い所への空間移動である[22]。

(36) a. 他　　把　石头　推　　下去　　　　了。
　　　 3SG　BA　石　　押す　降りていく　SFP
　　　 彼は石を突き落とした。

　　 b. 同学们　　　一窝蜂地　　　　　　　　　　冲　　　下去　　　　了。
　　　 同級生たち　蜂の巣をつついたように騒いで　突進する　降りていく　SFP
　　　 同級生たちはわっとかけ降りていった。

動態性を捨象してあくまで静態的な述べ方であるに対し、［V・le・X・Y］は動態をのまま描くことができる形式だと結論づけている。（参考：島津幸子［2017］「V・le・X・Y の意味機能」（『楊凱栄教授還暦記念論文集中日言語研究論叢』，661-678，朝日出版社）
22)　鄧守信（1975：192-196）参照。

c. 张林　二话　　没　说　　就　　跳　　下去　　　　了。

人名　二の句　NEG　話す　すぐ　跳ぶ　降りていく　SFP

張林は二の句を継げずに、飛び降りた。

xiaqu は中国語の歴史的推移に伴い、次第に時間的な意味を表せるように
なった。

(37) a. 仗　　这样　　　　打　　下去，老本　都　　　要

戦い　このように　やる　XIAQU　元手　全て　AUX

给　　　　拼　　光　　了。

…される　勝負する　尽す　SFP

このように戦いを続けると、元手は全て費やし尽くされるのだ。

b. 天气　再　　　冷　下去，屋里　就　　　得　生火　　　了。

天気　これ以上　寒い　XIAQU　屋内　すると　AUX　火をおこす　SFP

これ以上寒くなると、屋内も火をおこさないといけない。

c. 这　病　　耽搁　　　下去，治　　　起来　就　　难　　了。

DEM　病気　引き延ばす　XIAQU　治療する　QILAI　すると　難しい　SFP

この病はこのまま放置を続ければ、治りにくくなる。

継続アスペクトの形式は、主に時間的意味を表す xiaqu である。"仗这样
打下去"（戦いがこのように続いていく）は戦いがすでに起こっていて、なお
かつ続くことを表す。xiaqu は事態の継続を表し、また同時に事態がある程
度持続してきたという意味も含意する。事態の内部構成を観察していること
から、非完結アスペクトに属すると認められる。

3.3.2　xiaqu の動態性

xiaqu は事態内部の継続を表すため、qilai と同様に動態性を有する。しかし、
xiaqu で表されるのは事態の始点における変化ではなく、事態の途中におけ
る継続性である。xiaqu は持続アスペクトの zhe とも異なる。zhe で表され
るのは事態が双方向に広がり得ることであるのに対し、xiaqu で反映されて
いるのは、一方向的な広がりだけである。つまり、先（＝未来）への広がり
ということである。継続アスペクトは事態が先へと広がることを述べるだけ

で、継続点より前の状況は重要視しない。実際には表される事態が継続点の前で一時的に止まったり、別の事態が割り込んだりすることがある。

(38)a. 他　　停下来，　清　　　了　清　　　嗓子，

　　　　3SG　止まる　　清める　LE　清める　喉

　　　　又　　継続　　　説　　下去。

　　　　また　継続する　話す　XIAQU

　　　彼は話を中断して※4、咳払いをしてからまた続けた。

　　b. 王海　走　累　　　了，扶　　着　墙　喘　　　　　了

　　　　人名　歩く　疲れる　SFP　支える　ZHE　壁　（息を）つく　LE

　　　　几　口　气，又　接着　　走　　下去。

　　　　NUM　CL　息　また　引き続き　歩く　XIAQU

　　　王海は歩き疲れた。壁によりかかり何回か大きく深呼吸して、また

　　　歩き続けた。

　　c. 几　个　哥们　打　　了　半天　牌，　　吃　　了　夜宵，

　　　　NUM　CL　仲間　する　LE　半日　トランプ　食べる　LE　夜食

　　　　又　　継続　　　打　下去。

　　　　また　継続する　する　XIAQU

　　　仲間の何人かはずいぶん長いあいだトランプをやり、夜食を食べて

　　　から、またトランプを続けた。

　例(38)aの"他说话"（彼は話す）を1つの事態とするならば、この事態がその途中のある1点まで進んでいた時点で中断され、他の事態（"清嗓子"[咳払いをする]）に割り込まれてから再び続く（改めて始まる）のである。したがって、xiaqu は事態が途中（中断かどうかは問題にならない）から継続するという動態性を表すという点において、qilai の始点における変化と

───────────────

※4　"下来"は高い場所から話し手がいる、もしくは視点を置く低い場所へ主体が移動することを表す（＝下って来る）ほか、動作の完遂を表すこともある（場合によってそこに動作の結果としての状況が安定し落ち着くという意味も含む）。後者は時間的な意味を有するようだが、著者は"下来"をアスペクト形式に加えていない。著者は、"停下来"（止まる）のようなものを"吃饱"（食べておなかが一杯になる）、"看懂"（見て理解する）同様、「結果動詞」と見做しているのかもしれない。

159

も異なるし、zhe の中断なしの持続的変化とも違うわけである。

3.3.3　事態を分解する xiaqu

　継続アスペクトはある事態を分解することを表す。この分解は次の2点に現れている。1つ目は、中断なしの事態がある点まで進んでまた継続していくが、継続点の前と後がつながっている。xiaqu を用いた話し手は事態全体に対する分解的観察を表現するのである。例（37）の文はこのタイプに属する。時間軸上では、図3-8のように図式化できる。

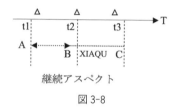

継続アスペクト

図3-8

　事態はB点を境目として、AからBとBからCのように2段階に分けられている。Bは継続点であり、事態の中の観察されるポイントでもある。xiaqu は事態がBの後にも継続するということを強調するが、Bの前の状況は強調しない。

　継続アスペクトが表す分解の2つ目は、事態がある点まで進んでから中断され、他の事態に割り込まれ、その後にまた再開し継続していくことを表す。継続点は事態の後半だけとつながり、前半とは接続されていない。例（38）の文はこの類に属する。時間軸上では、図3-9のように図式化できる。

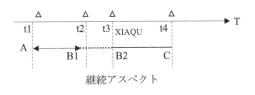

図 3-9

　事態は B を境目として、A から B1（以下、AB1 と記す）と B2 から C（以下、B2C と記す）という 2 段階に分けられている。しかし、この 2 段階はつながっていない（B1 と B2 のあいだに他の事態が起きている）。B2 は継続点であり、xiaqu が反映しているのは連続していない事態の継続なのである。実は、AB1 と B2C を 2 つの事態と見做すことができ、AB1 から見れば B2 以降は継続であるが、B2C から見れば、B2 はむしろ始まりとなる。したがって、黎錦熙（1955）が動詞の後続形式である xiaqu を「始まったばかりの継続」とした理由が理解できる[23]。

3.3.4　xiaqu と le の併用

　現代中国語において、継続アスペクトの文法標識 xiaqu も現実アスペクトの文法標識 le と併用されることがある。

（39）王虎　看　　了　連長　一　　　眼，又　　説　　　了　下去。
　　　人名　見る　LE　連長　NUM　目　また　話す　LE　XIAQU
　　　王虎は連長を一眼見て、また話を続けた。

xiaqu で分解された事態は意味的に関連するが、独立した 2 つの事態と見做せる。継続アスペクトは分解後の後続事態が続けて開始されるという意味を表す。そのため、相対的完結の意味を獲得している。また見方を変えれば、ある事態がある点まで進んで、さらに継続していくという場合、その継続点も相対的完結の一部分と見做せる。話し手が事態の継続に気づき、さらにそ

23）　黎錦熙（1955：145）参照。

161

の継続点が相対的完結の現実だと認識すると、xiaqu と le を併用してこの観察を反映させるのである。xiaqu と le の併用も意味的に階層的な組み合わせである（3.2.5 参照）。

　まとめると、継続アスペクトは事態がある点まで進み、さらに継続するということを表す。継続アスペクトの文法標識 xiaqu で表される事態は動態性を有する。継続アスペクトは事態に対する分解（つながっている分解とつながっていない分解）を表す。分解後の事態はある意味で独立した事態と見做せるため、xiaqu は le と併用でき、事態の継続が相対的完結の現実であることを表す。

3.4　終わりに

　現代中国語のアスペクトは複雑な体系を持ち、アスペクトの意味を担う形式も多種多様である[24]。まず、動詞がアスペクトの意味を反映する。シチュエーション（活動・達成・到達・状態）に基づく動詞の分類がまさしくアスペクトの意味に着目してできた分類である。瞬間動詞と持続動詞という用語もアスペクトの意味に注目してできたものである。これらは語彙固有のアスペクトの意味（inherent aspectual meaning）だと考えられる。副詞にもアスペクトの意味を表す機能がある。最も典型的なのは"在 zài"（…しているところだ）である。多くの研究者は"在"が動作の進行を表すと考えている[25]。このほか、語気助詞もアスペクトの意味に密接に関連している。"了"は動的変化を反映し、"呢"は事態の持続を表し、"来着"は近過去の事態を

---

24)　例えば、呉為章（1987：66）では次のように述べている。「現代中国語においてアスペクトを表す手段は時制の助詞のみではない。qilai、xiaqu、動詞の重ね型、助動詞、時間副詞などにもアスペクトを表す機能がある。」

25)　例えば、陳剛（1980）は中国語と英語の進行の意味を表す形式を考察した際、中国語では"在"あるいは"呢"で進行を表すと述べている。李訥ほか（1983：214）は中国語にはアスペクトを表す形式が 5 つあり、そのうちの 1 つは「進行中の行動を表す」"在"であり、そのほかの 4 種類は le、zhe、guo、動詞の重ね型である、としている。馬希文（1987）は北京語には「進行アスペクト」らしきものが存在せず、"在"にはアスペクト以外の意味があるとしている。

表し、"看" は近い未来における試みという事態を表す。動詞の直後に付く "得""不" も動作の可能性というアスペクトの意味を反映し、動詞の前に付く "一" は一瞬に過ぎ去る動作を表す[26]。

　本書は主に動詞の形態変化で表されるアスペクトの意味を考察し、その上でそれらをアスペクトという範疇の内容にまとめている。アスペクトの意味は文の意味の一部であり、文中の各成分による互いの制約を受けながらも、共同で表されるものである。本研究の目的を達成する必要性から、本書では文のアスペクトの意味をアスペクトの文法標識が担っているものと見做している。これはアスペクトの意味を研究するのに有効な方法であるが、決して唯一の方法ではない。

　文のアスペクトの意味はテンスの意味ではない（時間軸上への位置付け機能を持たないため[27]）ものの、時間という概念とは密接に関わっている。例えば、短時アスペクトは文で表される事態が占める時間量（長さ）を特に強調するものであり、持続アスペクト、始動アスペクト、継続アスペクトで表される事態はいずれも時間的な広がりを持つ。また、経験アスペクトの1つの重要な意味特徴は時間軸上の経過性である。さらに現実アスペクトは参照時点から言えば、已然の意味を有する。

　文は事態を表すためのものであり[28]、アスペクトは話し手の事態に対する観察を反映するものである。事態を分解せず、その外部から観察して表されるのは完結アスペクトであり、事態の内部構成を観察して表されるのは非完結アスペクトである。完結事態の已然性への観察を反映するのは現実アス

---

26)　Yakhontov（1958：158-166）参照。

27)　時間軸上への位置付け機能とは、Comrie（1976：5）の説明によれば、現在の時点（場合によってはその他の時点）を基点にする時間的な定位（locate situation in time）という機能を指す。英語のアスペクト（aspect）にはこのような機能がなく、時制（tense）という文法範疇にはあるのである。

28)　張秀（1959）は次の4種類の状況のいずれも事態と認めてよいとしている。(1) ある主体がある動作を行なう（例："我说话"［私は話す］）。(2) ある主体がある状態を経験する（例："我很高兴"［私は嬉しい］）。(3) ある主体がある性質や特徴を持つ（例："这朵花是红的"［この花は赤いものだ］）。(4) ある主体がある類別に属する（例："我是学生"［私は学生だ］）。参考に値する。

ペクトであり、経過性への観察を反映するのは経験アスペクトである。短時という特徴に注目しているのは短時アスペクトである。非完結事態の内部における持続性[29]に注目しているのは持続アスペクトであり、ある点の後に継続する（または事態の途中からスタートする）という特徴に着目しているのは継続アスペクトである。よって、アスペクトが時間の推移における事態の構成を観察する方法であると主張するのである。

異なる角度から、異なる方式で観察して得られたアスペクトの意味は文において特定の文法形式によって表され、その言語のアスペクト範疇を形成する。本書は、現代中国語においてアスペクトの意味を表す諸形式を考察した。これらの形式がアスペクトの意味を表す機能は、中国語の長い発展過程で次第に形成されてきたものであり、le、zhe、guo のように機能語化の度合いが高いものもあれば、qilai、xiaqu のように低いものもある。また、文の述語になるほか、特定のアスペクトの意味を表す動詞の重ね型のように、動詞そのものの形態変化もある。これらのアスペクトの形式は依然として発達途中にある。

現代中国語において、これら 6 種類のアスペクト形式は複雑な用法を持つ。時間軸上において、簡単な比較対照をすれば、次の図 3-10 のように説明が可能である。

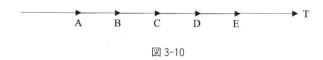

図 3-10

図 3-10 で、B から D（以下、BD と記す）を持続時間とする事態（瞬間的な事態であれば、BD が 1 つの点になる）があるとする。現実アスペクト

---

29) 「内部における持続性」とは事態そのものの持続を指し、（非完結性の現れとして）時間詞を持たない（例："他走着"［彼は歩いている］）。これと対照の「外部における持続性」は、事態終了後の持続を表す（例："他犠牲三天了"［彼が犠牲になってから 3 日間経った］）。

の le は D または E から、経験アスペクトは E から事態全体を観察する。動
詞の重ね型によって表現される短時アスペクトは A、B、D、E のいずれか
のポイントから事態を観察し、なおかつ BD が短い時間を占めていることを
表す（短時アスペクトはよく未来の事態を表す[※5]ため、A から事態の全体
を観察することが多い）。持続アスペクトの zhe は C の前後にある持続（C
は固定されていない）を、始動アスペクトの qilai は B およびその後の進展
を観察する。継続アスペクトの xiaqu は C（事態の途中にある固定された点）
およびその後の進展を観察する。B または C における実現は、相対的完結
の現実事態と捉えられるため、qilai と xiaqu は現実アスペクトの le と併用
できる。

　6 種類のアスペクトの形態で表されるアスペクトの意味はそれぞれ異な
る。動詞との共起にもそれを窺い知ることができる。qilai と xiaqu は最も強
い動態性を持ち、動作性の強い動詞に用いることが多くある。qilai と形容
詞との共起も比較的強い動態性を持つ。その他の 4 種類の形態の中、le は動
詞との共起において受ける制限が最も少なく、guo がその次であり、zhe が
比較的多くの制限を受ける。動詞の重ね型は使用について大きく制限されて
いる。短時アスペクトの意味特徴に関連する意味制限のほか、動詞の音節数
に関する制約もある。『動詞用法詞典』に基づいて、次の対照表が作成でき
る[30]。

表 3-1　le、guo、zhe、動詞の重ね型と動詞との組み合わせ[※6]

文法標識	＋	％	－	％	（動詞の意味を持たない項目の数）
le	1,198	94.6	68	5.4	（168）
guo	1,168	92.3	98	7.7	（235）
zhe	915	72.3	351	27.7	（712）
重ね型	679	53.6	587	46.4	

※ 5　静的動詞の重ね型はその限りではない。2.3.2 の訳者注 10 参照。
30)　第 2 章注 24 参照。
※ 6　原著では表の「＋」、「－」の数値と「％」の数値に乖離があったため、訳本では再
計算し、修正を加えている。

表3-1 から分かるように、アスペクト形式によって動詞との共起能力にかなりの差がある。動詞の90%以上にleとguoが付き、動詞の4分の1以上にzheが付かず、半分近くの動詞は重ね型を持たない。したがって、動詞にle、guo、zheが付くとか、重ね型があると主張しても、異なるアスペクト形式間の相違が反映されない。

異なるアスペクト形式に担われるアスペクトの意味は異なるという点は、それぞれの否定形式が異なることにも反映されている。leの否定形式は"没（有）"である [31]。guoの否定形式は"没…过"で、その強調される形式が"一次也没…过"（一度も…したことがない）と"从来也没…过"（今まで…したことがない）である。zheの否定形式は"没（有）"と"没…着"である。動詞重ね型の否定形式として"不"と"没"はそれほど観察されないが、朱徳熙（1982）の考察によれば、反語文と"不…不…"構文のみに現れるという [32]。事態が単一のものなのか、それとも複合的なものなのかによって、否定構造の振る舞いが異なり複雑である。アスペクトの意味を表した文とそれに対応する否定の意味のあいだの関係や、その文が否定された場合に生じる意味の変化（Leechは「肯定の事態が否定されると、状態になることがある」と述べている [33]）、および中国語の言語形式における現れをどう説明するかについては、今後のさらなる研究を俟ちたい。

---

31) 陳剛（1981）は老舎の作品を考察対象とし、"没"とleが文中に共起する事例を挙げて、このような構造は少ないものの存在していると述べている。当該論文は『中国語文』1981年第1期に掲載されている。Wang, Willian S-Y（王士元，1965）は"没有"における"有"とleを同じ形態素の異なる語幹による交替と見做す。そうすることによってleとguoの否定形式はともに"没"となる。

32) 朱徳熙（1982 : 68）参照。

33) Leech（1981 : 168）参照。中国語訳版は237頁。

第4章　瞬間動詞

4.0　はじめに

　これまでの章では、ある意味特徴から限定的に抽出できるシチュエーションタイプ（situation type）をまとめ、さらにそのシチュエーションタイプに基づいて動詞のタイプを決め、異なるタイプに属する動詞が受ける統語的制約、およびその制約が意味解釈に与える影響を考察してきた。このような研究手法は、文法分析を精緻化し、文法理論が説明力を増すことに積極的な効果をもたらす。近年、中国語文法研究にこの手法を用いるものも度々見られるようになった。

　例えば邢公畹（1979）は、"結束性"（完了しているかどうか）という意味特徴に基づいて中国語の動詞を完了動詞と非完了動詞に分類している。馬慶株（1981）は非持続動詞、非完結動詞、非状態動詞、状態動詞という4種類の動詞を階層的に分類した。同氏の1988年の論文では、さらに意図性に基づく動詞の分類を試みた。戴浩一（1984）は中国語に活動、状態、到達という3つのシチュエーションがあり、それに応じて動詞も3種類あると述べた。鄧守信（1986）はこの3つのほか、達成というシチュエーションも加えるべきだと主張した。陳平（1988）は中国語に状態・活動・完了・複雑変化・単純変化という5つのシチュエーションタイプがあり、動詞がシチュエーションを反映するのは複雑で、10種類に分けることができると主張した（1.3節参照）。

　本章は主に「瞬間性」という意味特徴を持つ動詞を取り上げるが、このタイプの動詞が受ける統語的制約、および瞬間性が決定づける意味解釈に大きな関心を持つ。以下では zhe の付かない瞬間動詞と zhe が付く瞬間動詞という2種類について、それぞれ考察する。

4.1 zhe の付かない瞬間動詞

　現代中国語の動詞には、"扣留着"（[身柄を]拘束している）や"观看着"（観賞している）のようなzheが付いて持続の意味を表すものもあれば、"*到达着"（"到达"［到着する］）や"*取消着"（"取消"［取り消す］）のように、zhe が付かないものもある。筆者による大まかな統計では、常用される動詞の中でzhe が付かないものは4分の1強ある（3.4 節参照）。zhe が付かない動詞は、意味的に、能力・意志願望（以下「能願」と記す）、属性、心理、行為という4種類に分類することができ、その中では行為を表すものが最も多くを占めている。

　　能願を表すもの："能"（できる）、"能够"（できる）、"可能"（可能性がある）、"可以"（…してもよい）、"应该"（…すべき）、"应当"（…すべき）、"敢"（[勇気があって] できる）、"敢于"（[勇気があって] できる）、"肯"（…したい）、"愿意"（喜んで…したい）、"愿"（喜んで…したい）、"得"（…しなければならない）。

　　属性を表すもの："姓"（[名字を] …という）、"像"（似る）、"相符"（一致する）、"是"（である）、"等于"（等しい）、"属于"（属する）、"总计"（合計する）。

　　心理を表すもの："相信"（信じる）、"佩服"（感心する）、"希望"（望む）、"害怕"（怖がる）、"懂"（分かる）、"喜欢"（好む）、"赞成"（賛成する）、"讨厌"（嫌がる）、"明白"（分かる）、"了解"（理解する）。

　　行為を表すもの："到达"（到着する）、"取消"（取り消す）、"离开"（離れる）、"来"（来る）、"去"（行く）、"开始"（始まる）、"毕业"（卒業する）、"听见"（聞こえる）、"死"（死ぬ）、"脱离"（離脱する）、"停止"（止まる）、"成立"（成立する）、"结婚"（結婚する）、"开幕"（開幕する）。

　能願動詞の最も顕著な特徴は、名詞性（体詞性）の目的語を取らず、述詞性目的語だけを取り※1、le も付かないという点である。能願動詞は、陳述よりも修飾を主な役割とすることから、動詞ではなく「助動詞」と呼ぶのが相応しいとする研究者もいる。属性・関係動詞は事物の性質や事物間の関係を表す動詞で、le が付かない。この 2 つのタイプの動詞は数が少なく、活動的な意味を一切表さない、典型的な静的動詞である。心理・感覚動詞は心理的感覚や心理的動作を表し、"很"（とても）の修飾が受けられる動詞で、通常はleが付かない。一部の心理動詞はle を伴うと、ある状態に入った(entering)ということを表す。例えば、"我相信了他"（私は彼を信じている）は、信じるという状態の終了ではなく、その状態に入り、ずっと続いていることを表す。以上から分かるように、心理・感覚動詞も静的動詞である。静態は活動を反映せず、持続可能であり、瞬間という意味特徴とは相入れない。そのため、zhe が付く能願動詞、属性・関係動詞、心理・感覚動詞はいずれも瞬間動詞ではない。

　zhe が付かない行為動詞が瞬間動詞である。行為動詞は意味的に動作行為の一瞬を表し、それは持続できない。統語的にはアスペクト成分 le を付けることができる。例えば、"我大学毕了业"（私は大学を卒業した）の卒業という行為は一瞬で終わり、ずっと続くことができない。瞬間動詞と持続動詞の比較をすることによって、動詞の瞬間性が統語構造と意味分析に与える影響を探ることができる。

　"死"（死ぬ）は命の終結で、"活"（生きる）は命の持続である。意味的に前者は一瞬で終わる時点があるのに対し、後者は持続可能な時間の幅がある。よって、"死"は瞬間動詞であり、"活"は持続動詞である。動詞のこのようなシチュエーション的意味の差異が統語に反映されると、上述したように、瞬間動詞には zhe が付かず、持続動詞には zhe が付くという現象が生じる。

※1　一般に英語学や一般言語学では法助動詞に分類されるものを、中国語学では動詞の一種と見做し「能願動詞」と呼ぶ。また、中国語の動詞や形容詞は、名詞化を経ずにそのままの形式で主語や目的語になると考えられている。そのため、「能願動詞＋動詞／形容詞」という構造は、能願動詞が述詞（動詞・形容詞）を目的語に取ると分析されているのである。

(1) *他　　死　　　着。

　　　3sg　死ぬ　zhe

(2) 他　　活　　　着。

　　　3sg　生きる　zhe

　　　彼は生きている。

次の例はいずれも不適格な文である。文中にある動詞はいずれも瞬間動詞である。文が不適格なのは、動詞のシチュエーション的意味の「瞬間」と、持続アスペクトの成分 zhe が有するシチュエーション的意味の「持続」が相反するからである。

(3) *职工　　代表　大会　开始　　着。

　　　従業員　代表　会議　始まる　zhe

(4) *前面　来　　着　一　个　人。

　　　前方　来る　zhe　num　cl　人

(5) *部队　离开　　着　这　座　城市。

　　　部隊　離れる　zhe　dem　cl　都市

(6) *夏令营　　　　　到达　　　着　摩天岭。

　　　サマーキャンプ　到着する　zhe　地名

上記の例（3）〜（6）を成立する文にする方法の1つは、持続アスペクト形式の zhe を現実アスペクト形式の le に変えることである。そうすれば、以下の例（7）〜（10）のように適格な中国語文になる。

(7) 职工　　代表　大会　开始　　了。

　　　従業員　代表　会議　始まる　le

　　　従業員代表者会議が始まった。

(8) 前面　来　　了　一　个　人。

　　　前方　来る　le　num　cl　人

　　　前方から1人の人がやってきた。

(9) 部队　离开　　了　这　座　城市。

　　　部隊　離れる　le　dem　cl　都市

　　　部隊はこの街を後にした。

(10)夏令営　　　　　到達　　　了　摩天嶺。

　　サマーキャンプ　到着する　LE　地名

　　サマーキャンプのメンバーは摩天嶺に到着した。

　例（3）〜（6）を成立する文にする別の方法は、瞬間動詞を持続動詞に変えることである。例えば、例（3）の"开始"（始まる）を持続の意味を表す動詞"进行"（行なう）に、例（4）の"来"（来る）を持続可能な意味を表す"站"（立つ）に、例（5）の"离开"（離れる）を"占领"（占領する）に、例（6）の"到达"（到着する）を"守卫"（守る）に変えると、次のように成立する。

(11)职工　　代表　大会　进行　　着。

　　従業員　代表　会議　行なう　ZHE

　　従業員代表者会議が進行している。

(12)前面　站　　着　　一　　个　　人。

　　前方　立つ　ZHE　NUM　CL　人

　　前方に1人の人が立っている。

(13)部队　占领　　　着　这　　座　　城市。

　　部隊　占領する　ZHE　DEM　CL　都市

　　部隊はこの街を占領している。

(14)夏令営　　　　　守卫　着　摩天嶺。

　　サマーキャンプ　守る　ZHE　地名

　　サマーキャンプのメンバーは摩天嶺を守っている。

　時間副詞と共起する場合にも、瞬間動詞と持続動詞のあいだで明らかな違いが見られる。例えば、"一直"（ずっと）は持続的意味を表す時間副詞であり、瞬間という意味特徴と相入れないため、瞬間動詞とは通常共起できず、持続動詞とは頻繁に共起する。次の文を比較されたい。

(15)*他　　一直　　死　　了。

　　　3SG　ずっと　死ぬ　SFP

(16)他　　一直　　活　　　着。

　　　3SG　ずっと　生きる　ZHE

　　彼はずっと生きている。

以下の例は非文法的である。文中に瞬間動詞を用い、さらに持続の意味を表す"一直"（ずっと）を用いると、意味的な不釣り合いが生じるからである。

(17)＊原来　的　协定　一直　　取消　　了。

　　　もと　DE　協定　ずっと　取り消す　SFP

(18)＊玉兰　和　　二娃　一直　　结　　　　　　了　婚。

　　　人名　…と　人名　ずっと　（結婚を）する　LE　結婚

(19)＊工厂　一直　　开除　　违法　　职工。

　　　工場　ずっと　除名する　違法の　従業員

(20)＊吵闹　　　的　声音　一直　　停止　　了。

　　　うるさい　DE　音　　ずっと　止まる　SFP

上記の例を文法的にする1つ目の方法は"一直"の削除である。そうすれば適格な文になる。

(21)原来　的　协定　取消　　了。

　　　もと　DE　協定　取り消す　SFP

　　もとの協定は取り消された。

(22)玉兰　和　　二娃　结　　　　　　了　婚。

　　　人名　…と　人名　（結婚を）する　LE　結婚

　　玉蘭と二娃は結婚した。

(23)工厂　开除　　违法　　职工。

　　　工場　解雇する　違法の　従業員

　　工場は違法行為をした従業員を解雇する。

(24)吵闹　　　的　声音　停止　　了。

　　　うるさい　DE　音　止まる　SFP

　　うるさい音は止んだ。

2つ目の修正方法は"一直"を"突然"（突然に）、"忽然"（突然に）、"马上"（すぐに）、"立刻"（直ちに）などの瞬間的な意味を表す副詞に変えることである。

(25)原来　的　协定　突然　　取消　　　了。

　　　もと　DE　協定　突然に　取り消す　SFP

もとの協定は突然取り消された。

(26) 玉兰　和　　二娃　忽然　　　结　　　　　　了　婚。

　　　人名　…と　人名　突然に　（結婚を）する　LE　結婚

　　　玉蘭と二娃は突然に結婚した。

(27) 工厂　马上　　开除　　　违法　　职工。

　　　工場　すぐに　除名する　違法の　従業員

　　　工場は違法行為をした従業員をすぐ解雇する。

(28) 吵闹　　　的　声音　立刻　　停止　　了。

　　　うるさい　DE　音　直ちに　止まる　SFP

　　　うるさい音は直ちに止まった。

　時間量を表す語句と共起するとき、瞬間動詞と持続動詞の統語的、意味的違いが明らかである。次の文を比較されたい。

(29) 他　死　　了　一百　年　了。

　　　3SG　死ぬ　LE　NUM　年　SFP

　　　彼が死んで100年経った。

(30) 他　活　　了　一百　年　了。

　　　3SG　生きる　LE　NUM　年　SFP

　　　彼は100年間生きている。

　例 (29)(30) はともに成立する文であるが、両者は動詞のシチュエーション的意味が異なるため、動詞と補語（時間表現 "一百年"［100年］）の意味関係も大きく異なる。"死" は瞬間動詞で持続的な意味を持たないため、"死了一百年" の "一百年" は動詞で表される行為が終了後に経過した時間量であり、その行為そのものの持続時間ではない。その行為は時間軸上の１つの時点しか占めないのである。これに対し、"活" は非瞬間動詞で持続的な意味を持つため、"活了一百年" の中の "一百年" は動詞で表される行為そのものが持続する時間量である。その行為はある一定の時間幅を占める。両者は、時間軸上に次の図 4-1 のように図式化できる。

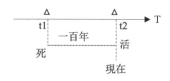

図 4-1

　図の t1 から t2 までの時間の長さは 100 年である。例（29）は、動詞で表される行為 "死" が t1 で起きて、なおかつ瞬間で終わり、発話時点の現在 t2 までは 100 年の距離があるという意味を表す。これに対し、例（30）の意味は、行為の "活" は t1 から t2 までの全過程で起きて、発話時まで持続してきたことを表す。例（29）、（30）の 2 つの文の違いは以下のパラフレーズによっても説明できる。

(31) 他　　一百　年　　前　　死　　了。

　　　3sg　NUM　年　LOC　死ぬ　SFP

　　　彼は 100 年前に死んだ。

(32) 他　　一百　年　　来　　活　　　着。

　　　3sg　NUM　年　以来　生きる　ZHE

　　　(lit.) 彼は 100 年前から生きている（彼は 100 年間生きている）。

　以下は、瞬間動詞と時間量を表す語句が共起するほかの例であるが、動詞で表されるのはいずれも点的なもので、時間量を表す語句はその点的な動作が終わってから経過する時間を表す。

(33) 李庄　　劇団　成立　　両　　年　　多　　了。

　　　組織名　劇団　成立する　NUM　年　余り　SFP

　　　李荘劇団は成立して 2 年余り経っている。

(34) 他　去　了　一会儿　　就　　回来　　　　了。

　　　3sg　行く　LE　しばらく　すぐ　戻ってくる　SFP

　　　彼はしばらく行ったらすぐ戻ってきた。

(35)咱俩　　分別　　　四十　年　了　吧?

　　1PL　　　別れる　　NUM　年　SFP　SFP

　　私たちは別れて 40 年経ったよね。

(36)上海　解放　　　不　　久,　　　　　　他　　去　　　了　北京。

　　地名　解放する　NEG　（時間が）長い　3SG　行く　　LE　地名

　　上海が解放されて間もなく、彼は北京に行った。

4.2　zhe の付く瞬間動詞

　瞬間性とは動詞自体が有するシチュエーション的意味特徴である。統語的特徴は、zhe が付かないこと、"一直"（ずっと）と共起できないこと、時間量を表す語句は動作行為が終わった後に経過する時間を表すことが挙げられる。これらはいずれも瞬間性という性質によって決定づけられている。しかし矛盾しているようだが、シチュエーション的意味として瞬間を表す動詞の中に、zhe と共起できるものが実際には存在する。

(37)张大爷　不停地　　　　　　　咳　　　　　　嗽。

　　人名　　ひっきりなしに　（咳を）する　ZHE　咳

　　張爺さんはひっきりなしに咳をしている。

(38)王奶奶　使劲地　　　　　跺　　　　　　　　　着　　　脚。

　　人名　　力を込めて　（足を）踏みならす　ZHE　足

　　王婆さんは力いっぱい地団駄を踏んでいる。

(39)李书记　一边　　　　听　一边　　　　　点　　　着　头。

　　人名　　…しながら　聞く　…しながら　うなずく　ZHE　頭

　　李書記は聞きながらうなずいている。

　上記例文の動詞 "咳嗽"（咳をする）、"跺脚"（足を踏みならす）、"点头"（うなずく）はいずれも瞬間で終わる動作で、持続しないものである（3.1.2 参照）。そのため、当然のことながら zhe の持続性と矛盾するはずである。ところが、上記の文は現代中国語としていずれも成立する。これらの動詞は zhe との共起のほかに、持続の意味を有する副詞句 "一直在"（ずっと…している）と

共起して適格な文になることがある。

(40)张大爷　近来　一直　　　在　　　　　咳嗽。

　　　人名　　近頃　ずっと　…している　咳をする

　　　張爺さんは近頃ずっと咳をしている。

(41)王奶奶　刚才　　一直　　在　　　　　　跺脚。

　　　人名　　先ほど　ずっと　…している　足を踏みならす

　　　王婆さんは先ほど力いっぱい地団駄を踏んでいた。

(42)李书记　一直　　　在　　　　　听，

　　　人名　　ずっと　…している　聞く

　　　一直　　在　　　　　　点头。

　　　ずっと　…している　うなずく

　　　李書記はずっと聞きながらうなずいている。

　意味的には釣り合わないはずの要素（瞬間志向の動詞 vs. 持続を表す zhe や“一直在”）と組み合わせても適格な文になるのは、何を意味しているのだろうか。まず１つ目は、要素の組み合わせはそれぞれの要素が持つ意味の単純な総和ではなく、もともとの要素の意味を残しつつも、その組み合わせから構造全体としての新しい意味が生じるということである。つまり、全体は部分の総和よりも大きいということを意味する[2]。2つ目は、組み合わせの意味の発生は必ず各要素の意味を拠り所としているということである。言い換えれば、それぞれの要素の意味を分析することは、構造全体の意味を分析する前提となる。3つ目は、意味的に矛盾する2つの要素が組み合わさって矛盾のない構造をなすという現象に対して、意味論的な説明を用意しなければならないということである。

　瞬間で終結する動作を表す“咳嗽”（咳をする）と持続行為であることを求める zhe が組み合わさった“咳着嗽”（咳をしている）は問題なく成立するが、この意味は瞬間と持続のどちらであろうか。それについて母語話者は、

---

[2]　この記述は、構成要素の意味を足し合わせただけでは産出されない「構文の意味」を想定する「構文文法（Construction Grammar）」の基本的考え方を想起させる。

176

持続の意味と判断するだろう（このことは、機能語的な形態素 zhe が内容語的な動詞よりもより「類」の意味合いが強いことを表している。類としての意味[※3]に違反する組み合わせ、例えば "*毕业"［卒業という行為が持続する］が成立しなかったり、先ほど挙げた "咳着嗽"［咳をしている］のように意味的に機能語的形態素が表す「類」の意味合いに近づいたりする）。つまるところ、"咳嗽" は持続アスペクト形式 zhe の影響を受け、意味上の同化が起きているわけである。同化は、形式上は zhe が付くことでもって表され、瞬間動詞が表す行為が複数回実行されることを示すようになり、そして、複数の瞬間的な行為が続いて起きることによって持続性を担保する。"咳着嗽"（咳をしている）と "跺着脚"（足を踏みならしている）は、それぞれ咳という行為と足を踏みならすという行為が何回か続いて起きることを意味するのである[※4]。

　以上の事例のように、zhe が付く瞬間動詞が表す動作は具体的で、反復可能である。以下でさらにいくつか例を提示する。

(43)老人　拍　　着　手　笑　道：　好！　　好！
　　 老人　叩く　ZHE　手　笑う　言う　よい　よい
　　 老人は拍手しながら笑って、「分かった、分かった」と言った。

(44)他　翻　　着　大学　时　　的　日记，回忆　　起　往事。
　　 3SG　捲る　ZHE　大学　とき　DE　日記　思い出す　QILAI　昔のこと
　　 彼は大学時代の日記を捲りながら、昔のことを思い出しはじめた。

(45)芳芳　急　　得　哭　了，敲　着　桌子　　喊　"妈妈！"
　　 人名　焦る　PTC　泣く　SFP　叩く　ZHE　テーブル　叫ぶ　お母さん

※3　ここで言う「類としての意味」は「文法的アスペクトとしての意味」を指すのだろう。
※4　"咳嗽"（咳をする）や "跺脚"（足を踏みならす）などの瞬間的な動作を表す動的動詞（**表 1-3 参照**）は semelfactive verb に該当する。zhe で表される文法的アスペクトとは異なり、semelfactive は語彙的アスペクトに属する。semelfactive verb で表される事態は瞬間的でひとまとまり（perfective）なものとして捉えられる一方、非限界的（atelic）でもある。Comrie（1976：42-43）および Lamarre（2015）(Chinese semelfactives and body movements, D. Xu & J. Fu (eds.), *Space and Quantification in Languages of China*, Springer, 223-247）参照。

芳々は焦って泣いて、テーブルを叩きながら「お母さん！」と叫んだ。

(46) 柱子　心情烦乱地　　　　踢　着　路　上　的　石子。

　　　人名　気分が乱れるほど　蹴る　ZHE　道路　LOC　DE　石ころ

　　　柱子は気分がむしゃくしゃした様子で道の石ころを蹴っている。

　これらの文はいずれも繰り返される動作、つまり複数の動作を反映するものであり、一回のみの動作ではあり得ない。これは動詞で表される瞬間というシチュエーション的意味と zhe で表されるシチュエーション的意味によって形成された矛盾の結果である。矛盾する意味を調和させるような意味解釈はすなわち、複数の瞬間からなる連続・持続である。

　次は動作の回数を反映しない文である。動詞に「瞬間」という意味特徴が含まれないため、これらの動詞で表される動作は1回のみとも複数回とも解釈できる。意味分析の角度から言えば、動作の計数はこれらの文の言語構造間の関係を解釈する上で、価値（value）がないのである。

(47) 老人　握　着　我　的　手　笑　道：　好！　好！

　　　老人　握る　ZHE　1SG　DE　手　笑う　言う　よい　よい

　　　老人は私の手を握りながら笑って、「分かった、分かった」と言った。

(48) 他　浏览　　　　　　着　大学　时　　的　日记，

　　　3SG　ざっと目を通す　ZHE　大学　とき　DE　日記

　　　回忆　　　起　往事。

　　　思い出す　QILAI　昔のこと

　　　彼は大学時代の日記を拾い読みしながら、昔のことを思い出しはじめた。

(49) 芳芳　急　得　哭　了，

　　　人名　焦る　PTC　泣く　SFP

　　　抱　　　　着　妈妈　的　脚　不　放。

　　　抱きしめる　ZHE　お母さん　DE　足　NEG　離す

　　　芳々は焦って泣いて、お母さんの足を抱きしめて離さない。

(50) 柱子　心情烦乱地　　　　盯　着　水　里　的　金鱼。

　　　人名　気分が乱れるほど　見つめる　ZHE　水　LOC　DE　金魚

178

柱子は気分がむしゃくしゃした様子で水の中にいる金魚を見つめている。

4.3　瞬間動詞と瞬間的事態を表す文

瞬間性という意味特徴は、動詞の記述にも文の記述にも用いられる。これまで、動詞で表される動作の瞬間性に着目し、zhe のような持続アスペクトを表す形式や“一百年”（100年）のような時間量を表す成分、“一直在”（ずっと…している）のような時間副詞的な語句、および動作が複数回行なわれるといった意味により生じる意味上の選択や統語的制約を分析してきた。事態が瞬間的であるかどうかを決定するのは文の各構成要素である（それぞれに強弱の差はあるが）。その構成要素の中でも特に、動詞のシチュエーション的意味が基礎となるが、その他の成分も重要な役目を果たしている。

(51) 小王　出去　　　了。

　　人名　出ていく　SFP

　　王くんは出かけた。

(52) 小王　害怕　　　了。

　　人名　怖がる　SFP

　　王くんは怖がっている。

(53) 小王　跑　　　　　　　　　了。

　　人名　早く立ち去る／走る　SFP

　　王くんは逃げた／走った。

問題なく成立する上記３つの中国語文は、瞬間性において異なる。例(51)は瞬間動詞を用いており、文は瞬間的事態を表す。王くんが話し手のいる場所から離れた瞬間、「出ていく」動作が終了することを意味する。例（52）は心理的感覚を表す静的動詞を用いており、文は持続事態を表す。王くんは怖がることを始めてなおかつその状態が続いており、「怖がる」動作が終了していないことを意味する。例（53）で用いられる動詞“跑”は、「早く立ち去る」のように瞬間というシチュエーション的意味も表せるし、また「疾

179

走する」のように持続をも表し得る。つまり、ここの"跑"は2通りの意味があり、言い換えれば、2つの動詞は同形異義である。このため、例（53）は多義性を持つ文である。このことから、上記3つの文で表されるシチュエーションの意味——瞬間なのか、持続なのか——は動詞の意味タイプによって決まるのである。

　ここで、この3つの文に時間量を表す語句を付け加えることで生じる意味変化を考察する。例（54）〜（56）は"半天"（半日／ずいぶん長いあいだ）を用いた例である。

(54) 小王　出去　　　　了　半天　了。

　　　人名　出ていく　LE　半日　SFP

　　　王くんが出かけて半日経った。

(55) 小王　害怕　　　了　半天　了。

　　　人名　怖がる　LE　半日　SFP

　　　王くんは長いあいだ怖がっている。

(56) 小王　跑　　　　　　　了　半天　了。

　　　人名　早く立ち去る／走る　LE　半日　SFP

　　　王くんは逃げて半日経った／半日走っている。

"半天"という時間量の表現が文中に現れたため、文は持続の意味内容を帯びるようになる。ところが、持続する具体的な内容は動詞のシチュエーション的意味により異なる。例（54）の"半天"は「出ていく」動作の終了後に経過した時間量である。例（55）の"半天"は「怖がる」心理的動作そのものが持続する時間量である。上記2つの例に対し、例（56）の"半天"は「早く立ち去る」動作終了後に経過した時間量と、「走る」動作そのものが持続する時間量、という2つの意味を併せ持っている。したがって、例（56）も多義的な文である。3つの文のシチュエーション的意味の違いも、主として動詞のシチュエーションタイプによって決まる。なお、文中1つ目のle は場合によっては削除しても差し支えない。

　上で述べたように、瞬間動詞には2つのタイプがある。1つは zhe が付かないタイプであり、往々にして瞬間的に終結することを意味する。もう1つ

は zhe が付くタイプであり、瞬間的動作の複数（繰り返し）を表す（3.1.2 参照）。この違いは "一下"（1 回、ちょっと）と共起する際に見られる。通常、zhe の付かない瞬間動詞が "一下" を補語に取った場合、"一下" は短時間を意味する。これに対し、zhe の付く瞬間動詞が "一下" を補語に取った場合、"一下" は「短時間」も「1 回」も表すことが可能であり、多義性を持つ構造となる。

(57) 我　　出去　　　一下。

　　　1sg　出かける　1 回／ちょっと

　　　私はちょっと出かける。

(58) 我　　敲　　一下　　　　門。

　　　1sg　叩く　1 回／ちょっと　扉

　　　私は扉を 1 度／ちょっと叩いた。

"*死一下"（"死"［死ぬ］）、"*开始一下"（"开始"［開始する］）、"*离一下婚"（"离婚"［離婚する］）が成立しないことから分かるように、通常、瞬間動詞に zhe が付けられなければ、"一下" とも共起できない。zhe が付く動詞は、動作の終了後に短い時間が経過するという意味を表す。例えば、例（57）の "出去一下" は "出去一会儿"（出かけた後にしばらく経つ）とほぼ同じ意味である。zhe の付く瞬間動詞も通常 "一下" と共起できる。それは動作量（回数）を数えて表せることを示しており、"一下" は "一次"（1 回）に相当するからである（例："点一下头"［1 回うなずく］、"眨一下眼"［1 回瞬く］、"砍一下"［1 回たたき切る］、"踢一下"［1 回蹴る］）。場合によっては瞬間動詞直後の "一下" は時間量を表し、"一会儿"（しばらくのあいだ）に相当するため、多義性を持つ構造となる。例えば、例（58）の "敲一下门" は扉を叩くという動作が 1 回起きるという意味と、しばらくのあいだ扉を叩いているという意味も表し得る。そのため多義的なのである。

　まとめると、動詞の意味特徴から文の各成分のあいだにある意味的な制約関係を明らかにし、意味論的な観点で言語構造の法則性を捉えた上で、形式化された説明を試みる、というのが文法研究を究めていく上での有効なアプローチである。瞬間動詞は動的動詞の 1 つの小分類である。統語的な振る舞

いとしては持続アスペクト形式である zhe が付かないこと、"一直"（ずっと）と共起できないこと、時間量を表す語句が動作そのものの持続時間ではなく、動作終了後に経過する時間を意味すること、が挙げられる。瞬間動詞は意味的に動作行為の瞬間点を表すが、動作性の強い一部の瞬間動詞には zhe を付けることができ、瞬間点が続いて繰り返されることを意味する。瞬間的事態を表す文は主に瞬間動詞がその文のシチュエーション的意味を決めるが、時間を表す成分や動作の回数を表す補語などの文中の成分とも密接な関係を持つ。

第5章　未来の事態を表す文における
　　　　　現実アスペクト le

5.0　はじめに

　"是"（である）、"像"（類似する）、"等于"（等しい）、"属于"（属する）などの数少ない一部の動詞を除けば、現代中国語の大多数の動詞には現実アスペクト形式の le を付けることができる。

(1) 听　　了　小黄　的　　回答，　厂长　　心　里　很　　　高兴。
　　聞く　LE　人名　DE　答え　　工場長　心　LOC　とても　喜ぶ
　　黄くんの答えを聞いて、工場長は心の中でとても喜んだ。

(2) 姑娘　　翻　　　　　翻　　　　　　上嘴唇，
　　女の子　引っ繰り返す　引っ繰り返す　上唇
　　睥视　　　　了　老汉　一　　眼。
　　横目で見る　LE　老人　NUM　目
　　女の子は唇をちょっと尖らせ、老人を横目でチラッと見た。

(3) 他　　这　　一　　走　　　不　　要紧，
　　3SG　DEM　NUM　離れる　NEG　深刻だ
　　可　　害苦　　　了　小　　哥俩。
　　実に　困らせる　LE　若い　兄弟2人
　　彼がふいに去って行ったことは大したことではないものの、若い兄弟
　　2人を大いに困らせた。

　上の例（1）は動詞 "听"（聞く）の直後に、例（2）は「連用修飾―被修飾」構造から成る "睥视"（横目で見る）の直後に、例（3）は「動詞―結果補語」構造から成る "害苦"（困らせる）の直後に、それぞれ le が用いられている。文は現実性という意味特徴を有する事態を表す（2.1.3 参照）。

　le は動詞接尾辞の一種であり、動作の完了を表す役割を持つ。le と動作発

生時間との関係についていえば、動作の発生時間とは関係なく、過去に起きた事柄にも、未来に（想像上）起きる事柄にも用いることができる、というのが中国語学界における共通認識である（朱徳熙 1982：68-69 を参照）。

　上述したように、アスペクト標識の意味と用法を考察するにあたって、動作を表す動詞だけでなく、事態を表す文を出発点にして考えなければならない。こうした考えに基づき、本章は現実アスペクトの形式 le に含まれる時間の意味を考察する。主に le と事態発生時との関係、とりわけ未来を表す文における le を中心に考察する。以下で、単一事態の文、継起的事態の文、条件文[※1]、参照時という 4 つのサブテーマに分けて le について論じる。

5.1　単一事態の文

　現代中国語の現実アスペクトマーカー le の基本的意味は、已然の現実事態を表すことである。通常 le を伴う文で表された事態は過去に発生したものであり、単一事態を表す文の場合は特にそうである。

(4)　小王　　下　　　　　　　了　课。
　　　人名　（授業が）終わる　LE　授業
　　　王くんは授業が終わった。

(5)　这里　出　　　了　什么　事？
　　　ここ　起きる　LE　何　　事柄
　　　ここで何の事故があったのか。

(6)　公安局　逮捕　　　了　会计科长。
　　　警察　　逮捕する　LE　経理課長
　　　警察は経理課長を逮捕した。

(7)　张妈　在　　家　里　请　　　　了　一　桌　　　客人。
　　　人名　…で　家　LOC　招待する　LE　NUM　テーブル　客
　　　張おばさんは自宅に 1 テーブル分のお客さんを招いた。

※1　中国語学では条件複文ともいう。

　以上の例で表されているのはいずれも単一事態で、述語動詞にアスペクト
形式 le が付いており、事態が発生した時間はすべて過去、つまり発話時以
前である。発話時は今現在であるが、それを過去のある一点、つまり過去の
終結点と考えてもよい。例（4）のアスペクト的な意味といえば、「王くんの
授業が終わる」という事態が発話時以前にすでに発生しており、已然の現実
となっていることである。例（5）は、発話時以前にすでにここで何らかの
事故・事件が起きていることを意味する。例（6）は「警察は経理課長を逮
捕する」ことがすでに発生していることを表す。例（7）は「張おばさんが
自宅に客を招く」ことがすでに事実になっていることを表す。これらの文は、
事態がすでに発生済みであるというアスペクト的意味で共通している。

　以上から分かるように、現実アスペクト le は事態の発生時が「過去」で
あるという含意を加える。単一事態を表す文において le が過去時を指すこ
とを証明するのに、2 通りの方法が可能である。その 1 つは、これらの文に
過去を表す語句を加えたあとも文が依然として成立するかどうか、文のアス
ペクト的意味に変化があるのかどうかを考察することである。

(8) 小王　　已経　　　下　　　　　　　了　課。
　　人名　　すでに　（授業が）終わる　LE　授業
　　王くんはすでに授業を終えた。

(9) 剛才　　這里　出　　　了　　什么　事？
　　先ほど　ここ　起きる　LE　何　　事柄
　　先ほど、ここで何の事故があったのか。

(10)前両天，　公安局　逮捕　　　了　会計科長。
　　数前日　　警察　　逮捕する　LE　経理課長
　　数日前に、警察は経理課長を逮捕した。

(11)张妈　上次　在　　家里　请　　　　了　一　桌　　　客人。
　　人名　前回　…で　家　LOC　招待する　LE　NUM　テーブル　客
　　張おばさんはこの前自宅に 1 テーブル分の客を招いた。

　上の例の“已経”（すでに）は時間副詞で、“剛才”（先ほど）は時間名詞で、
“前両天”（数日前）と“上次”（前回）は時間を表すフレーズである。これら

の語句で表される時間的な意味はいずれも過去であり、le と共起しても同じ意味を表し、統語的にも成立する。アスペクト的意味は依然として「過去における現実」である。

　2つ目は、未来の時間を表す語句を加えた文が依然として成立するかどうか、le が未来の時間を表すこれらの語句と共起可能かどうかを考察することである。

(12)＊小王　　快要　　　　下　　　　　　　了　課。
　　　　人名　　もうすぐ　（授業が）終わる　LE　授業

(13)＊等会儿　这里　出　　　了　什么　事？
　　　　後ほど　ここ　起きる　LE　何　　事柄

(14)＊后天，　公安局　逮捕　　　了　会计科长。
　　　　明後日　警察　　逮捕する　LE　経理課長

(15)＊张妈　下次　在　　家　里　请　　　　了　一　桌　　　客人。
　　　　人名　次回　…で　家　LOC　招待する　LE　NUM　テーブル　客

以上の例は文法的にいずれも不適格である。ということは、未来の時間（発話時より後の時間）を表す語句は le と共起できず、両者の意味内容が矛盾するわけである。例（12）の時間副詞"快要"（もうすぐ）は未来を指し、"下了課"（授業が終わった）の le は過去の現実を指す。両者は時間の意味において矛盾するため、文が成立しないのである。例（13）の「動詞＋目的語」フレーズ"等会儿"（しばらく［待つ］）も、例（14）の時間名詞"后天"（明後日）も、例（15）の"下次"（次回）もみな未来の時間を表す語句であり、単一事態を表す文において le と共起できない。これらの文を成立させるためには、現実アスペクトマーカーの le を削除し、未来の意味を表す副詞"要"（…しようとする）や"将"（…するであろう）を付け加えなければならない。

(16)小王　　快要　　　　下　　　　　　　課　了。
　　　人名　　もうすぐ　（授業が）終わる　授業　SFP
　　　王くんは間もなく授業が終わる。

(17)等会儿　这里　要　　出　　　什么　事？
　　　後ほど　ここ　AUX　起きる　何　　事柄

186

後ほど、ここでは何の事件が起きようとしているのか。

(18) 后天,　公安局　将　　　　逮捕　　　会计科长。
　　 明後日　警察　まもなく　逮捕する　経理課長
　　 明後日、警察は経理課長を逮捕するだろう。

(19) 张妈　下次　要　　在　　　家　里　请　　　　　一　桌　　　　客人。
　　 人名　次回　AUX　…で　家　LOC　招待する　NUM　テーブル　客
　　 張おばさんは今度自宅に 1 テーブル分の客を招くつもりだ。

　以上の分析が示すように、le が持つ現実性ゆえに、通常は過去の事態を表す文にしか現れず、未来の事態を表す文には用いられない。未来の事態を表す文において le が用いられるのは、通常複文における条件節などにおいてであり、単一の事態を表す文（すなわち単文）に用いることはほとんどない（5.4 節参照）。過去の事態を表す文においては、le の使用は非常に自由である。だとすれば、現代中国語の le は、一部の研究者によって主張される「事態の発生時と関係しない」というのではなく、事態の発生時と一定の関係があり、「過去における発生」を含意するのである。

　動詞接尾辞 le の用法がこれに限られるのであれば、le を過去時のマーカーだと言ってもよいのかもしれない。そうすれば上で挙げてきた事例や現象が説明できるからである。現代中国語において、le が未来の意味を表す文にも現れ得るという言語事実が、問題を複雑にしているかもしれないが、未来を表す文における le の使用は過去を表す文ほど自由ではなく、le の基本的意味（「すでに発生した現実的事態」を表す）を保持すべく一定の条件を満たさなければならないのである。

5.2　継起的事態の文

　le は通常未来の事態を表す文（単文）では用いられない。未来の事態を le で表す場合は、多く継起的事態を表す複文の先行する事態（条件節）内で用いる（2.1.3 参照）。

(20) 我　　明天　下　　　了　课　给　　你　打　　　　电话。
　　　1SG　明日　終わる　LE　授業　…に　2SG　かける　電話
　　　私は明日授業が終わったらあなたに電話をかける。

(21) 放　　　　　　了　假　我　想　　到　杭州　去　　一　　趟。
　　　(休みに)なる　LE　休暇　1SG　AUX　…に　地名　行く　NUM　CL
　　　休みになったら私は一度杭州に行きたい。

(22) 到　　了　北京　别　　忘记　　去　　看望　　二姨。
　　　着く　LE　地名　PROH　忘れる　行く　見舞う　2番目の叔母
　　　北京に着いたら2番目の叔母さんを訪ねに行くのを忘れるな。

(23) 你　　大学　毕　　　了　业　以后　怎么　办?
　　　2SG　大学　終わる　LE　学業　以後　どう　する
　　　あなたは大学を卒業した後どうするのか。

　上記の例はみな成立する。いずれも現実アスペクトマーカーの le を用いていても、それぞれの文は未来の事態を表し、継起する事態を含んでいる。例（20）に含まれている事態は「授業が終わる」と「電話をかける」の2つである。先行する事態に le が用いられて未来における現実事態を示し、後続する事態には le が用いられず、未来の一般的事態を表す。2つの事態と発話時との関係は図 5-1 のように時間軸上で図式化できる。

図 5-1

　図の t1 は発話時の今を、t2 は未来において継起する事態の先行事態、つまり "下课"（授業が終わる）の発生時を、t3 はその後の事態、つまり "打电话"（電話をかける）の発生時をそれぞれ表す。
　図 5-1 から、le が未来の事態を表す文に用いるのに、いくつかの条件を満

たさねばならないことが分かる。その1つは、事態が2つあることである。
未来の事態を表す単文にはleが用いられないことはすでに述べた。2つ目は、
2つの事態には時間的に継起する関係があるということである。これは、先
行事態の節に、時間的な先行・後続関係を明らかにする"以后"（以後）を
付けることでより明確になる。例（23）はそれである。その他の例は次のと
おりである。

(24) 我　　明天　下　　　了　课　　以后　给　　你　　打　　　电话。
　　　1SG　明日　終わる　LE　授業　以後　…に　2SG　かける　電話
　　　私は明日授業が終わった後にあなたに電話をかける。

(25) 放　　　　　了　假　 以后　我　想　　到　　杭州　去　一　　趟。
　　　(休みに) なる　LE　休暇　以後　1SG　AUX　…に　地名　行く　NUM　CL
　　　休みになった後に私は杭州に一度行きたい。

(26) 到　　了　北京　以后　别　　忘记　　去　　看望　　二姨。
　　　着く　LE　地名　以後　PROH　忘れる　行く　見舞う　2番目の叔母
　　　北京に着いた後に2番目の叔母を訪ねに行くのを忘れるな。

未来における2つの事態が同時に発生する場合にはleを用いることがで
きない。なぜなら、参照時としての役目を果たす、時間的に後に起きる事態
がなければ、先行事態の現実性が担保されないからである。先行事態の後に、
「同時」という時間関係を明示する名詞の"时"（…のとき）を付け加えた文
はみな成立しなくなる。

(27) *我　明天　下　　　了　课　　时　　给　　你　　打　　　电话。
　　　1SG　明日　終わる　LE　授業　とき　…に　2SG　かける　電話

(28) *放　　　　　了　假　 时　　我　　想　　到　　杭州　去　一　　趟。
　　　(休みに) なる　LE　休暇　とき　1SG　AUX　…に　地名　行く　NUM　CL

(29) *到　　了　北京　时　　别　　忘记　　去　　看望　　二姨。
　　　着く　LE　地名　とき　PROH　忘れる　行く　見舞う　2番目の叔母

(30) *你　　大学　毕　　了　业　　时　　　怎么　办?
　　　2SG　大学　終わる　LE　学業　とき　どう　する

以上の例において、leの使用は「電話をかける」などの後続事態に対し、

「授業が終わる」などの先行事態がすでに現実になっていることを意味する。しかし、"时"（…のとき）の使用は、この2つの事態が同時発生的であることを意味するためleと"时"のアスペクト的意味が一致せず矛盾し、文が成立しなくなる。成立させるには、leと"时"のどちらか一方を残せばよい。例えばleを削除し、"时"を残したものが以下の例（31）～（34）である。

(31) 我　明天　下课　　　时　给　你　打　　電話。
　　　1SG 明日　授業が終わる　とき　…に　2SG かける　電話
　　　私は明日授業終了時、あなたに電話をかける。

(32) 放假　　　时　我　想　到　杭州　去　　一　　趟。
　　　休みになる　とき　1SG AUX …に　地名　行く　NUM　CL
　　　休みのとき、私は杭州に一度行きたい。

(33) 到　　北京　时　别　　忘记　去　　看望　　二姨。
　　　着く　地名　とき　PROH 忘れる　行く　見舞う　2番目の叔母
　　　北京にいるとき、2番目の叔母を訪ねに行くのを忘れるな。

(34) 你　大学　毕业　　时　怎么　办?
　　　2SG 大学　卒業する　とき　どう　する
　　　あなたは大学を卒業したら、どうするのか。

　leが未来の事態を表す文に現れる3つ目のタイプは、継起的事態を表す文の先行事態を表す節内である。後続事態を表す節でleは用いられないが、それは「已然の現実」という基本的な意味を担保できないからである[2]。

---

[2]　過去か未来か、単一の事態か複合的（継起的）事態かに関係なく、ある文（節）にleを用いる条件は、その文（節）で表される事態（以下「E」と記す）が「已然の現実」であることである。Eが過去の事態を表す場合、Eは、Eについて語る今現在（発話行為）よりも常に先行する事態であることは自明である。そのため、leは制約なく付けられる。一方、Eが未来の事態の場合は2つのパターンが想定できるが、そのうちの1つは単一の事態の（単文で表される）Eである。単一の事態であるのだから、ほかの事態より先行するという解釈はなされないため、leを用いることができない。2つ目は継起的な一連の事態の中の1つとしてのEである。Eは継起的事態の先行するほうであれば、後続事態の発生までにEが「已然の現実」になっていることが担保されるため、leが用いられる。これに対し、Eが後続するほうであれば、Eよりも後に発生する事態が存在しないため、Eが「已

(35)*我　明天　下課　　　　給　　你　打　　了　電話。

　　　1SG　明日　授業が終わる　…に　2SG　かける　LE　電話

(36)*下个月　放假　　　我　到　　杭州　去　了　一　　趟。

　　　来月　　休みになる　1SG　…に　地名　行く　LE　NUM　CL

(37)*他　大后天　　到　　北京　看望　　了　二姨。

　　　3SG　明々後日　着く　地名　見舞う　LE　2番目の叔母

(38)*你　今年　年底　大学　毕业　　　找到　　了　什么　工作?

　　　2SG　今年　年末　大学　卒業する　見つける　LE　何　　仕事

　現実アスペクトマーカーの le が先行事態と後続事態の両方に用いられた文も成立しない。

(39)*我　明天　下　　了　課　給　　你　打　　了　　電話。

　　　1SG　明日　終わる　LE　授業　…に　2SG　かける　LE　電話

(40)*下个月　放　　　了假　我　到　　杭州　去　了　一　　趟。

　　　来月　　(休みに)なる　LE　休暇　1SG　…に　地名　行く　LE　NUM　CL

(41)*他　大后天　　到　　了　北京　看望　　了　二姨。

　　　3SG　明々後日　着く　LE　地名　見舞う　LE　2番目の叔母

(42)*你　今年　年底　大学　毕　　了　业　找到　　了　什么　工作?

　　　2SG　今年　年末　大学　終わる　LE　学業　見つける　LE　何　　仕事

　le が過去の事態を表す文に用いられた場合は、上記のような制約を受けない。つまり、後続文のみに用いることも、先行節と後続節の両方に用いることもできる。これも le の使用が事態の発生時と密接に関わっていることの現れである。次はいずれも成立する例である。

(43)我　昨天　下課　　　　給　　你　打　　了　電話。(le を後続節に使用)

　　　1SG　昨日　授業が終わる　…に　2SG　かける　LE　電話

　　　私は昨日授業が終わって、あなたに電話をかけた。

然の現実」である解釈の根拠がない。後続事態を表す節に le が用いられないのはこのためなのだというのが著者の主張であると思われる。これに関連して、5.3 節で述べる未来の事態を表す条件文の主節（帰結節）は「参照時間」を持たず、現実性が担保されないのである。また、5.4 節で述べる「参照時」を、E より後に起きる事態（E を述べる発話行為を含む）の発生時と理解されたい。「参照時」の有無は後続事態の有無と読み替えられよう。

(44) 上个月　放假　　　　我　去　了　一　　趟　杭州。(同上)

　　　先月　　休みになる　1SG　行く　LE　NUM　CL　地名

　　　先月の休みに私は杭州に行ってきた。

(45) 他　大前天　　到　了　北京　看望　　了　二姨。(le を 2 つの節に使用)

　　　3SG　先一昨日　着く　LE　地名　見舞う　LE　2 番目の叔母

　　　彼は先一昨日北京に着いてから、2 番目の叔母を訪ねた。

(46) 你　去年　大学　毕　　　了　业　找到　　了　什么　工作？(同上)

　　　2SG　去年　大学　終わる　LE　学業　見つける　LE　何　仕事

　　　あなたは去年大学を卒業して、何の仕事を見つけたのか。

5.3　条件文

　条件文は条件節と帰結節からなる。条件節は仮想的な已然の現実を表し、le が用いられる。帰結節は条件をもとにして推論する事態を表し、通常アスペクト形式 le は付かない。

(47) 工厂　完成　　　了　计划，大家　　都　　能　　增加　　收入。

　　　工場　完成する　LE　計画　みんな　全て　AUX　増やす　収入

　　　工場が計画を完遂させたら、全員が収入を増やせる。

(48) 李姐　去　了　大城市，就　　不　会　再　　来　　看　我们。

　　　人名　行く　LE　大都会　すると　NEG　AUX　また　来る　見る　1PL

　　　李姉さんが大都会に行ったら、二度と私たちを訪ねて来ることはないだろう。

(49) 要是　阿俊　当　　了　组长，我　肯定　　全力　　支持　　他。

　　　もし　人名　なる　LE　係長　1SG　きっと　全力で　支える　3SG

　　　もし俊ちゃんが係長になったら、私は必ず全力で彼を支える。

(50) 你　以后　走上　　了　社会，参加　　了　工作，就　　会　知道

　　　2SG　以後　進出する　LE　社会　参加する　LE　仕事　すると　AUX　分かる

　　　什么　叫　人生　奋斗。

　　　何　　呼ぶ　人生　奮発

君が今後社会に出て仕事をするようになったら、「生きるための努力」
とはどういうことかを知ることになるだろう。

以上の例の条件節と帰結節はいずれも未来の事態を表す。時間的側面から
言えば、条件節が先行し帰結節が後続することが、le が条件節に用いられる
理由になるだろう。なぜなら、時間的に後に起きる帰結事態が提供する参照
時点によって、先行する条件節の現実性が担保され、le の使用がアスペクト
の意味的な要請に合致するからである。帰結節は通常 le を用いないが、そ
の理由の1つは、未来の意味を表す帰結節によく能願動詞が現れることであ
る。例（47）の"能"（可能である）と例（48）の"不会"（はずがない）と例
（50）の"会"（…であろう）などである。現実アスペクトマーカーの le は通
常能願動詞と共起しないのである。次の文は成立しない。

(51)*工厂 完成　　了 计划，大家　都　能　增加　了 收入。
　　　工場 完成する LE 計画　みんな 全て AUX 増やす LE 収入

(52)*李姐 去 了 大城市，就　　不　会 再　来　看　了 我们。
　　　人名 行く LE 大都会　すると NEG AUX また 来る 見る LE 1PL

帰結節に le を用いない2つ目の理由でかつ、1つ目より重要な理由は、未
来の事態を表す条件文の中では、帰結節は参照時間を持たないために、帰結
節の現実性が担保されないということがある。そのため le の使用が制限さ
れるのである。過去を表す条件文であれば、場合によっては le は帰結節に
も用いられる。

(53) 如果 工厂 去年 完成　　　了 计划，那么　　大家　肯定　已经
　　 もし 工場 去年 完成する LE 計画 それなら みんな きっと すでに
　　 上浮　　　了 一　　级　工资。
　　 アップする LE NUM CL 給料
　　 もし工場が去年計画をやり遂げていたら、みんなの給料はきっと1号
　　 アップしていただろう。

(54) 李姐 如果 五　年　前 去　　了 大城市，
　　 人名 もし NUM 年 前 行く LE 大都会

現在　就　　可能　　　　　已経　　当上　了　公司　経理。
今　　すると　…かもしれない　すでに　なれる　LE　会社　社長
李姉さんがもし5年前に大都会に行っていたら、今はもう会社の社長
になっていただろう。

この現象からも分かるように、le は事態の時間と密接な関係を持っている。
過去の事態に用いる場合は、ほぼ制約を受けないのに対し、未来の事態に用
いると、複数の制約がかかる。これは le が已然の現実事態を表すという基
本的なアスペクトの意味に起因する。

le が条件文に用いられるものにはもう1つ特殊なケースがある。未来の意
味を表す条件文で、条件と帰結のあいだに「等しい」意味関係が成立する場
合、帰結節にも le が現れるのである。

(55) 二姐　　　　她们　見到　　了　堂叔，
　　　2番目の姉　3PL　会える　LE　叔父
　　　就　　（等于）　有　了　落脚　　　　　　的　地方。
　　　すると　等しい　持つ　LE　しばらく留まる　DE　場所
　　　2番目の姉たちが叔父に会えたら、しばらく留まる場所を確保できる
　　　ことになる。

(56) 你们　要是　走出　了　京城，
　　　2PL　もし　出る　LE　都
　　　就　　（等于）　失去　了　李　老板　的　庇护。
　　　すると　等しい　失う　LE　人名　社長　DE　保護
　　　あなたたちがもし都を出たら、李社長の保護を失うことになる。

5.4 「参照時」について

中国語は相対時制型で時間を表す。つまり発話時が絶対的な基準になるの
ではなく、事態の発生時とある参照時の前後関係を表現する。上述のように、
le の基本的意味は已然の現実事態を表す。ここで言う「已然の現実」とは、
相対時制、すなわち参照時からの已然の現実を指し、発話時から言う已然の

194

現実ではない。

　言うまでもないが、単一事態を表す文においては参照時と発話時が重なるため、参照時から述べる已然の現実は、発話時から述べる已然の現実である。単一の未来の事態を表す文は、事態が発生するときが発話時より後にあり、参照時の欠如により已然の現実という性質が担保されないため、le がこのような意味を表す文には用いられない。"*我明天下了课"（私は明日授業が終わった）といった文が成立しない理由はここにある。

　過去の事態を表す文は単一事態であれ複合事態であれ、発話時を参照時とすることができるため、「已然の現実」という性質の条件を満たしている。これこそ le が制限なく自由に過去の意味を表す文に用いられる理由である。

　未来の事態を表す文（単文）は、発話時を参照時とすると le が用いられない。なぜなら、已然の現実という性質の根拠がないからである。そのため、未来の意味を表す文の大多数に le が用いられない。未来の意味を表す文における le の使用を可能にするには、「已然の現実」という意味的条件を満たさねばならない。つまり、le の付く文が已然の現実という性質を有することを保証し、参照時は le の付く事態より後になければならない。これは継起的事態を表す文における le が先行事態に用いられ、後続事態に用いられない理由である。

　未来の事態を表す条件文は、帰結節で表される事態の発生時を、条件節で表される事態の参照時としている。そのため le が条件節に用いられ、帰結節には用いられないのである。ただし、条件文の節同士が「等しい」という意味関係を有する場合、le が条件節と帰結節に併用されても差し支えない。

　また場合によっては、未来の単一事態を表す文に le が現れることもある。

(57)下个　星期二, 李　　教授　肯定　　已经　　　到　　　　了　哈尔滨。
　　　次の　火曜日　人名　教授　きっと　すでに　到着する　LE　地名
　　　来週の火曜日には、李教授はきっとハルビンに着いているはずだ。

文中で未来の時間を表す語句 "下个星期二"（来週の火曜日）が用いられるのと同時に、「已然の現実」を意味するアスペクト成分の le も用いられ得る。未来の時間を表す語句と已然の現実を表す le の時間的意味が矛盾するため

に、単一事態を表す文ではこの２つが共起しないことは、すでに説明した。しかし注目に値するのは、例（57）が現代中国語においては問題なく成立するということである。これについてはどう説明すればよいであろうか。

　上記の事例から分かるように、事態の発生時と事態の参照時を区別しなければならない。実は、例（57）の未来時間を表す語句“下个星期二”（来週の火曜日）は“到哈尔滨”（ハルビンに到着する）という事態の参照時であって、発生時ではない（事態は「来週の火曜日」に起きても差し支えないが）。その意味内容は「来週の火曜日以前に」「来週の火曜日あなたが来る前に」などであり、「来週の火曜日」より過去（例えば月曜日）に事態が発生し、参照時の「来週の火曜日」から言えば、文で表される事態の「ハルビンに到着する」は已然の現実である。例（57）を時間軸上に表すと次のとおりである。

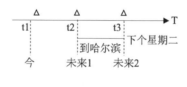

図 5-2

　t1 は発話時の今を指す。t2 は事態の発生時であるが、時間軸上に固定されておらず、t2 から t3 までの任意の点である。t3 の“明天”（明日）は参照時を指す。事態の参照時である t3 は事態の発生時 t2 より前方（時間的には後）にある。これが示すように、例（57）は未来の時間的意味を表す文であるが、le がもつ已然の現実性が担保されているため、依然として文は成立する。

　事態の参照時と事態の発生時は性質が異なる概念である。事態の発生時は文で表される事態の時間的記述をするためのものであり、事態の参照時は事態の性質（例えば已然の現実性など）に対する時間的認定を行なうためのものである。時間を表す語句がある程度選択の幅がある時間ではなく、一点を指す時点を意味するとき、両者の違いはよりいっそう明確になる。

(58) 下个　星期二　晚上　十　　点　钟,
　　　次の　火曜日　夜　　NUM　時　時間
　　　李　　教授　肯定　已经　　到　　　　了　　　　哈尔滨。
　　　人名　教授　きっと　すでに　到着する　LE　　地名
　　　来週の火曜日夜 10 時には、李教授はきっとハルビンに着いているは
　　　ずだ。

　この例における"下个星期二晚上十点钟"（来週の火曜日夜 10 時）は明ら
かに「ハルビンに到着する」という事態に対する時間的記述ではなく、この
事態が已然の現実性を有するということに対する時間的認定である。この事
態は来週火曜日の夜 10 時以前に起こる。そのため、le が問題なく用いられ、
各成分間の意味関係にも矛盾が生じないのである※3。

※3　例（57）のミニマルペアである次の（ⅰ）は成立しない。一方、（ⅰ）のミニマル
ペアである（ⅱ）は成立する。
　（ⅰ）*下个　星期二, 李　　教授　肯定　已经　下　　　了　课。
　　　　 次の　火曜日　人名　教授　きっと　すでに　終わる　LE　授業
　（ⅱ）下个　星期二　上午　十　点　钟, 李　　教授　肯定　已经　下　　　了　课。
　　　　 次の　火曜日　午前　NUM　時　時間　人名　教授　きっと　すでに　終わる　LE　授業
　　　　 来週の火曜日午前 10 時には、李教授はきっとすでに授業を終えているはずだ。
（ⅰ）が成立せず、（ⅱ）が成立するのは、"下个星期二"（次の火曜日）が「授業が終わる」
という事態の発生時としてしか解釈できず、一方の"下个星期二上午十点钟"（次の火曜
日午前 10 時）は参照時として解釈するからである。この事実から分かるように、時間を
表す語句を事態の参照時と解釈できるかどうかは、その事態が「終結点に導くプロセスを
有するか否か」（1.4.2 参照）とその時間を表す語句で表される時間に「選択の幅があるか
どうか」で決まる。「終結点に導くプロセスを有する」事態、もしくは「選択の幅を持た
ない時間の点を表す語句」の場合、その時間を表す語句を参照時として解釈できるのであ
る。例（57）の終結点に導くプロセスを持つ"到哈尔滨"（ハルビンに着く）は"下个星
期二"（次の火曜日）を参照時として解釈することを可能にし、（ⅱ）の"下课"（授業が
終わる）は終結点に導くプロセスを持たないものの、"下个星期二上午十点钟"（次の火曜
日午前 10 時）自体が選択の幅を持たないため、参照時として解釈可能にしているわけで
ある。

第6章　zhe と le の互換性

6.0　はじめに

　現代中国語には、アスペクトの意味を表す典型的な形式が2つある。その1つは、持続アスペクトの zhe、もう1つは現実アスペクトの le である。両者とも統語的に動詞または形容詞直後に付くが、前者は事態の持続を、後者は事態の実現を表す。両者は文法的な意味において明確な違いがあるため、通常は互換できない。互換すると非文法的になったり、意味が変わったりする。

(1) a. 我　看　着　他　不　順眼。
　　　 1SG 見る ZHE 3SG NEG 見る目に心地よい
　　　 彼を見ているとむしゃくしゃする。

　　 b. *我　看　了　他　不　順眼。
　　　　 1SG 見る LE 3SG NEG 見る目に心地よい

(2) a. 我　看　了　他　一　眼。
　　　 1SG 見る LE 3SG NUM 目
　　　 私は彼を一目見た。

　　 b. *我　看　着　他　一　眼。
　　　　 1SG 見る ZHE 3SG NUM 目

(3) a. 我　撕　着　这　部　小说。
　　　 1SG 引き裂く ZHE DEM CL 小説
　　　 私はこの小説を引き裂いている。（事態が持続している）

　　 b. 我　撕　了　这　部　小说。
　　　 1SG 引き裂く LE DEM CL 小説
　　　 私はこの小説を引き裂いた。　　（事態が実現済みである）

ところが、次の文においては、zhe と le の違いが曖昧になり、事態の持続と実現という対立も緩和する。一部の研究者が指摘しているように、zhe と le はこれらの文においては意味の変化を伴わなくても「互換」できる (3.1.4 参照)。

(4) 墙　上　挂　　{着／了}　一　幅　画。
　　壁　LOC　掛かる　ZHE／LE　NUM　CL　絵
　　壁に絵が1枚掛かっている。

(5) 路旁　种　　{着／了}　两　排　梧桐。
　　道端　植える　ZHE／LE　NUM　CL　アオギリ
　　道端にアオギリが2列に植えられている。

(6) 院子　里　停　　{着／了}　三　辆　汽车。
　　庭　LOC　停まる　ZHE／LE　NUM　CL　自動車
　　庭に車が3台停まっている。

(7) 仓库　后面　堆　　　{着／了}　许多　　　木头。
　　倉庫　LOC　積み上げる　ZHE／LE　たくさん　木切れ
　　倉庫の裏にたくさんの木の切れ端が積み上げられている。

(8) 树　底下　站　{着／了}　四　个　人。
　　木　LOC　立つ　ZHE／LE　NUM　CL　人
　　木の下に4人の人が立っている。

(9) 身　后　跟　　{着／了}　几　个　小男孩。
　　体　LOC　付き従う　ZHE／LE　NUM　CL　男の子
　　後ろに男の子が数人ついている。

(10) 嘴　里　含　{着／了}　一　块　口香糖。
　　口　LOC　含む　ZHE／LE　NUM　CL　ガム
　　口にガムを1つ含んでいる。

(11) 围墙　上　写　{着／了}　一　条　标语。
　　塀　LOC　書く　ZHE／LE　NUM　CL　標語
　　塀に標語が1つ書いてある。

このように zhe と le が互換できるのはなぜであろうか。現代中国語のこ

の現象について、筆者は以下のような問題意識を持っている。

① zhe と le は互換可能な文においても違いがあるのか。

②違いがあるとすれば、形式面からそれをどう説明するか。

③違いがないとすれば、zhe と le の互換が可能になる条件をどう説明するか。

④この現象から、文法研究の方法論的意義を見出せないか。

本書の考察方法は、zhe と le が表すアスペクト的意味の違いを切り口にし、互換可能な文法構造を抽象化して基本的構文を抽出する。その上で、

a. その構文の構成要素に対して置き換えテストを行ない、構造の意味に変化が生じるか否かを観察する。

b. その構文の構成要素に対して並べ替えテストを行ない、並べ替えた後にも成立する構造を見出す。

c. その構文に対して付加テストを行ない、アスペクトの成分と共起できない成分を見出す。

まず基本の統語的構文を抽出しておこう。例（4）～（11）から、各構造は3つの部分からなることが分かる。1つ目は文頭にある方位詞フレーズ[1]、2つ目は文の真ん中にある動詞フレーズ、3つ目は文末の（数詞＋量詞＋）名詞フレーズである。抽象化の初歩的段階では、次のような統語的構文が得られる；

　　　方位詞フレーズ＋動詞フレーズ {zhe / le} ＋名詞フレーズ

さらに抽象化した形式にすると、次のようになる。

※1 「方位詞フレーズ」は原文のまま訳出したものである。例（4）～（11）の文頭は全て方位詞フレーズが置かれるが、以下の例のように文頭のフレーズに方位詞が付かなくても zhe と le が互換可能な文も存在する。文頭のフレーズはどれも空間・時間を表すものである点で一致している。

（ⅰ）这　　座　　城市　居住　　｜着 / 了｜　一千万　人口。
　　　DEM　CL　都市　居住する　ZHE/LE　NUM　　人口
　　　この都市に 1000 万人が暮らしている。

（ⅱ）儿童　时代　充满　　　｜着 / 了｜　新奇、　　探求　　和　幻想。
　　　児童　時代　満ち溢れる　ZHE/LE　物珍しい　探究心　と　空想
　　　子どもの時代は好奇心と探究心と空想が満ち溢れている。

NP1 + VP {zhe / le} + NP2

6.1 置き換えテスト

　この構文の中で、筆者が特に注目しているのは動詞または形容詞の直後に
付く zhe と le である。そのため、置き換えテストでは zhe または le を残し
たまま、他の3つの部分に対して置き換えテストを行なう。
　まず、構文の先頭にくる方位詞フレーズ NP1 を人を指す名詞フレーズに
置き換え、文が文法的に正しいかどうかと、意味に変化が生じるかどうかを
観察する。

(12) 王阿姨　挂　　　{*着／了}　一　　幅　画。
　　　人名　　掛かる　ZHE/LE　　NUM　CL　絵
　　　王おばさんは絵を1枚掛けた。

(13) 孩子们　　　种　　{*着／了}　两　　排　梧桐。
　　　子どもたち　植える　ZHE/LE　　NUM　CL　アオギリ
　　　子どもたちはアオギリを2列に植えた。

(14) 张师傅　停　　　{*着／了}　三　　辆　汽车。
　　　人名　　停まる　ZHE/LE　　NUM　CL　自動車
　　　張さんは車を3台停めた。

(15) 伐木工　堆　　　　{*着／了}　许多　　　木头。
　　　伐採人　積み上げる　ZHE/LE　　たくさん　木切れ
　　　伐採人はたくさんの木の切れ端を積み上げた。

(16) 大学生　站　　{*着／*了}　四　　个　人。
　　　大学生　立つ　ZHE/LE　　NUM　CL　人

(17) 李伯伯　跟　　　　{着／了}　几　　个　小男孩。
　　　人名　　付き従う　ZHE/LE　　NUM　CL　男の子
　　　李おじさんは男の子数人の後に{ついている／ついた}。

(18) 郑秀梅　含　　　{着／了}　一　　块　口香糖。
　　　人名　　含む　ZHE/LE　　NUM　CL　ガム

　　鄭秀梅はガムを 1 つ {含んでいる／含んだ}。

(19) 肖书记　写　{着／了}　一　条　标语。

　　　人名　　書く　ZHE／LE　NUM　CL　標語

　　　肖書記は標語を 1 つ {書いている／書いた}。

　例 (12) 〜 (15) では zhe は用いることはできないが、le は用いること
ができる。意味的にもっと完璧な言い方にするならば、場所を表す前置詞フ
レーズを補語として付け加えればいい（例：“王阿姨挂了一幅画在墙上”［王
おばさんは絵を 1 枚壁に掛けた］）。

　例 (16) では zhe も le も用いることができない。それは“站”（立つ）が
1 項動詞であり、2 つの名詞的成分と同時に共起できないからである。

　例 (17) 〜 (19) では zhe も le も用いることができる。例 (17) に le を
用いる場合、意味的にもっと完璧な言い方にするならば、時間量を表す補語
を付け加えればよい（例：“李伯伯跟了几个小男孩好半天。”［李おじさんは男
の子数人の後をずいぶん長いことつけていた］）。例 (18) の人を指す名詞“郑
秀梅”は、動詞“含”（含む）が表す意味の影響によって、“郑秀梅嘴里”（鄭
秀梅の口の中）を表す(3.1.3 参照)。同じタイプの例は他にも多数ある。例えば、
“他‘头上’戴了一顶军帽”（彼は「頭」に軍帽を 1 つかぶせた）、“张源‘身上’穿
了一套运动衫”（張源は「体」にスポーツウェアを 1 セット身にまとった）など
が挙げられる。例 (19) では zhe が用いられているが、より頻繁に見られ
る形式は“在”zài である（例：“肖书记在写一条标语。”［肖書記は標語を 1
つ書いている］）。

　置き換え後の文には共通した意味変化が生じる。NP1 が方位詞フレーズ
の場合、構文は「ある場所にあるものが存在する」という意味を表し、実際
の使用においては zhe が le より多く用いられる。宋玉柱 (1987) の統計によ
ると、両者が現れる比率はおよそ 5 対 1 だという。置換前の文が存在文であ
るのに対し、NP1 を人を指す名詞に変えた場合は、「ある人があることをす
る」という意味を表すようになる。実際の使用においては le のほうが明ら
かに zhe より多く使用される。上で挙げた置き換えに示されるように、ほ
とんどの文で le は用いることができても、zhe は相当数の文で用いること

ができない。またNP1が人を指す名詞でleが用いられる文は叙述文である。

　構文の中段にある「VP {zhe/le}」には、どういったタイプの動詞が置かれるかについては、研究者のあいだで意見が分かれている。多くの研究者は「状態動詞」と呼んでいる。李臨定（1990）によると、大多数の状態動詞にはそれと同形の動作動詞があるという。例えば、状態としての"灯笼在那儿挂着呢"（提灯はあそこに掛かっている）と動作としての"他正挂灯笼呢"（彼は提灯を掛けているところだ）がそれである。黎天睦（1994）は、状態動詞と動作動詞の基本的な区別に関して、前者は文において静止または一種の慣性として現れるのに対し、後者は文において移動または一種の変化として現れるという。以下では構文内の状態動詞を典型的な動作動詞に置き換えた場合の、文の文法性及び生じ得る意味の変化を観察する。

(20) 墙　　上　　选　　　{*着/*了}　一　　幅　　画。
　　　壁　 LOC　選ぶ　　ZHE / LE　 NUM　CL　絵

(21) 路旁　　砍　　　　　{*着/?了}　两　　排　　梧桐。
　　　道端　 たたき切る　 ZHE / LE　 NUM　CL　アオギリ

(22) 院子　里　拆　　　　{?着/?了}　三　　辆　　汽车。
　　　庭　 LOC　解体する　 ZHE / LE　 NUM　CL　自動車

(23) 仓库　后面　烧　　　{?着/了}　许多　　　木头。
　　　倉庫　 LOC　燃やす　 ZHE / LE　 たくさん　木切れ

(24) 树　底下　打　　　{*着/*了}　四　　个　　人。
　　　木　 LOC　殴る　 ZHE / LE　 NUM　CL　人

(25) 身　后　走　　　{着/?了}　几　　个　　小男孩。
　　　体　 LOC　歩く　 ZHE / LE　 NUM　CL　男の子
　　　後ろに男の子が数人歩いている。

(26) 嘴　里　嚼　　{着/了}　一　　块　　口香糖。
　　　口　 LOC　かむ　 ZHE / LE　 NUM　CL　ガム
　　　口にガムを1つ {かんでいる／かんでいた}。

(27) 围墙　上　撕　　　{*着/?了}　一　　条　　标语。
　　　塀　 LOC　引き裂く　 ZHE / LE　 NUM　CL　標語

204

状態動詞を動作動詞に置き換えると、文の文法性と意味の両方に変化が生じる。

動作動詞で表されるのは動的移動や変化であるのに対し、この構文で表されるのは静的状態または慣性であるため、釣り合わないのである。動詞が表す動作の意味によって、上記の例はみな義務的に動的叙述となり、それと一致しない組み合わせは不適合となる。そのため上記の例では、動的・静的の二面性を持つ zhe（3.1.3 参照）よりも動態性を持つ le が選ばれるのである。また、zhe が用いられた文においても、存在ではなく動作の意味が表出される。例えば、"嘴里嚼着一块口香糖"（口の中でガムを 1 つかんでいる）で表されるのは「誰かが何かをする」であり、「どこかに何かがある」ではない。

上記の例は例（26）を除き、基本的に完全な文ではない。通常、動作主を明示しなければ成立しにくい感覚がある（例："我们从墙上选了一幅画"［私たちは壁から絵を 1 枚選んだ］、"他们在路旁砍了两排梧桐"［彼らは道端でアオギリを 2 列たたき切った］、"小王嘴里嚼着一块口香糖"［王くんは口の中でガムを 1 つかんでいる］など）。そのほか、"门外下｛着／了｝雨"（外では雨が 降っている／降った ）に示されるように、動作動詞 "下"（［雨が］降る）には zhe も le も付けられるが、互換は不可能である。なぜなら、互換すれば意味が明らかに異なるからである。つまり zhe は降雨という事態が進行しているのを表すのに対し、le は降雨がすでに現実になったということを表すのである。

構文の後段にある NP2 は数量名構造である。この数量名構造を裸の名詞に置き換えると、どのような意味変化が生じるのかを以下で考察する。

(28) 墙　　上　　挂　　　｛着／了｝　画。
　　　壁　 LOC　掛かる　ZHE／LE　　絵
　　　壁に絵が掛かっている。

(29) 路旁　　种　　　｛着／了｝　梧桐。
　　　道端　植える　ZHE／LE　　アオギリ
　　　道端にアオギリが植えられている。

(30)院子　里　　停　　　{着／了}　汽车。

　　　庭　LOC　停まる　ZHE／LE　　自動車

　　　庭に車が停まっている。

(31)仓库　后面　堆　　　　{着／了}　木头。

　　　倉庫　LOC　積み上げる　ZHE／LE　　木切れ

　　　倉庫の裏に木の切れ端が積み上げられている。

(32)树　底下　站　{着／了}　人。

　　　木　LOC　立つ　ZHE／LE　　人

　　　木の下に人が立っている。

(33)身　后　跟　　　{着／了}　小男孩。

　　　体　LOC　付き従う　ZHE／LE　男の子

　　　後ろに男の子がついている。

(34)嘴　里　含　{着／了}　口香糖。

　　　口　LOC　含む　ZHE／LE　　ガム

　　　口にガムを含んでいる。

(35)围墙　上　写　{着／了}　标语。

　　　塀　LOC　書く　ZHE／LE　　標語

　　　塀に標語が書いている。

　上の例はいずれも問題なく成立する。統語構造から言えば、NP2 は数量を明示する名詞フレーズでもよいし、数量を明示しない裸の名詞でもよい。言うまでもないが、数量の修飾があれば意味の表出がより明確で具体的になり、数量の修飾がなければ意味が抽象的になる。動詞の直後に zhe も le も用いることができる。

　以上の置き換えテストから、この構文の前段にある方位詞フレーズを、人を指す名詞に置き換えた場合と、中段の状態動詞（位置動詞）を動作動詞に置き換えた場合の、表現される状況が比較的複雑である。置換後に成立する可能性が大きく下がり、叙述的な意味が強くなることは分かっているが、zhe と le のどちらを選択するのかについては明確な結論を得られていない。構文の後段にある数量名構造を裸の名詞に置き換えた場合は、文の意味が幾

分抽象的になるが、zhe と le のどちらを用いても文法的である。

6.2　並べ替えテスト

　並べ替えテストとは、文の各構成要素間の意味関係を基本的に変えずに、要素の配列を変更するテストのことである。要素の配列を並べ替えた様々な構文において zhe と le が生起するかどうかが、並べ替える前のものと同じかどうかを明らかにし、その上で zhe を用いた文と le を用いた文の構文的意味が同じであるかどうかを探る。

(36) a. 墙　上　挂　　{着 / 了}　一　　幅　画。
　　　　壁 LOC 掛かる　ZHE / LE　NUM　CL　絵
　　　　壁に絵が 1 枚掛かっている。

　　 b. 墙　上　一　幅　画　挂　　{着 / *了}。
　　　　壁 LOC NUM CL 絵　掛かる　ZHE / LE
　　　　壁に絵が 1 枚掛かっている。

　　 c. 一　幅　画　挂　　{*着 / *了}　墙　上。
　　　　NUM CL 絵　掛かる　ZHE / LE　　壁 LOC

　　 d. 一　幅　画　墙　上　挂　　{着 / *了}。
　　　　NUM CL 絵　壁 LOC 掛かる　ZHE / LE
　　　　1 枚の絵が壁に掛かっている。

　　 e. 挂　　{*着 / *了}　一　幅　画　墙　上。
　　　　掛かる　ZHE / LE　NUM CL 絵　壁 LOC

　　 f. 挂　　{*着 / *了}　墙　上　一　幅　画。
　　　　掛かる　ZHE / LE　壁 LOC NUM CL 絵

　　 g. 墙　上　挂　　{着 / *了}　的　是　　一　幅　画。
　　　　壁 LOC 掛かる　ZHE / LE　DE　である　NUM CL 絵
　　　　壁に掛かっているのは 1 枚の絵だ。

　　 h. 在　墙　上　挂　　{着 / 了}　一　幅　画。
　　　　…で　壁 LOC 掛かる　ZHE / LE　NUM CL 絵

207

壁に絵が 1 枚掛かっている。

i. 一　　幅　画　在　　墙　上　挂　　{着 /＊了}。
NUM　CL　絵　…で　壁　LOC　掛かる　ZHE / LE
1 枚の絵が壁に掛かっている。

j. 有　　一　　幅　画　在　　墙　上　挂　　{着 /＊了}。
ある　NUM　CL　絵　…で　壁　LOC　掛かる　ZHE / LE
壁に掛かっている絵が 1 枚ある。

k. 在　墙　上　有　　一　　幅　画　挂　　{着 /＊了}。
…で　壁　LOC　ある　NUM　CL　絵　掛かる　ZHE / LE
壁に掛かっている絵が 1 枚ある。

　まず、「NP1 + VP {zhe / le} + NP2」という構文に対して各構成要素の並べ替えを行なった結果、並べ替えた後の文の文法性は並べ替える前と同じではない（後者はみな文法的であるが、前者はまちまちである）。また意味内容も、並べ替える前と後では異なる。上記 11 種類の構文で表されるのはいずれも「どこに何がある」という存在の意味である。そのうち 6 種類のみ（b、d、g、i、j、k）に zhe が用いられ、le が用いられないという点で、zhe と le の対立が見られる。ここから分かるように、zhe と le は存在の意味を表す文において役割は同じではなく、互換することはできない。zhe と le ともに用いられない構文は 3 種類あり（c、e、f）、ともに用いることができる構文は 2 種類（a、h）ある。

　動詞の後に時間量を表す "三天"（3 日間）を付けると、le が付かない b、d、g、i、j、k はいずれも文法的になる。それに相反して、もともと付けることが可能であった zhe が付けられなくなる。時間量を表す補語は文に動的な意味を付与する成分であり、このような成分の付加によって、事態の完結アスペクト的意味を確保する「限界性」が確立するのに対し、持続アスペクトの zhe は事態が持続中であることを表す非完結アスペクトに属し、限界的な意味を持たないために、zhe が用いられないのである。例（36）の zhe が付いて le が付かない 6 種類の構文に "三天" を加えると、全て同様の変化が観察される。

(37) b. 墙　上　一　幅　画　挂　{*着／了}　三　天。

　　　壁に 1 枚の絵が 3 日間掛かっていた。

　　d.　一　幅　画　墙　上　挂　{*着／了}　三　天。

　　　1 枚の絵が 3 日間壁に掛かっていた。

　　g.　墙　上　挂　{*着／了}　三　天　的　是　一　幅　画。

　　　壁に 3 日間掛かっていたのは 1 枚の絵だ。

　　i.　一　幅　画　在　墙　上　挂　{*着／了}　三　天。

　　　1 枚の絵が壁に 3 日間掛かっていた。

　　j.　有　一　幅　画　在　墙　上　挂　{*着／了}　三　天。

　　　壁に 3 日間掛かっていた絵が 1 枚ある。

　　k.　在　墙　上　有　一　幅　画　挂　{*着／了}　三　天。

　　　壁に 3 日間掛かっていた絵が 1 枚ある。

6.3　付加テスト

　6.2 節の例（37）が付加テストに相当する。つまり、文に“三天”（3 日間）を付け加え、持続アスペクト zhe や現実アスペクト le との共起可能性を考察するわけである。それによって、le が時間量を表す語句と共起でき、zhe はできないことが分かる。以下では、さらに付加テストを複数回行ない、それぞれの構文に結果補語・様態を表す連用修飾語・時間表現を加え、zhe と le がこれらの成分と共起する際に受ける制約や、文にもたらす変化を考察する。まずは動詞の直後に結果補語の“満”（いっぱいになる）を加えてみる。

(38) *墙　上　挂　満　　　　　　{着／了}　一　幅　画。

　　　壁 LOC　掛かる　いっぱいになる　ZHE／LE　NUM　CL　絵

(39) *路旁　种　満　　　　　　{着／了}　两　排　梧桐。

　　　道端　植える　いっぱいになる　ZHE／LE　NUM　CL　アオギリ

(40) *院子　里　停　満　　　　　{着／了}　三　辆　汽车。

　　　庭 LOC　停まる　いっぱいになる　ZHE／LE　NUM　CL　自動車

(41)*仓库　后面　堆　　　满　　　　　　{着／了}　许多　　　木头。
　　　倉庫 LOC　積み上げる　いっぱいになる　ZHE/LE　たくさん　木切れ

(42)*树　底下　站　　満　　　　　　{着／了}　四　个　人。
　　　木 LOC　立つ　いっぱいになる　ZHE/LE　NUM　CL　人

(43)*身　后　跟　　　　満　　　　　　{着／了}　几　个　小男孩。
　　　体 LOC　付き従う　いっぱいになる　ZHE/LE　NUM　CL　男の子

(44)*嘴　里　含　満　　　　　　{着／了}　一　　块　口香糖。
　　　口 LOC　含む　いっぱいになる　ZHE/LE　NUM　CL　ガム

(45)*围墙　上　写　　　満　　　　　　{着／了}　一　　条　标语。
　　　塀 LOC　書く　いっぱいになる　ZHE/LE　NUM　CL　標語

　以上の例から分かるように、[NP1 + VP {zhe/le} + NP2] という構文
に結果補語"満"を付け加えると、文はいずれも成立しない。文の成立可否
に影響する要因は、"満"と NP2 に含まれる"一幅"（1枚）などの数量表現
が意味的に矛盾することにある（動詞の後の NP2 にある数量表現は、意味
的に［一部の］空間を占める具体的な量を表すものであるのに対し、結果補
語の"満"は全空間を占めるという意味を表す。全ての空間を占める場合は、
通常具体的な量の表明が必要ではないため、上記の文が非文法的になるわけ
である）。補語"満"を残し、数量表現を削除した場合は、le は許容されるが、
zhe は用いられない。

(46)墙　上　挂　　満　　　　　　{*着／了}　画。
　　壁 LOC　掛かる　いっぱいになる　ZHE/LE　絵
　　壁に絵がたくさん掛かっている。

(47)路旁　种　　満　　　　　　{*着／了}　梧桐。
　　道端　植える　いっぱいになる　ZHE/LE　アオギリ
　　道端にアオギリがたくさん植えてある。

(48)院子　里　停　　満　　　　　　{*着／了}　汽车。
　　庭 LOC　停まる　いっぱいになる　ZHE/LE　自動車
　　庭に車がたくさん停めてある。

210

(49) 仓库　后面　堆　　　　满　　　　　　{*着／了}　木头。
　　　倉庫 LOC　積み上げる　いっぱいになる　ZHE／LE　木切れ
　　　倉庫の裏に木の切れ端がたくさん積み上げてある。

(50) 树　底下　站　　　满　　　　　　{*着／了}　人。
　　　木 LOC　立つ　いっぱいになる　ZHE／LE　人
　　　木の下に人がたくさん立っている。

(51) 身　后　跟　　　　满　　　　　　　{*着／了}　小男孩。
　　　体 LOC　付き従う　いっぱいになる　ZHE／LE　男の子
　　　後ろに男の子がたくさんついている。

(52) 嘴　里　含　　満　　　　　　{*着／了}　口香糖。
　　　口 LOC　含む　いっぱいになる　ZHE／LE　ガム
　　　口の中にガムをたくさん含んでいる。

(53) 围墙　上　写　　満　　　　　　{*着／了}　标语。
　　　塀 LOC　書く　いっぱいになる　ZHE／LE　標語
　　　塀に標語がたくさん書いてある。

　以上のことから、当該の基本構文に補語を加えても、文は依然として「ある場所にあるものが存在している」という存在の意味を表すものの、「ある場所であることが実行された」という叙述的な意味合いが強まる。これが故に、現実アスペクト形式の le は持続アスペクト形式の zhe に置き換えることができないのである[2]。

　さらに、この構文に様態を表す連用修飾語を付け加え、文にどのような変化が生じるかを観察する。次の例を見てほしい。

---

[2] 「ある場所であることが実行された」という叙述的（動的）な意味合いが強い例（46）〜（53）において zhe の使用が le ほど自由ではないのは、le が動態性のみの特徴を持つ一方、zhe が静的と動的の二面性を持ち、le よりも動的意味合いが弱いと考えるからであろう（6.1 参照）。しかし、そもそも 1.3.2 で説明されたように、"挂满" などの持続結果動詞は「持続不可能な動作」を表すため、持続アスペクトの zhe と共起しないのだという説明もできるだろう。

(54) 墙　上　　挂　　　歪歪地　{着／了}　一　　幅　　画。
　　　壁　LOC　掛かる　斜めに　　ZHE／LE　NUM　CL　絵
　　　壁に絵が1枚斜めに掛かっている。

(55) 路旁　密密地　　　　　　種　　{着／了}　两　　排　梧桐。
　　　道端　隙間がないように　植える　ZHE／LE　NUM　CL　アオギリ
　　　道端にアオギリが2列に隙間なく植えられている。

(56) 院子　里　整齐地　停　　{着／了}　三　　辆　汽车。
　　　庭　LOC　きちんと　停まる　ZHE／LE　NUM　CL　自動車
　　　庭に車が3台きちんと停まっている。

(57) 仓库　后面　杂乱地　　　　堆　　　{着／了}　许多　　　木头。
　　　倉庫　LOC　ごちゃごちゃ　積み上げる　ZHE／LE　たくさん　木切れ
　　　倉庫の裏にたくさんの木の切れ端がごちゃごちゃに積み上げられている。

(58) 树　底下　隐隐地　　站　{着／了}　四　　个　人。
　　　木　LOC　見え隠れに　立つ　ZHE／LE　NUM　CL　人
　　　木の下に4人の人が見え隠れに立っている。

(59) 身　后　拖拖拉拉地　跟　　　{着／了}　几　　个　小男孩。
　　　体　LOC　ダラダラ　　付き従う　ZHE／LE　NUM　CL　男の子
　　　後ろに男の子が数人ダラダラついていく。

(60) 嘴　里　甜甜地　含　{着／了}　一　　块　口香糖。
　　　口　LOC　甘そうに　含む　ZHE／LE　NUM　CL　ガム
　　　口にガムを1ついしそうに含んでいる。

(61) 围墙　上　模模糊糊地　写　{着／了}　一　　条　标语。
　　　塀　LOC　はっきりせず　書く　ZHE／LE　NUM　CL　標語
　　　塀に標語が1つぼんやりと書いてある。

　様態を表す連用修飾語を付け加えた後 zhe も le も用いられることから、連用修飾語はこの構文にあまり影響しないことが分かる。しかし、使用頻度でいえば、zhe を用いる文がより多く見られる。le は成立するものの、使用頻度が zhe より大きく下回り、語感としても zhe ほどはすっきりしない。

また、同一の語が連用修飾語になる場合と補語になる場合とで、文の文法性に与える影響が異なる。

(62) a. 墙　上　挂　　{着 / 了}　一　　幅　画。
　　　　壁　LOC　掛かる　ZHE/LE　NUM　CL　絵
　　　　壁に絵が 1 枚掛かっている。

　　b. 墙　上　斜　　挂　　{着 /[?]了}　一　　幅　画。── zhe が付く
　　　　壁　LOC　斜めに　掛かる　ZHE / LE　NUM　CL　絵
　　　　壁に絵が 1 枚斜めに掛かっている。

　　c. 墙　上　挂　　斜　　{*着 / 了}　一　　幅　　画。──le が付く
　　　　壁　LOC　掛かる　斜めに　ZHE/LE　NUM　CL　絵
　　　　壁に絵が 1 枚斜めに掛かってしまっている。

以下では、具体的な時間を表す"昨天"（昨日）と汎時的な意味を表す"成天"（いつも）を加え、zhe と le の共起可否を考察する。比較されたい。

(63) 墙　上　昨天　挂　　{着 / 了}　一　　幅　　画。
　　　壁　LOC　昨日　掛かる　ZHE/LE　NUM　CL　絵
　　　壁に昨日絵が 1 枚掛かっていた。

(64) 路旁　昨天　种　　{着 / 了}　两　　排　梧桐。
　　　道端　昨日　植える　ZHE/LE　NUM　CL　アオギリ
　　　道端に昨日アオギリが 2 列に植えられていた。

(65) 院子　里　昨天　停　　{着 / 了}　三　　辆　汽车。
　　　庭　LOC　昨日　停まる　ZHE/LE　NUM　CL　自動車
　　　庭に昨日車が 3 台停まっていた。

(66) 仓库　后面　昨天　堆　　{着 / 了}　许多　　木头。
　　　倉庫　LOC　昨日　積み上げる　ZHE/LE　たくさん　木切れ
　　　倉庫の裏に昨日たくさんの木の切れ端が積み上げられていた。

(67) 树　底下　昨天　站　{着 / 了}四　　个　人。
　　　木　LOC　昨日　立つ　ZHE/LE　NUM　CL　人
　　　木の下に昨日 4 人の人が立っていた。

213

(68)身后　　昨天　　跟　　　　{着/了}几　个　小男孩。
　　体 LOC　昨日　付き従う ZHE/LE　NUM　CL　男の子
　　昨日後ろに男の子が数人ついていっていた。

(69)嘴　里　昨天　含　{着/了}一　块　口香糖。
　　口 LOC　昨日　含む ZHE/LE　NUM　CL　ガム
　　昨日口にガムを1つ含んでいた。

(70)围墙　上　昨天　写　{着/了}一　　条　标语。
　　塀　　LOC　昨日　書く ZHE/LE　NUM　CL　標語
　　昨日塀に標語が1つ書いてあった。

(71)墙　上　成天　挂　{着/*了}一　幅　画。
　　壁 LOC　いつも　掛かる ZHE/LE　NUM　CL　絵
　　壁にいつも絵が1枚掛かっている。

(72)路旁　成天　种　{着/*了}两　排　梧桐。
　　道端　いつも　植える ZHE/LE　NUM　CL　アオギリ
　　道端にいつもアオギリが2列に植えられている。

(73)院子　里　成天　停　{着/*了}三　辆　汽车。
　　庭　　LOC　いつも　停まる ZHE/LE　NUM　CL　自動車
　　庭にいつも車が3台停まっている。

(74)仓库　后面　成天　堆　　{着/*了}许多　　木头。
　　倉庫 LOC　いつも　積み上げる ZHE/LE　たくさん　木切れ
　　倉庫の裏にいつもたくさんの木の切れ端が積み上げられている。

(75)树　底下　成天　站　{着/*了}四　个　人。
　　木 LOC　いつも　立つ ZHE/LE　NUM　CL　人
　　木の下にいつも4人の人が立っている。

(76)身后　成天　跟　{着/*了}几　个　小男孩。
　　体 LOC　いつも　付き従う ZHE/LE　NUM　CL　男の子
　　後ろにいつも男の子が数人ついている。

214

(77) 嘴　里　成天　含　{着 / *了}　一　　块　口香糖。

　　　口　LOC　いつも　含む　ZHE / LE　NUM　CL　ガム

　　　口にいつもガムを 1 つ含んでいる。

(78) 围墙　上　成天　写　{着 / *了}　一　　条　标语。

　　　塀　　LOC　いつも　書く　ZHE / LE　NUM　CL　標語

　　　塀にいつも標語が 1 つ書いてある。

　例 (63) ～ (70) は、時間を表す "昨天"（昨日）を加えたものであり、zhe、le いずれも用いることができる。例 (71) ～ (78) は時間を表す "成天"（いつも）を加えたものであり、zhe は付くが le は付かない。こうした状況から、持続アスペクト形式の zhe と現実アスペクト形式の le は、いわゆる存在文の構文においても依然として異なる意味特徴を有するということが分かる。汎時的な意味を表す "成天" は非完結の意味特徴を持つ持続アスペクト形式の zhe と共起するが、非完結の意味特徴を持たない現実アスペクト形式の le とは共起しないのである。一方、確定された時間を指す "昨天" は zhe と le の両方と共起できる。

6.4　いくつかの結論

　以上の考察をまとめると、以下 5 つの結論が得られる。

　1. 存在文である「NP1 + VP {zhe / le} + NP2」では、持続アスペクト形式の zhe と現実アスペクト形式の le は互換可能であり、「ある場所にあるものが存在する」という意味を有する。しかし、構文的な意味による制約があるため、置換後の統語的、意味的特徴は同一ではない。

　2. 存在文に対し、並べ替え・付加・置き換えなどのテストを行なった結果、zhe と le それぞれ共起可能かどうかが異なることが分かった。「ある場所にあるものが存在する」という構文的な意味を保持しつつ並べ替えた場合、le より zhe のほうがより多く選択される。ところが、時間量を表す補語、結果的様態を表す補語を加えると、文の叙述的な機能が強まるため、le は用いられるが、zhe は用いられない。汎時的な "成天"（いつも）を加えると、文

215

の非完結的な意味特徴が強まるため、zheは用いられるがleは用いられない。構文の各構成要素に対し置き換えテストを行なった結果、zheとleの対応状況は置き換えられた要素によって異なり、より複雑な構図となっている。

3. 動詞の意味的特徴（動態性・静態性）が構造の意味に重要な影響を与えている。例えば"嚼（糖）"（［飴を］かむ）、"下（雨）"（［雨が］降る）、"来（人）"（［人が］来る）、"飞（鸟）"（［鳥が］飛ぶ）といった動的動詞が当該の構造に入ると、文は「ある場所であることが起きる」という意味になる。"看（书）"（［本を］読む）、"踢（球）"（［ボールを］蹴る）、"打（人）"（［人を］殴る）、"敲（门）"（［扉を］叩く）などの動詞は当該の構造に入ることができない。"挂（画）"（［絵を］掛ける）、"坐（人）"（［人が］座る）、"放（物）"（［ものを］置く）、"种（花）"（［花を］植える）といった動詞は二面性を持ち、当該の構造に入ると静的事態である「ある場所にあるものが存在する」という意味になるが、ほかの動的事態を表す構造に入ると、「ある人があることをする」という意味になる。

(79) 林雄　在　　墙上　挂　　　{着／了} 一　幅　　画。
　　　人名　…で　壁 LOC　掛かる　ZHE／LE　NUM　CL　絵
　　　林雄は壁に絵を1枚掛け {ている／た}。

(80) 林雄　在　　路旁　种　　{着／了} 两　排　梧桐。
　　　人名　…で　道端　植える　ZHE／LE　NUM　CL　アオギリ
　　　林雄は道端にアオギリを2列に植え {ている／た}。

(81) 林雄　在　　院子里　停　　{着／了} 三　辆　汽车。
　　　人名　…で　庭　 LOC　停まる　ZHE／LE　NUM　CL　自動車
　　　林雄は庭に車を3台停め {ている／た}。

(82) 林雄　在　　仓库后面　堆　　　{着／了} 许多　　　木头。
　　　人名　…で　倉庫 LOC　積み上げる　ZHE／LE　たくさん　木切れ
　　　林雄は倉庫の裏にたくさんの木の切れ端を積み上げ {ている／た}。

(83) 林雄　在　　树底下　站　　{着／了} 四　个　小时。
　　　人名　…で　木 LOC　立つ　ZHE／LE　NUM　CL　時間
　　　林雄は木の下に4時間立っ {ている／た}。

4.　文法現象を分析するにあたっては、構文的な意味に着目して要素の意味を見出すことができる。また、要素の意味に着目して構文的な意味を探ることもできる。例えば、存在文を分析する際に、構造の「ある場所にあるものが存在する」という存在的意味に着目すれば、その中の動詞（例：“挂”［掛ける］、“种”［植える］）も静的な存在を表すと結論づけられる。もし動詞的要素の動的意味に着目すれば、その構造にも動態を表す機能がある（例：“嘴里嚼｛着／了｝口香糖”［口の中でガムをかん｛でいる／だ｝］）ことが分かる。さらに、構造的意味の角度から出発すれば、全く異なる2種類の意味を持つ形式でさえも、ある構造においてはその意味的な違いが中和されると考えることができる（例えば存在文における zhe と le である。第3章の注5参照）。

5.　文法現象を説明する際に、文法体系に注目しなければならない。zheと le は現代中国語の異なる2つのアスペクトの意味を表す形式であるが、zhe は限界性のない事態の持続アスペクトを表し、le は限界性のある事態の現実アスペクトを表す。これは文法体系がこの2つの文法形式に付与した意味である。zhe も le も存在文に現れることがあるが、両者の統語的・意味的特徴は構文の構造的意味にも影響されるし、文法体系における意味の分業からも影響を受けている。そのため、zhe と le は並べ替え、共起関係、置き換えにおいて異なる様相を見せる。このことから、zhe と le の互換はあくまでも表層的な現象に過ぎず、存在文においても両者の統語的特徴や意味的特徴に相違があることは明らかである。

第7章　泰和方言（贛語）の現実アスペクト

7.0　はじめに

　泰和県は江西省中部の吉泰盆地にあり、北緯 115 度、東経 26.5 度に位置する。現地で話されている言語（以下、「泰和方言」と呼ぶ）は贛語<ruby>贛語<rt>かん ご</rt></ruby>に属する。泰和方言は音韻的特徴に基づき、さらに 5 つに下位分類されるが、本章ではそのうち県政府の所在地で話される方言の現実アスペクトについて記述する。

　現実アスペクト（「完了アスペクト」または「実現アスペクト」とも言う。2.1 節参照）とは、ある参照時から見て、文で表される事態がすでに現実になっていることを表すものである。泰和方言の現実アスペクトを表す文法的形式には、"矣" [i⁴²]、"刮" [kua⁵⁵]、"改" [kue⁴²] という 3 つの形式があるが、そのうちの "改" は "刮" と "矣" の融合形式である。統語的にはいずれも動詞の後ろに現れる。

(1) 渠　　去年　养　　矣　五　　只　　猪。
　　3sɢ　去年　飼う　LE　NUM　CL　豚
　　彼は去年豚を 5 頭飼った。

(2) 我禾　在　　革侯　坐　　刮　半　　工　去矣。
　　1PL　…で　ここ　座る　LE　NUM　日　SFP
　　私たちはここに半日座っている。

(3) 隔壁　个　　细人子　早就　　　吃　　　改　饭。
　　隣家　DE　子ども　とっくに　食べる　LE　ご飯
　　隣家の子どもはとっくに食事を終えた。

　泰和方言においては、上記 3 つの文法形式のほか、動詞の前に置かれる文法形式 "能" [len³³] も現実アスペクトの意味を担う機能語的形態素である。ただし、この形式は疑問文と否定文にしか現れず、疑問を表す現実アスペク

トの形式“阿能”[a⁵⁵len³³]と、否定を表す現実アスペクトの形式“呒能”[m̩⁵⁵len³³]を形成する。

(4) 你禾　咯罗　昨日　阿能　落　　雨?
　　2PL　そこ　昨日　Q.LE　降る　雨
　　あなたのところでは昨日雨が降ったか。

(5) 今日　一　　工　水生　哪当　都　　呒能　　去。
　　今日　NUM　日　人名　どこ　みな　NEG.LE　行く
　　今日一日、水生はどこにも行かなかった。

以下では、泰和方言におけるこれら現実アスペクトを表す文法形式の用法を考察する。

7.1　現実アスペクトを表す“矣”

“矣”は機能語化の度合いがかなり高い現実アスペクト形式であり、自立性が弱く、動詞または形容詞の直後に付いて、事態がすでに現実になっていることを表す。“矣”は動詞または動詞・形容詞からなる様々な文法構造に用いることができる。

(6) 日头　出来　　矣，地下　阿能　干?　　　　　(目的語なし)
　　日　　出てくる　LE　地面　Q.LE　乾く
　　日が出てきたが、地面は乾いたか。

(7) 你　买　矣　闹德?我　买　矣　三　斤　桔子。(目的語あり)
　　2SG　買う　LE　何　1SG　買う　LE　NUM　CL　ミカン
　　あなたは何を買ったのか。私はミカンを1.5キロ買った。

(8) 我禾　等　矣　半　点　零　钟，门　才　打开来。(時量補語あり)
　　1PL　待つ　LE　NUM　…時　あまり　時間　扉　ようやく　開いてくる
　　私たちは30分以上待って、ようやく扉が開いた。

(9) 渠　话　矣　几　次　还　呒能　话　清楚。(数量補語あり)
　　3SG　話す　LE　NUM　CL　まだ　NEG.LE　話す　はっきり
　　彼は何度も話したが、明確には話さなかった。

(10)渠　日日　吃　　　矣 早饭　就　　去出。　　　（継起する動作）
　　3SG　毎日　食べる　LE　朝食　すぐに　出て行く
　　彼は毎日朝食を食べたらすぐに出かける。

(11)我　打烂　　　　　矣 一　只　碗。　　　　（動補構造＋矣）
　　1SG　バラバラに砕く　LE　NUM　CL　茶碗
　　私は茶碗を1つバラバラに砕いた。

(12)一　个　人　做多　　矣 坏事，冒　闹德　好　結果。（動補構造＋矣）
　　NUM　CL　人　多くする　LE　悪事　NEG　何　よい　結果
　　人は悪事をたくさんはたらくと、よい結果は得られない。

(13)我　寻　矣 渠 三　道　都　　呒能　　寻到。 （目的語、補語あり）
　　1SG　探す　LE　3SG　NUM　CL　みな　NEG.LE　見つかる
　　私は彼を3回訪ねたが、会えなかった。

(14)水根　做　木匠　做　矣 一　　生世。（「動詞＋目的語＋動詞＋α」型文※1）
　　人名　する　大工　する　LE　NUM　生涯
　　水根は大工を一生涯やった。

(15)公家　奖　　　矣 一　笔　钱 得　渠。　　　（二重他動詞文1）
　　国　奨励する　LE　NUM　CL　金　…に　3SG
　　国は彼に報奨金を与えた。

(16)公家　奖　　　矣 渠 一　　笔　钱。　　　（二重他動詞文2）
　　国　奨励する　LE　3SG　NUM　CL　金
　　国は彼に報奨金を与えた。

(17)昨日 陈　师傅　　　　　　请　　矣 王 老师 吃　　饭。（兼語文）
　　昨日 人名 技術者に対する敬称　招待する　LE　人名 先生 食べる ご飯
　　昨日陳さんは王先生を食事に招待した。

以上の例にはいずれにも“矣”が用いられており、“矣”のアスペクトの意味を現実性とまとめることができる。例えば、例（6）の“日头出来矣”（日

※1　αには“得＋様態補語”や時間量・回数を表す語句（上で言う「時量補語」と「数量補語」）がくる。

が出てきた) は「日が出てくる」という事態が発話時までにすでに現実になっていることを表す。例 (8) の"我禾等矣半点零钟"(私たちは 30 分以上待った)は「私たちが 30 分以上待つ」が事実になっている。「待つ」という動作が完了しているかどうか、まだ継続するかどうかについては、話し手が言及していないため、文脈で判断しなければならない。後続する「扉がようやく開いた」からは、「待つ」行為が完了したことが分かる。仮に後続する文が"门还呒能开"(扉はまだ開いていない) であれば、「待つ」行為がまだ続く可能性もあるということになる。したがって、"矣"が表す文法的意味は事態の現実性である。さらに言えば、"矣"はある事態の現実性は担保するが、動作そのものの終結は担保しない。これは"矣"の用法を把握する上で極めて重要である。例えば、次の例は"矣"が形容詞の後ろに付いており、動作や動作の終結には関わらないものの、表される事態に現実性があることを表している。

(18) 镬　　里　　个　　水　　而间　　滚　　　矣。
　　　鍋　LOC　DE　水　今　　沸く　LE
　　　鍋の中のお湯が今沸いた。

(19) 晒　　　得　　外头　个　衣服　半　　工　　就　　干　　矣。
　　　干す　…で　外　DE　服　NUM　日　すぐ　乾く　LE
　　　外で干していた服はすぐに乾いた。

(20) 你　　自家　个　面　肿　　矣　都　　呒　　晓得。
　　　2SG　自分　DE　顔　腫れる　LE　さえ　NEG　分かる
　　　あなたは自分の顔が腫れたことすら分からない。

(21) 渠　　姆妈　而间　老　　　矣　蛮　　多。
　　　3SG　母　今　　老ける　LE　とても　多い
　　　彼の母親は、今ずいぶんと老けた。

(22) 饭　　跟　菜　都　冷　矣，热滚　　　冶　再　吃。
　　　ご飯　…と　おかず　全て　冷める　LE　沸騰させる　SH.D　また　食べる
　　　ご飯とおかずが冷めたので、温めてから食べよう。

(23)鶏　阿能　煮烂?　　　　煮烂　　　　矣。
　　鶏　Q.LE　柔らかく煮る　柔らかく煮る　LE
　　「チキンは柔らかく煮たのか？」「柔らかく煮た」

　例（18）（19）のように形容詞が文末にこようが、例（20）（21）のように文中に現れようが、"矣"が形容詞の後に置かれた場合の文法的意味は、形容詞が表す性質や状態がすでに現実になっていることを表す。次に挙げる2点に留意されたい。まず1つ目に、現実であるからといって事態の終結を意味するものではないということである。例（18）に示すように、「鍋の中のお湯が沸く」ことが現実となっても、文で表される事態や形容詞"滾"（沸騰する）で表される状態は決して終わっておらず、依然として持続している。2つ目は、アスペクトの文法的な意味は文で表されるものであり、動詞や形容詞にアスペクト形式を加えただけで担うものではないということである。例えば例（21）は「彼の母親がずいぶんと老ける」がすでに現実になっていることを示しているのであって、形容詞"老"（老ける）がすでに現実になっていることだけを言っているわけではない。また例（12）のように、「人が悪事をたくさんはたらく」ことが現実になることが言及されているのであって、動詞の"做"（する、やる）が現実になることだけを言っているのではない。文法分析の角度から言えば、アスペクトの意味を表す文法形式"矣"、"刮"、"改"などは文全体に付加されるものなのである。

　"矣"と、現実アスペクトを表す別の形式"刮"は、事態の実現を表すという点において共通している。以下の例における動詞・形容詞の後には、"矣"も"刮"も使用でき、置き換えても意味は基本的に変わらない。

(24)我禾　等　{矣/刮}　両　　工　一　　夜。
　　1PL　待つ　LE　LE　NUM　日　NUM　夜
　　私たちは2日間待った。

(25)渠　　踢　{矣/刮}　水生　一　　脚。
　　3SG　蹴る　LE　LE　人名　NUM　足
　　彼は水生をひと蹴りした。

(26) 今日　夜晩　渠　吃　　{矣／刮}　半　斤　焼酒。

　　　今日　夜　3SG　食べる　LE　LE　NUM　CL　焼酎

　　　今晩彼は焼酎を250グラム飲んだ。

(27) 舅舅　上圩　　　　去　{矣／刮}　一　　次。

　　　叔父　市へ出かける　行く　LE　LE　NUM　CL

　　　叔父は市場に一度出かけた。

(28) 昨日　当圩　　　　賺　{矣／刮}　几十　块　钱。

　　　昨日　市の立つ日　稼ぐ　LE　LE　NUM　元　金

　　　昨日の市で数十元稼いだ。

(29) 公公　病　　　　　{矣／刮}　蛮　　久　　　去矣。

　　　祖父　病気になる　LE　LE　とても　久しい　SFP

　　　祖父が病気になってからかなりの時間が経った。

しかし“矣”と“刮”には相違点もある。“矣”は事態が参照時までにすでに現実になることを表すが、その事態の終結や動作対象の完了[※2]は含意しない。“刮”は事態の現実性のほか、事態の終結や動作対象の完了も含意する（詳しくは7.2節参照）。以下の例の“矣”は“刮”に置き換えられない。

(30) 隔壁　请　　　　个　客　一下　来　{矣／*刮}。　　　　　（文末）

　　　隣家　招待する　DE　客　一気に　来る　LE　LE

　　　隣家が招待した客は一気に来た。

(31) 操场　　　浪　立密　　{矣／*刮}　当兵个。　　（動補構造の後）

　　　運動場　LOC　ぎっしり立つ　LE　LE　兵士

　　　運動場に兵士がぎっしりと立った。

(32) 渠禾　吃　{矣／*刮}　饭。　　　　（単純な動詞―目的語）

　　　3PL　食べる　LE　LE　ご飯

　　　彼らはご飯を食べた。

(33) 县　浪　早就　　放　　{矣／*刮}　格　只　片子。（特定の目的語）

　　　県　LOC　とっくに　上映する　LE　LE　DEM　CL　映画

※2　第1章の訳者注14参照。

県城ではとっくにこの映画を上映した。

(34) 旧年　我　做　　屋　　叫　　　{矣 /＊刮}　水根　来　　帮忙。(兼語構造)
　　　去年　1sg　作る　家屋　…させる　LE　　LE　　人名　来る　手伝う
　　　去年私が家を建てたとき、水根に手伝いに来てもらうようにした。

　いわゆる存在文においては、現実アスペクト形式の“矣”は持続アスペクト形式の“到得”と互換できるし、置き換えた後の文もほぼ同じ意味を表す。しかし、文が表す描写性には強弱の変化があり、それぞれの並べ替え構造が適応される条件も異なってくる（第 6 章における共通語の“着”-zhe と“了”-le の互換性に関する考察参照）。以下は泰和方言の“矣”と“到得”が互換可能な例である。

(35) 房間　里　点　　　　{矣 / 到得}　一　盏　　灯。
　　　部屋　LOC　点灯する　LE　ZHE　NUM　CL　ランプ
　　　部屋の中でランプが 1 つ点灯し {た／ている}。

(36) 壁　浪　貼　　{矣 / 到得}　几　　張　年画。
　　　壁　LOC　貼る　LE　ZHE　NUM　CL　年画
　　　壁に何枚かの年画 {を貼った／が貼ってある}。

(37) 門口　　立　{矣 / 到得}　蛮　　　多　人
　　　入り口　立つ　LE　ZHE　とても　多い　人
　　　入り口に人がたくさん立っ {た／ている}。

(38) 桂花　手　浪　提　　　　{矣 / 到得}　両　只　鶏。
　　　人名　手　LOC　ぶら提げる　LE　ZHE　NUM　CL　鶏
　　　桂花は鶏を 2 羽手にぶら下げ {た／ている}。

(39) 禾坪　　　　　　浪　晒　　{矣 / 到得}　番薯。
　　　穀物を干す空地　LOC　干す　LE　ZHE　さつま芋
　　　穀物を干す空地でさつま芋を干し {た／ている}。

　このほか、泰和方言の現実アスペクトを表す“矣”は、文末専用に用いられ変化の局面を表す“去矣”と“来矣”とも若干関わりがある。文中に現れる“矣”と文末に現れる“矣”は発音が同じだからである。しかし、泰和方言における文末の“矣”は独立した形態素ではなく、“去”もしくは“来”

の後に付いて初めて事態の変化という文法的意味を表し得る。したがって、"去矣"と"来矣"は泰和方言における現実アスペクトを表す形式ではなく、主に語気を表す成分だと考えられる。次は文末に"去矣"と"来矣"が用いられる例である。

(40) 水生叔　去　　田　　里　做　　事　　去矣。
　　　人名　　行く　田んぼ　LOC　する　こと　SFP
　　　水生おじさんは田んぼに仕事をしに行った。

(41) 渠　而间　吃　　刮　三　　碗　饭　　去矣。
　　　3SG　今　食べる　LE　NUM　CL　ご飯　SFP
　　　彼は今ご飯を3杯食べた。

(42) 桂花　易得　　　嫁　老公 {去矣 / 来矣}。
　　　人名　もうすぐ　嫁ぐ　夫　　SFP　　SFP
　　　桂花はもうすぐ結婚する。

(43) 天老爷　　要　落　　雨 {去矣 / 来矣}
　　　お天道様　AUX　降る　雨　SFP　　SFP
　　　もうすぐ雨が降りそうだ。

(44) 姨娘　一　　天光　　　就　　到　　　圩　　浪　来矣。
　　　叔母　NUM　夜が明ける　もう　到着する　市場　LOC　SFP
　　　叔母は早くも朝一番に市場に着いた。

(45) 老云盘　水库　修好　来矣。
　　　地名　　ダム　直る　SFP
　　　老雲盤ダムは修復された。

"矣"は泰和方言で最もよく使用され、なおかつ複雑な用法を持つアスペクト形式である。その用法の多くは、他のアスペクト形式と比較することで、よりはっきりと性質が分かるようになる。上で取り上げた、現実アスペクトで完了の意味を伴う形式の"刮"や持続アスペクトの"到得"、文末において変化を表す"去矣"と"来矣"のほか、経験アスペクトの"过"、始動アスペクトの"起来"、継続アスペクトの"下去"、短時アスペクトの"冶"、および疑問文に用いる"阿能"、否定文に用いる"吥能"は、"矣"と比較し

たり"矣"を参照したりして、議論を展開させることができる。

7.2　完了を表す"刮"

"刮"は現実アスペクトを表すもう1つの形式であり、"矣"同様、事態が参照時以前にすでに現実になっているという文法的意味を表す。しかし、"刮"は動作の終結や動作対象の完了を強調する。これが"矣"との重要な違いである。"刮"は動作の回数を表す補語や動作対象の数量を目的語に含む文に用いられる。なぜなら、これらの成分は動作の終結あるいは対象の完了といった意味を文に付与するからである。

(46) 渠　緊是　咳嗽，昨日　咳　　　刮　一　个　夜晚。（時間量表現あり）
　　　3SG いつも 咳をする 昨日 （咳を)する LE NUM CL 夜
　　　彼はいつも咳をしていて、昨日は一晩中咳をした。

(47) 我禾　在　　门口　　坐　刮　半　工。　　　　　　（同上）
　　　1PL　…で　入り口　座る　LE　NUM　日
　　　私たちは入り口で半日座った。

(48) 水根　小时间　　　读　刮　十　年　书。　　　　　（同上）
　　　人名　小さいとき　読む　LE　NUM　年　本
　　　水根は小さい頃10年間学校へ通った。

(49) 渠　前日　卖　刮　一　板车　谷，今日　又　来　矣。(事物量表現あり)
　　　3SG 一昨日 売る LE NUM 荷物車 穀物 今日 また 来る LE
　　　彼は一昨日荷物車1台分の穀物を売ったが、今日また来た。

(50) 叔叔　上半日　吃　　　　　刮　一　包　阿诗玛。　（同上）
　　　叔父　午前中　（タバコを）吸う LE NUM CL ブランド名
　　　叔父は午前中に阿詩瑪（タバコ）を1箱分吸った。

(51) 细人子　渠　生　刮　两　个，呒　可以　再　生。　（同上）
　　　子ども 3SG 産む LE NUM CL NEG AUX また 産む
　　　彼女は子どもを2人産んだので、これ以上産んではいけない。

(52) 公公　话　刮　三　四　道, 渠　就是　　　吭　听。（動作量表現あり）

祖父　話す LE NUM NUM CL 3SG どうしても NEG 聞く

おじいさんが3、4回話したのに、彼はどうしても聞き入れない。

(53) 木根　吃凶气, 师傅　扇　　　　　刮渠　一　巴掌。（同上）

人名　居丈高だ　師匠　手のひらで打つ LE 3SG NUM 手のひら

木根が居丈高だったので、師匠は彼にびんたを食らわした。

(54) 县　　里　我禾　去　刮　几　回, 冒　闹德　好歇。（同上）

県城 LOC 1PL　行く LE NUM CL NEG 何　面白い

県城には私たちは何回か行ったが、面白いところはあまりない。

　数量（名）構造が目的語になる文において、“刮”は往々にして目的語が不定であることを求める。つまり目的語は指示代名詞による修飾を受けない。例えば例（49）と（50）の目的語はそれぞれ“一板车”（荷物車1台）や“一包”（1箱）といったように、不定の数量表現が名詞を修飾しているのである。これらの文における“一”を、特定であることを表す“格”に置き換えると、文はたちまち不適格になる。このルールは、例（51）のように被修飾語の名詞が前置された場合にも当てはまる。つまり、この文における“两个”（2人）を“格两个”（この2人）に置き換えることはできない。以下のaはいずれも非文法的である。

(55) a.＊渠　昨日　扯　　　刮　格　本　簿子。

3SG 昨日　引き裂く LE DEM CL ノート

b. 渠　昨日　扯　　　刮　四　本　簿子。

3SG 昨日　引き裂く LE NUM CL ノート

彼は昨日ノートを4冊引き裂いた。

(56) a.＊秋兰姊　打好　　　刮　格　双　鞋。

人名　作り終わる LE DEM CL 靴

b. 秋兰姊　打好　　　刮　三　双　鞋。

人名　作り上げる LE NUM CL 靴

秋蘭姉さんは靴を3足作り上げた。

228

(57) a. *我　旧年　做　　刮格　　缸　水酒。
　　　　1SG　去年　作る　LE DEM　CL　酒

　　 b. 我　旧年　做　　刮　両　缸　水酒。
　　　　1SG　去年　作る　LE　NUM　CL　酒
　　　　私は去年お酒を 2 甕分作った。

(58) a. *生元　上圩　　　　　売　　刮格　只　猪。
　　　　人名　市に出かける　売る　LE DEM　CL　豚

　　 b. 生元　上圩　　　　　売　刮　一　只　猪。
　　　　人名　市に出かける　売る　LE　NUM　CL　豚
　　　　生元は市に出かけて豚を 1 頭売った。

　目的語が不定のものでなければならないというルールは次の 2 つのケースにおいては緩和される。1 つ目は命令文である。"刮" は動作の終結または対象の完了を表すという文法的な意味を有する。このため、命令文が用いられる文脈では、話し手が聞き手に何らかの行為を完了させたい場合に "刮" を用いることができる。このケースにおける "刮" は完了の意味を表す補語に限りなく近い。

(59) 你　洗　　刮　格　件　衣服　去。
　　 2SG　洗う　LE DEM　CL　服　　行く
　　 あなたはこの服を洗ってしまいなさい。

(60) 我禾　来　铲　　　　刮　格　丘　田。
　　 1PL　来る　削り取る　LE DEM　CL　田んぼ
　　 私たちがこの田んぼをならしてしまおう。

(61) 今日　夜晚　要　　磨　　刮　格　桌　豆腐。
　　 今日　夜　　AUX　ひく　LE DEM　CL　豆腐
　　 今夜この 1 テーブル分の豆腐を作ってしまわないといけない。

(62) 呒　要　　丢　　刮　格　只　帽子。
　　 NEG　AUX　捨てる　LE DEM　CL　帽子
　　 この帽子を捨ててしまわないで。

以上の例のほとんどは、"刮" を "完"（終える）に置き換えても基本的に

意味は変わらない。例えば例（59）は"你洗完格件衣服去"と言い換えても差し支えない。しかし、置換不可能なものもある。例えば例（62）は"＊呒要丢完格只帽子"に言い換えられない。このような微妙な違いは動詞のシチュエーションタイプに関係している。泰和方言の以上のような命令文では"刮"をよく使い"完"は非常に稀であるが、可能補語※3においては、"刮"も"完"もよく観察される。例えば、"吃得刮——吃得完"（食べ終えることができる）、"写呒刮——写呒完"（書き終えることができない）がそれである（"完"の使用はある程度共通語の影響を受けているであろう）。

　　目的語が特定のものであってもよい2つ目のケースは、"刮"が"呒能"を含む否定文もしくは"阿能"を含む疑問文に現れる場合である。

(63) 苟元　昨日　呒能　蒔　　　　　刮格　丘田。
　　　人名　昨日　NEG.LE　田植えをする　LE　DEM　CL　田んぼ
　　　苟元は昨日この田んぼで田植えをしなかった。

(64) 破四旧　　　　　　　　个　時間　呒能　拆　　　刮格　只　祠堂。
　　　4つの古いものを打ち破る　DE　とき　NEG.LE　取り壊す　LE　DEM　CL　祖廟
　　　（文化大革命初期）4つの古いものを打ち破ったとき、この祖廟を取り壊さなかった。

(65) 我禾　格　工　呒能　扯　　　刮渠　格　件　衣服。
　　　1PL　DEM　日　NEG.LE　引き裂く　LE　3SG　DEM　CL　服
　　　私たちはこの日彼のこの服を引き裂かなかった。

(66) 渠　叔叔　呒能　输　　　刮格　盘棋。
　　　3SG　叔父　NEG.LE　負ける　LE　DEM　CL　将棋
　　　彼の叔父さんはその将棋の試合に負けなかった。

(67) 秋元　阿能　讲　　刮　格　只　時闻？
　　　人名　Q.LE　話す　LE　DEM　CL　うわさ

※3 「可能補語」は、動作の結果を表す結果補語（動詞、形容詞）と方向補語の可能形と考えることができる。共通語では、肯定形は動詞と結果補語と方向補語のあいだに"得"を挟み、否定形には"不"を挟んで構成する（例："吃得完"［食べ終えられる］、"吃不完"［食べ終えられない］)。本書では、「動詞＋可能補語」からなる構造を「可能式」と呼ぶ。

230

秋元がそのうわさを話したのか。

(68) 上半日　阿能　做　　刮　格　桌　豆腐?
　　　午前中　Q.LE　作る　LE　DEM　CL　豆腐
　　　午前中でこの1テーブル分の豆腐を作り終えたのか。

(69) 木匠　師傅　阿能　锯　　　　　刮　格　　根　木?
　　　大工　師匠　Q.LE　のこぎりで切る　LE　DEM　CL　木切れ
　　　大工さんがこの木の切れ端をのこぎりで切ったのか。

(70) 闲圩　　　　　你禾　阿能　卖　刮　格　窝　猪婆崽?
　　　市の立たない日　2PL　Q.LE　売る　LE　DEM　CL　仔豚
　　　市のない日にお前たちはこの仔豚を売ったのか。

　興味深いことに、特定の目的語を含む文では、現実アスペクトを表す"刮"は現実アスペクトを表すもう1つの形式"矣"に置き換えることができない。例えば、例（59）～（70）の"刮"は泰和方言では決して"矣"に置換できない。これに対し、例（46）～（54）の"刮"は、"矣"に置き換えても意味がほとんど変わらない。このことから、"刮"と"矣"の主要な違いが分かる。それは、"矣"はある事態が現実であることのみを表し、動作の終結、とりわけ動作対象の完了を表さないのに対し、"刮"は事態が現実であることを示すほか、動作の終結またはその対象の完了という意味合いをも強調するということである。

　命令文における"刮"は、話し手がある行動を完了させることを望んでいることを表す。"呒能"を含む否定文と"阿能"を含む疑問文における"刮"は、それぞれ完了に対する否定と完了に対する疑問を表す。ところが、否定文と疑問文に含まれる現実性という読みは、"能"で表されるのである。この意味では、"矣"を現実アスペクト、"刮"を完了アスペクトと呼ぶのがふさわしいであろう。しかし、泰和方言の多くのケースでは、"矣"と"刮"は互いに置き換えることができるため、アスペクト体系の全体像をはっきりさせるためには、両者を同様に扱い議論するのが望ましい。

　"刮"は完了、特に動作対象の完了という意味を際立たせることから、もう1つ別の用法もある。それは終結できるか否かを表す形式の中で"刮"を

含む可能式——"V 得刮"（V 終わることができる）と"V 呒刮"（V 終わることができない)——を構成するものである。この場合の"刮"は補語に近いが、この構造に現れる場合に限り「補語」のように見えるため、ある種の固定化された構造だと考えられる。

(71)渠　　保険　　吃得刮　　　　一　　斤　　烧酒。
　　 3SG　きっと　食べ切れる　NUM　CL　焼酎
　　 彼はきっと焼酎を 500 グラム飲み切ることができる。

(72)你禾　　一　　上午　　　卖得刮　　　　几多　　　　　鱼？
　　 2PL　NUM　午前中　売り切れる　どれくらい　魚
　　 あなたたちは午前中にどれくらいの魚を売りさばけるのか。

(73)王　　　师傅　　　　　　　　　闹里　明日　做得刮　　　　　泥水。
　　 人名　技術者に対する敬称　家 LOC　明日　やり終えられる　左官の仕事
　　 王さんの家は明日中に左官の仕事を終えることができる。

(74)细人子　做呒刮　　　　　　　作业　就　　　呒要　去　歇。
　　 子ども　やり終えられない　宿題　すると　NEG　AUX　行く　休憩する
　　 子どもは宿題を終えられなければ、休憩しに行ってはいけない。

(75)格浪　　　　多　　衣服，渠　肯定　　洗呒刮。
　　 このように　多い　服　3SG　きっと　洗い切れる
　　 こんなにもたくさんの服だから、彼はきっと洗い切れない。

(76)时间　呒够，　格　节　课　讲呒刮　　　　内容。
　　 時間　NEG　足りる　DEM　CL　授業　話し切れない　内容
　　 時間が足りないから、今回の授業では内容を話し切れない。

例（71）〜（73）は肯定の可能式で、例（74）〜（76）は否定の可能式である。"刮"は文法的に補語と分析され得るが、自立性が極めて低いため、拘束形態素に属する。可能式以外の補語にはならず、また他の文成分にもならない。

7.3　現実と完了を表す"改"

　"改"も現実アスペクトを表す文法形式である。"改"は"刮"と"矣"の
融合形式であり、文法的な意味としても両者の意味を併せ持っている。つま
り、事態が現実のことであり、なおかつ事態に含まれる動作が完了している、
または動作の対象がまるごと影響を受けていることを表す。

(77)格　　栋　房子　旧年　就　　　　拆　　　改，你　　寻呒到。
　　 DEM　CL　建物　去年　とっくに　取り壊す　LE　2SG　見つからない
　　 この建物は去年とっくに取り壊したので、あなたは見つけられない。

(78)晒　　得　　外头　个　被卧　一下　收　　　　改，呒怕　落　雨。
　　 干す　…で　外　　DE　寝具　一気に　取り入れる　LE　NEG　恐る　降る　雨
　　 外に干していた寝具は一気に取り込んだので、雨が降っても心配がな
　　 い。

(79)隔壁　个　客　走　　　　改，冒　哪个　　吵　　　　你　去矣。
　　 隣室　DE　客　立ち去る　LE　NEG　どなた　邪魔をする　2SG　SFP
　　 隣室のお客は行ってしまったので、もうあなたの邪魔をする人は誰も
　　 いなくなった。

(80)渠　早就　　　看　　改格　本　书，你　阿是　　　要？
　　 3SG　とっくに　見る　LE　DEM　CL　本　2SG　Q　である　欲しい
　　 彼はとっくにこの本を読んだ。あなたは読みたいのか。

(81)我　个　伞　上圩　　　　　跌　　　改，末后　借　　人家　个
　　 1SG　DE　傘　市に出かける　紛失する　LE　結局　借りる　他の人　DE
　　 斗笠　回来。
　　 笠　　戻って来る
　　 私の傘は市場に出かけたときになくしたので、結局人の傘を借りて
　　 戻ってきた。

(82)我　而间　做　　改　事，可以　去　歇　　　　去矣。
　　 1SG　今　　する　LE　仕事　AUX　行く　休憩する　SFP

私は今仕事を終えたので、休みに行ってもよくなった。

"改"は"刮"と同様に現実の事態を表す。しかし、"改"の意味内容は"刮"よりも複雑であり、用法面でも差異がある。以上の例のいずれの"改"も"刮"に置き換えられない。両者の主な相違点は以下のとおりである。

1. "改"は"刮"と"矣"の融合であるため、文を終止させる力が比較的強い。これに対し"刮"はそれほどの力を持たず、"刮"を含む文の終止を可能にするのは往々にして動詞の後の補語である。例えば、以下の例（83）には"改"を用いることができるが、"刮"は用いられない。ただし、例（84）にはどちらも用いることができる。

(83)学徒工　把　碗　　一下　　収　　{改／*刮}。
　　　見習工　BA　茶碗　一気に　しまう　LE　　LE
　　　見習工は茶碗を一気にしまった。

(84)渠　　一　　上午　　吃　　　{改／刮}　一　　壺　茶。
　　　3SG　NUM　午前中　飲食する　LE　LE　NUM　CL　茶
　　　彼は午前中にお茶を1ポット分飲んだ。

2. "改"は文中に現れることもあるが、文や節の末尾に多く観察される。これに対し、"刮"は可能式を除き、文の末尾には通常用いられない。例(83)はそのことを示している。もう1例挙げておく。

(85)格　　壺　茶　渠　　一　　上午　　吃　　{改／*刮}
　　　DEM　CL　茶　3SG　NUM　午前中　食べる　LE　　LE
　　　この1ポット分のお茶を彼は午前中に飲んだ。

3. "刮"は可能式における補語になるが、"改"は可能式の形式を持たない。

(86)a.渠　　一　　上午　{吃得刮　　　／吃呒刮}　　　一　　壺　茶。
　　　　　3SG　NUM　午前中　食べ切れる　食べ切れない　NUM　CL　茶
　　　　　彼は午前中にお茶を1ポット分飲み{切れる／切れない}。

　　b.渠　　一　　上午　{*吃得改／*吃呒改}　一　　壺　茶。
　　　　　3SG　NUM　午前中　　　　　　　　　　NUM　CL　茶。

(87)a.格　　丘　田　　今日　阿　犂得刮?
　　　　　DEM　CL　田んぼ　今日　Q　耕し終えられる

234

この田んぼは今日耕し終えられるのか。

　　—— {犁得刮　　　　／犁呒刮}。

　　　　耕し終えられる　耕し終えられない

　　—— {耕し終えられる／耕し終えられない}。

　　b. 格　　丘　田　　　今日　阿　*犁得改？—— {*犁得改　／ *犁呒改}。

　　　　DEM　CL　田んぼ　今日　Q

4.　"刮"を用いる文の目的語は不定のものでなければならない。これに対して、"改"にはこのような制約がない。

(88) a. 渠　　一　　上午　　　吃　　　刮　{一　　壺　　茶／*格　　壺　　茶}。

　　　　3SG　NUM　午前中　食べる　LE　NUM　CL　茶　DEM　CL　茶

　　　　彼は午前中にお茶を1ポット分飲んだ。

　　b. 渠　　一　　上午　　　吃　　　　改　{一　　壺　　茶／格　　壺　　茶}。

　　　　3SG　NUM　午前中　食べる　LE　NUM　CL　茶　DEM　CL　茶

　　　　彼は午前中に {お茶を1ポット分／このポットのお茶を} 飲んだ。

5.　"刮"は往々にして継起的動作の先行動作に用いる。連動文で用いる場合は、目的語が特定のものであっても可能になるといった変化が起こるほど、文法機能が拡大する。これに対して、"改"は連動文の前項動詞（先行動作）には用いられず、むしろ後続の動詞句に用いられるのが一般的である。

(89) a. 渠　　上午　　　吃　　　刮　格　壺　茶　就　　走　　　　（改）。

　　　　3SG　午前中　食べる　LE　DEM　CL　茶　すぐ　立ち去る　LE

　　　　彼は午前中このポットのお茶を飲んだ後にすぐ立ち去った。

　　b. *渠　上午　　　吃　　　改　格　壺　茶　就　　走　　　　（改）。

　　　　3SG　午前中　食べる　LE　DEM　CL　茶　すぐ　立ち去る　LE

　"刮"との関わり以外に、"改"にはもう1つ別の現実アスペクトマーカーである"矣"との共通点と相違点がある。動補構造の後に完了の意味を表す場合は、通常"矣"が用いられ（"刮"は用いられない）、場合によっては"改"も用いられる。以下は"改"を用いた例である。

(90) 格　　只　細人子　今日　累倒　　　改。

　　　DEM　CL　子ども　今日　疲れ切る　LE

この子は今日疲れ切っている。

(91)王　　師傅　　　　　　　　昨日　夜晩　吃　　酒　吃　　　醉　　改。
　　人名　技術者に対する敬称　昨日　夜　食べる　酒　食べる　酔う　LE
　　王さんは昨夜お酒を飲んで酔っ払った。

(92)渠　上圩　　　　　　跌　　　刮　个　皮包　而今　寻到　　　改。
　　3SG　市に出かける　紛失する　LE　CL　カバン　今　　見つける　LE
　　彼は市場に出かけたときにカバンをなくしたが、今見つけた。

(93)我　洗　　干净　　改　你　个　衣服领子。
　　1SG　洗う　清潔だ　LE　2SG　DE　襟
　　私はあなたの服の襟をきれいに洗った。

(94)水生　扯烂　　　　　　　　　改　姊姊　个　作业本。
　　人名　ぼろぼろに引き裂く　LE　姉　　DE　宿題帳
　　水生はお姉さんの宿題帳をぼろぼろに引き裂いた。

(95)舅舅　斫成　　　　　　　改　肉　等　你　去　　做客。
　　叔父　ちゃんと切る　LE　肉　待つ　2SG　行く　客となる
　　叔父は肉を調達して、あなたが客となるのを待っている。

　以上の例における“改”はいずれも“矣”に置換可能で、意味も変わらない。もともと“改”に含まれる“刮”が有する完了という文法的意味は、結果補語の“倒”（倒れる）、“醉”（酔う）、“到”（届く）、“干净”（清潔だ）、“烂”（ぼろぼろになる）、“成”（成功する）などの出現によって薄れている。それにもかかわらず、“改”と“矣”のあいだには微細な区別がある。“矣”は事実に対して中立的な述べ方であるのに対し、“改”は動作の結果を強調する誇張的なニュアンスを帯びる。とりわけ例（90）～（92）のように文末に用いられた場合は、“改”の誇張的、強調的意味合いが“矣”より明らかに強い。

　“改”と“矣”はともに形容詞の後に用いられ、形容詞で表される性質や状態がすでに現実であることを表すことができる。しかし、両者の意味は異なる。“改”は形容詞で表される性質や状態の程度が話し手の想定する合理的な範囲を超えたことを意味する。そのため、惜しい気持ちや非難のニュアンスが伝わり、たびたび文中に“太”（あまりにも…）などの程度副詞が現れ

る。これに対し、“矣”はある変化が現れたことだけを表し、主観的な態度の表明を伴わない。“改”は静的陳述・評価を表し、“矣”は動的展開・変化を強調する。

(96) 你 个 鞋带子 松 改,{要 系 紧 发子/*正 合适}。
2SG DE 靴の紐 緩い LE AUX 締める きつい CL ちょうど ぴったり
あなたの靴の紐が緩んでいる。少しきつく締めないと。

(97) 渠 穿 个 裙子 红 改,{不 好看 /*蛮 标致}。
3SG 着る DE スカート 赤い LE NEG きれいだ とても きれいだ
彼女が着ているスカートは赤すぎる。きれいではない。

(98) 领唱 个 声音 高 改,
合唱をリードする人 DE 声 高い LE
{大家 跟呒上 /*蛮 好听}。
みんな ついていけない とても 聞きよい
合唱をリードする人の声が高すぎる。みんなついていけない。

(99) 格 只 细人子 胖 改,{我禾 呒 要 /*我禾 喜欢 渠}。
DEM CL 子ども 太っている LE 1PL NEG 欲しい 1PL 好きだ 3SG
この子は太り過ぎている。私たちは要らない。

　以上の例の形容詞“松”（緩い）、“红”（赤い）、“高”（高い）、“胖”（太っている）の後ろに現実アスペクトを表す形式“改”が付き、これらの形容詞で表される性質・状態が合理的な基準を超えたと話し手が思っていることを示す。そのため、それぞれの後続節はいずれも意味的には否定的な評価や態度を表すものである。例えば例（96）を“你个鞋带子松改，正合适”（あなたの靴の紐は解けてちょうどよい）と変えると、前半と後半がかみ合わず誤用例となる。以上の例の冒頭の２例にある“改”は“矣”に置き換えられない。後半の２例にある“改”は“矣”に置き換えられるが、置き換えられた文の意味は変わる。“改”は“刮”と“矣”の融合を出自としているが、以上の例で表されるのは静的評価であり変化ではないからである。これに対し、“矣”は形容詞の後に付いて、元のある状態から形容詞で表される状態へと切り替わったことを表す。例えば、“胖矣”（太った）は「太っていない」という状

237

態から「太っている」状態に入ったことを意味する。つまり、"矣"は変化を強調する。

(100) 格　　只　細人子　而间　胖　　　　矣，比　　　先会　好看。
　　　DEM　CL　子ども　今　　太っている　LE　比べる　以前　きれいだ
　　　この子は太った。以前よりきれいだ。

(101) 格　　头　桔子　　红　矣，可以　吃　　　　去矣。
　　　DEM　CL　ミカン　赤い　LE　AUX　飲食する　SFP
　　　このミカンは赤くなった。食べられるようになった。

(102) 镬　里　个　粥　　滚　矣，揭开　盖子　来　　看　　治。
　　　鍋　LOC　DE　お粥　沸く　LE　外す　蓋　　来る　見る　SH.D
　　　鍋の中のお粥が沸騰しているようだ。蓋を外して見てみよう。

(103) 房间　个　灯泡　亮　　　矣，我禾　去　　打　　扑克。
　　　部屋　DE　電球　明るい　LE　1PL　行く　する　トランプ
　　　部屋の電球がついた。私たちはトランプをしに行く。

以上4つの例文の形容詞に"矣"が付くと、それぞれ「太った」「赤くなった」「沸騰した」「点灯した」といった動的な展開の結果を表すため、"矣"を静的評価を表す"改"に置き換えられない。形容詞の後に具体的数量を表す補語がある場合は、"改"と"矣"のいずれも用いることができ、互換可能であるが、互換されると意味の違いが生じる。"改"を用いた場合は、話し手が想定している合理的な基準を超えた数量を示し、文自体は依然として静的評価である。これに対し"矣"を用いた場合は、変化前と変化後の具体的な数量の差を示し、文は依然として動的変化を表す。以下の文を比較されたい。

(104) a. 格　　只　细人子　胖　　　　　改　十　　斤，冒　　办法　选上。
　　　　DEM　CL　子ども　太っている　LE　NUM　CL　NEG　方法　選べる
　　　　この子は5キロ重いので、選ばれない。

　　　b. 格　　只　细人子　胖　　　　　矣　十　斤，长得　　　蛮　　快。
　　　　DEM　CL　子ども　太っている　LE　NUM　CL　成長する　とても　早い
　　　　この子は5キロ重くなった。とても早く成長している。

(105) a. 你　打　个　拍子　快　改　蛮　　多，我禾　唱吥贏。
　　　　2SG　とる　DE　拍子　早い　LE　とても　多い　1PL　歌合戦で勝ち取れない
　　　　あなたがとった拍子がずいぶん早いので、私たちは歌合戦で勝て
　　　　ない。

　　　b. 你　而间　打　拍子　快　矣　一　发仔，更　　熟练　　　去矣。
　　　　2SG　今　　とる　拍子　早い　LE　NUM　CL　さらに　熟練している　SFP
　　　　あなたは今拍子をとるのが少し早くなった。よりうまくなった。

　形容詞との組み合わせの面で、“改”および“矣”と、もう1つの現実ア
スペクト形式である“刮”の違いは以下のとおりである。“刮”は文末に用
いられるのは稀である。例（96）～（99）の“改”と例（100）～（103）の
“矣”を“刮”に置き換えると文が成立しなくなる。形容詞の後に補語が伴
う場合は、場合によって“刮”を用いることができるがそれは、“刮”がそ
の構文における“改”や“矣”との違いを打ち消すからである。つまり、“刮”
は静的評価の意味も動的変化の意味も表せる。どちらの解釈になるかは後続
文によって決まる。“刮”が用いられたとき、文には誇張の意味が付与され、
形容詞の後の数量補語が際立つ。例（104）の“改”を“刮”に置き換えた
のが例（106）である。

(106) a. 格　　只　细人子　胖　　　　刮　十　　斤，冒　　办法　选上。
　　　　DEM　CL　子ども　太っている　LE　NUM　CL　NEG　方法　選べる
　　　　この子は5キロも重いので、選ばれない。

　　　b. 格　　只　细人子　胖　　　　刮　十　斤，长得　　　蛮　　快。
　　　　DEM　CL　子ども　太っている　LE　NUM　CL　成長する　とても　早い
　　　　この子は5キロ重くなった。成長がとても早い。

　例（106）aが表す意味は、この子どもは理想の体重よりも5キロ重く「太
り過ぎている」ため、選ばれるはずがないということである。“刮”は静的
評価を示しながら、誇張する意味合いを付与する。bは、この子どもは以前
より5キロ重くなったということが、「変化がこれだけ早く」驚くべきことだ、
というニュアンスである。この“刮”は動的変化を表しながら、誇張する意
味合いを付与する。“改”と“矣”はただ中立的な静的判断もしくは動的判

断だけを表す。まとめると、形容詞に数量補語が伴う文型においては、"改"は主に静的評価を、"矣"は主に動的変化を、"刮"は主に数量の強調を表す。

7.4 疑問形式の "阿能" と否定形式の "呒能"

"阿能" は現実アスペクトの意味を含む疑問形式であり、"呒能" は現実アスペクトの意味を含む否定形式である。両者とも現実アスペクトにおける具体例の変異タイプである。"阿" は疑問を、"呒" は否定を、"能" は現実アスペクトの情報を表す。"能" が "阿" または "呒" から独立して動詞と組み合わせることができないことから、便宜上 "阿能" と "呒能" を現実アスペクトの形式とみなすことにする。

"阿能" と "呒能" はいずれも動詞の前に置かれる。

(107) 你禾　阿能　做　　作业?
　　　2PL　　Q.LE　する　宿題
　　　あなたたちは宿題をしたのか。

(108) 渠禾　而间　阿能　到　　　北京?
　　　3PL　　今　　Q.LE　到着する　地名
　　　彼らは今北京に着いたのか。

(109) 婆婆　　解放　　　前　阿能　看　　过　　电影?
　　　おばあ　解放する　前　Q.LE　観る　GUO　映画
　　　おばあさんは解放前に映画を観たのか。

(110) 昨日　夜晚　马家洲　阿能　落　　雨?
　　　昨日　夜　　地名　　Q.LE　降る　雨
　　　昨夜、馬家洲では雨が降ったのか。

(111) 茶缸　　　　　　里　　呒能　　放　　　茶叶。
　　　大きな湯呑み　LOC　NEG.LE　入れる　茶葉
　　　湯呑みに茶葉を入れなかった。

(112) 王　　师傅　　　　　　　　　　呒能　　买　　电视机。
　　　人名　技術者に対する敬称　NEG.LE　買う　テレビ

240

王さんはテレビを買わなかった。

(113)今年　正月　我　吥能　去　　走亲戚。

今年　正月　1SG　NEG.LE　行く　親戚訪問をする

今年の正月私は親戚を訪問しに行かなかった。

(114)渠　还　吥能　到　　　十八　岁。

3SG　まだ　NEG.LE　到着する　NUM　歳

彼はまだ 18 歳になっていない。

　泰和方言では、“能”の文法的な意味はおおよそ“矣”に相当し、動詞と共起して動作や事態の現実性を表す。また“阿”や“吥”と組み合わさって 1 語となり、動作や事態の現実性に対する疑問や否定を表す。例えば例（107）は、「あなたたちは宿題をやった」に対する疑問であり、「あなたたちは宿題をやる」に対する疑問ではない（後者は“你禾阿做作业”と言う）。また例（111）は「湯呑みに茶葉を入れた」に対する否定であり、「湯呑みに茶葉を入れる」に対する否定ではない（後者は“茶缸里吥放茶叶”と言う）。そのため、“阿能”を用いた疑問文に対する答えも現実アスペクトの形式を用いなければならない。具体的には、肯定の返答なら動詞の後に“矣”を、否定の返答なら動詞の前に“吥能”を用いる。上記の例（107）～（110）の疑問文に対する返答例は以下のとおりである。

(115)我禾　{做　　矣 / 吥能　　做}　作业。

1PL　する　LE　NEG.LE　する　宿題

私たちは宿題を {した／しなかった}。

(116)渠禾　而间　{到　　　矣 / 吥能　到}　　　北京。

3PL　今　　到着する　LE　NEG.LE　到着する　地名

彼らは今北京に {着いた／着かなかった}。

(117)婆婆　解放　　　前 {看　过　矣 / 吥能　　看　过} 电影。

おばあ　解放する　前　観る　GUO　LE　NEG.LE　観る　GUO　映画

おばあさんは解放前に映画を {観た／観なかった}。

(118)昨日　夜晚　马家洲 {落　　矣 / 吥能　　落}　雨。

昨日　夜　　地名　　降る　LE　NEG.LE　降る　雨

昨夜、馬家洲では雨が {降った／降らなかった}。

　“阿能”を用いた疑問文には短縮形で答えてもかまわない。肯定の返答の短縮形は「動詞＋“矣”」であり、動詞と“矣”のいずれも省略できない。否定の返答の短縮形は「“呒能”＋動詞」であり、“呒能”は省略できないが、動詞は省略でき、むしろ省略するのが一般的である。つまり否定の返答は“呒能”のみというわけである。

(119) 你　叔叔　今年　阿能　养　　鸽子？
　　　2SG　叔父　今年　Q.LE　飼う　鳩
　　　あなたの叔父さんは今年鳩を飼ったのか？
　　　——养　矣。/ *养。/ *矣。
　　　——呒能。/ 呒能　养。/ *呒　养。

　疑問文に経験アスペクトの形式“过”（例（117）に示すように、泰和方言では現実アスペクトの“矣”と共起できる）が含まれた場合、肯定の短縮形の返答では“过”は省略できないが、“矣”は省略できる。また、否定の短縮形の返答は“呒能”のみ言っても差し支えない。

(120) 你　老表　旧年　阿能　去　　过　　广东？
　　　2SG　友人　去年　Q.LE　行く　GUO　地名
　　　あなたの友人は去年広東に行ったのか？
　　　——去 过 矣。/ 去 过 /*去 矣。
　　　——呒能。/ 呒能 去 过。/? 呒能 去。

　“阿能”における形態素“能”が現実アスペクトの意味を持ち、“阿能”を用いた文は事態の現実性に対する問い掛けであるため、この類の文には他の現実アスペクトの形式である“矣”と“改”が現れない。以下は非文法的である。

(121) *旧年　过年　　间　　老家　阿能　落　　矣　雪？
　　　去年　年越し　期間　実家　Q.LE　降る　LE　雪
(122) *对门　周　　师傅　　　　　　　闾里　阿能　做　　改　房子？
　　　向かい　人名　技術者に対する敬称　家 LOC　Q.LE　作る　LE　建物
ところが、“阿能”または“呒能”を用いた文には、もう１つの現実アス

ペクトの形式"刮"が現れることが許されている。これは、事態の現実性を表すという機能のほか、動作の終結や動作対象の完了をも強調するからである。"能"が現れると、"刮"は事態の現実性を表す機能が後退するものの、動作の終結や動作対象の完了という意味内容が依然として残っている。そのため、"刮"は疑問形式の"阿能"と共起できるわけである。

(123)你　阿能　吃　　　刮　饭?

　　　2SG　Q.LE　食べる　LE　ご飯

　　　あなたはご飯を食べたのか。

(124)渠禾　阿能　莳　　　　　　刮　丘　田?

　　　3PL　　Q.LE　田植えをする　LE　CL　田んぼ

　　　彼らは田植えをしたのか。

(125)水生　贩得来　　　　个　录音机　阿能　卖　　刮?

　　　人名　仕入れて来る　DE　録音機　Q.LE　売る　LE

　　　水生が仕入れてきたテープレコーダーは売り切れたのか。

(126)医院　门诊部　　　　阿能　下　　　刮　班?

　　　病院　外来診察部門　Q.LE　退勤する　LE　シフト

　　　病院の外来診察部門は（診察時間が）終わったのか。

このように"能"と"刮"が併用された疑問文に対する答えとして、肯定の返答は通常動詞の後ろに"刮"と"矣"の融合形式である"改"を付ける。特に強調する必要がある場合にのみ、元の形式である「動詞＋"刮"＋"矣"」を用いる。否定の返答は「"呒能"＋動詞＋"刮"」である。例えば、例（123）に対する答えは以下に示すいくつかの形式が可能である。

(127)——我　吃　　　改　饭。／我　呒能　吃　　　改　饭。（完全式）

　　　　1SG　食べる　LE　ご飯　1SG　NEG.LE　食べる　LE　ご飯

　　　　私はご飯を食べた。／私はご飯を食べなかった。

　　　——吃　改。／吃　刮　矣!　　　　　　　　　　　　（短縮肯定式）

　　　——呒能。／呒能　吃　刮。　　　　　　　　　　　　（短縮否定式）

まとめると、泰和方言における"矣""刮""改""阿能""呒能"という5つの形式は、事態の現実性を表すという点において共通している。そのため、

いずれも現実アスペクトを表す文法形式として取り上げてきた。しかし、具体的な文法的意味は細分化されている。"矣"は典型的な現実アスペクトの形式であり、事態の現実性を表すのみである。様々な要素と結び、生産性が最も高く、最も広く使用されている。"刮"は事態における動作の終結と動作対象の完了を強調する機能を持ち、文末に現れることは稀で、命令文・疑問文・否定文・連動文および数量構造を伴う単純な陳述文に用いられる。また可能式（可能補語）構造においては、膠着的な補語として分析され得る。"改"は"刮"と"矣"の融合形式であり、文の現実性を表すと同時に、動作の終結と動作対象の完了を表す機能も併せ持つ。文を終止させる力が強く、多くは文末に用いられるが、文中にも用いられる。また形容詞的な語句の後に用いられた場合は、変化を反映せず静的評価のみを表す。以上3つの形式はいずれも動詞・形容詞の後に付くものである。"阿能"は現実アスペクトの疑問形式であり、実際の意味は「疑問＋"矣"」である。"呒能"は現実アスペクトの否定形式であり、実際の意味は「否定＋"矣"」である。この2つの形式はいずれも動詞の前に用いられる。また"呒能"は返答としてよく単独で用いられる。

参考文献

[中国語の文献]

于根元 1983 关于动词后附"着"的使用,《语法研究和探索(一)》。北京大学出版社。

王維賢 1987 现代汉语的句法结构、语义结构和语用结构,《语文导报》7, 8 期连载。

王　還 1963 动词重叠,《中国语文》1 期。

王　力 1943《中国现代语法》(1985年新版)。商务印书馆。

王　力 1944《中国语法理论》。商务印书馆。

何　融 1962 略论汉语动词的重叠法,《中山大学学报》1 期。

木村英樹 1983 关于补语性词尾"着 /zhe/"和"了 /le/",《语文研究》2 期。

邢公畹 1979 现代汉语和台语里的助词"了"和"着",《民族语文》2, 3 期连载。

胡裕樹 1987《现代汉语》(增订本)。上海教育出版社。

胡裕樹, 范曉 1985 试论语法研究的三个平面,《新疆师范大学学报》2 期。

吳為章 1987《实用语法修辞》。北京广播学院。

高名凱 1948《汉语语法论》(1986年新版)。商务印书馆。

高名凱 1957 语法范畴,《语法论集》(第二集)。中华书局。

孔令達 1986 关于动态助词"过1"和"过2",《中国语文》4 期。

朱德熙 1980《现代汉语语法研究》。商务印书馆。

朱德熙 1982《语法讲义》。商务印书馆。

聶文竜 1989 存在和存在句的分类,《中国语文》2 期。

申小竜 1983 试论汉语动词和形容词的重叠形态,《语文论丛 (2)》。

宋玉柱 1987 存在句中动词后边的"着"和"了",《天津教育学院学报》1 期。

張曉鈴 1986 试论"过"与"了"的关系,《语言教学与研究》1 期。

張　秀 1957 汉语动词的"体"和"时制"系统,《语法论集》(第一集)。中华书局。

張　秀 1959 汉语动词的"语气"系统,《语法论集》(第三集)。商务印书馆。

張　静 1979 论汉语动词的重叠形式,《郑州大学学报》3 期。

趙世開, 沈家煊 1984 汉语"了"字跟英语相应的说法,《语言研究》1 期。

張　斌, 胡裕樹 1989《汉语语法研究》。商务印书馆。

陳　剛 1980 试论"着"的用法及其与英语进行式的比较,《中国语文》1 期。

陳　平 1988 论现代汉语时间系统的三元结构,《中国语文》6 期。

鄭懷德 1980 "住了三年"和"住了三年了",《中国语文》2 期。

丁声樹, 吕叔湘, 李榮, 孫德宣, 管燮初, 傅婧, 黄盛璋, 陳治文 1961《现代汉语语法讲话》。

商务印书馆。

鄧守信 1986 汉语动词的时间结构，《第一届国际汉语教学讨论会论文选》。北京语言学院出版社。

任銘善 1957 一般的句子和具体的句子，《语文知识》5 期。

馬希文 1983 关于动词"了"的弱化形式 /.lou/《中国语言学报》1 期。商务印书馆。

馬希文 1987 北京方言里的"着"，《方言》1 期。

馬慶株 1981 时量宾语和动词的类，《中国语文》2 期。

范　晓 1985 略论 V-R,《语法研究和探索（三）》。北京大学出版社。

范方蓮 1963 存在句，《中国语文》1 期。

范方蓮 1964 试论所谓"动词重叠"，《中国语文》4 期。

孟　琮，鄭懷德，孟慶海，蔡文蘭 1987《动词用法词典》。上海辞书出版社。

俞　敏 1954 汉语动词的形态，《语文学习》4 期。

楊惠芬 1984 动态助词"了"的用法，《语言教学与研究》1 期。

李人鑑 1964 关于动词重叠，《中国语文》4 期。

李臨定 1986《现代汉语句型》。商务印书馆。

陸宗達，俞敏 1954《现代汉语语法》（上册）。群众书店。

劉勲寧 1988 现代汉语词尾"了"的语法意义，《中国语文》5 期。

劉月華 1988 动态助词"过₂""过₁""了₁"用法比较，《语文研究》1 期。

劉寧生 1985 论"着"及其相关的两个动态范畴，《语言研究》2 期。

黎錦熙 1955《新著国语文法》（校订本）。商务印书馆。

黎錦熙，劉世儒 1959《汉语语法教材》（第二编）。商务印书馆。

黎天睦 1994 论"着"的核心意义，戴浩一、薛凤生主编《功能主义与汉语语法》。北京语言学院出版社。

盧英順 1989 论动词语后缀"了₁"，复旦大学硕士学位论文（打印稿）。

吕叔湘 1942《中国文法要略》（1982年新版）。商务印书馆。

吕叔湘主編 1981《现代汉语八百词》。商务印书馆。

吕叔湘，孫德宣 1956 助词说略，《中国语文》6 期。

[英語・ロシア語の文献]

Allwood, Jens（奧爾伍德）, Lars-Gunnar Andersson, Östen Dahl 1973. *Logic in Linguistics*. 中国語訳：王维贤ほか《语言学中的逻辑》，河北人民出版社 1984年。

Baron, Stephen, 1970. *Aspect "le" and Particle "le" in Modern Spoken Mandarin*. M.A. Thesis. Seton Hall University.

Carlson, L., 1981. Aspect and Quantification. In Tedeschi & Zaenen (eds.), *Syntax and*

246

Semantics, Vol 14: *Tense and Aspect,* Academic Press, New York, pp.31-64.

Chao, Yuen Ren（趙元任）, 1968. *A Grammar of Spoken Chinese.* University of California Press, 中国語訳：吕叔湘《汉语口语语法》, 商务印书馆 1979年。

Chen, Chung-yu, 1978. The Two Aspect Markers Hidden in Certain Locatives. In Robert L. Cheng, Ying-che Li and Ting-chi Tang（eds.）, *Proceedings of Symposium on Chinese Linguistics,* Student Book Co. Ltd, Taipei, pp.235-242.

Chen, Gwang-tsai, 1979. The Aspect Markers LE, GUO, and ZHE in Mandarin Chinese. *JCLTA* 14.2: pp.27-46.

Comrie, B., 1976. *Aspect: An Introduction to the Study of Verbal Aspect and Related Problems,* Cambridge University Press.

Dowty, D., 1979. *Word Meaning and Montague Grammar.* Dordrecht: D. Reidel.

Dragunov, Alexander A.（竜果夫）, 1952. *Исследования по грамматике современного китайского языка,* 中国語訳：郑祖庆《现代汉语语法研究》, 中华书局 1958年。

Guenthner, F. & Rohrer, C. eds., 1978. *Studies in Formal Semantics.* North Holland.

Hoepelman, J., 1978. The Analysis of Activity Verbs in a Montague-type Grammar. In Guenthner & Rohrer（eds.）*Studies in Formal Semantics,* North Holland, pp.121-165.

Hopper, P. eds., 1982. *Tense-Aspect: Between Semantics and Pragmatics.* Amsterdam: J. Benjamins.

Leech, Geoffrey N.（利奇）, 1981. *Semantics.* 中国語訳：李瑞华等《语义学》, 上海外语教育出版社 1987年。

Li, Charles N.（李訥）, Sandra A. Thompson, 1981. *Mandarin Chinese: a Functional Reference Grammar.* 中国語訳：黄宣范《汉语语法》, 台湾文鹤出版有限公司 1983年。

Lyons, J., 1977. *Semantics.* Cambridge University Press.

Mourelatos, A., 1978. Events, Processes, and States. *Linguistics and Philosophy*（2）: pp.415-434.

Palmer, F., 1974. *The English Verb.* London: Longman.

Quirk, R. et al., 1985. *A Comprehensive Grammar of the English Language.* London: Longman.

Rohsenow, J., 1978. Perfect LE: Aspect and Relative Tense in Mandarin Chinese. In 汤廷池等编《中国语言学会论文集》, 台湾学生书局, pp.269-291.

Sapir, Edward（薩丕爾）, 1921. *Language: an Introduction to the Study of Speech.* 中国語訳：陆卓元《语言论》, 商务印书馆 1985年。

Smith, C., 1985. Notes on Aspect in Chinese. *Texas Linguistic Forum*（26）.

Tai, James, 1984. Verbs and Times in Chinese Vendler's Four Categories. *Lexical*

Semantics, pp.289-298. Chicago Linguistic Society.

Tang Tingchi（湯廷池）, 1979. Two Usages of Chinese Aspect "Le". Taiwan: Student Book Co. Ltd.

Teng Shou-hsin（鄧守信）, 1973. Negation and Aspects in Chinese. *JCL* 1.1: pp.14-37.

Teng, Shou-hsin（鄧守信）, 1975. *A Semantic Study of Transitivity Relations in Chinese*. University of California Press. 中国語訳：侯方等《汉语及物性关系的语义研究》, 黑龙江大学科研处 1983年。

Teng Shou-hsin（鄧守信）, 1977. A Grammar of Verb-Particles in Chinese. *JCL* 5.1: pp.1-25.

Teng Shou-hsin（鄧守信）, 1979. Progressive Aspect in Chinese. *CAAAL* 11: pp.1-12.

Vendler, Z., 1967. *Linguistics in Philosophy*. Ithaca: Cornell University Press.

Wang, William S-Y（王士元）, 1965. Two Aspect Markers in Mandarin. *Language*（41）: pp.457-470.

Yakhontov, Sergey E.（雅洪托夫）, 1957. *Категория глагола в китайском языке*. 中国語訳：陈孔伦《汉语动词范畴》, 中华书局 1958年。

付録　中国語版の序文

　現代中国語のアスペクト（aspect）は文法研究における重要なテーマの１つであり、また容易に突破できない難関でもある。1940年代以降、中国文法研究者たちのあいだで度々このテーマに関する論争が起こり、盛んに議論されてきた。しかしながら、今日に至っても中国語のアスペクトを体系的に論じる研究書はほとんど見られない。この点から見ても、『現代中国語アスペクトの体系的研究』（原題：《现代汉语时体系统研究》）の刊行は、中国語文法研究において重要な意味を持つ。

　本書は理論的なオリジナリティーを持ちながら、分析手法にも特色があり、言語現象の細部にわたるまで精緻な観察を提示している点でも学術的な価値が高い。

　文法理論への探究を重視している点が本書の特筆すべき特徴であろう。現代中国語のアスペクトをめぐるこれまでの研究は長期にわたって"着"-zhe、"了"-le、"过"-guoなどのアスペクト形式に関する統語構造的な記述に偏り、動詞のみに注目する傾向があった。その結果、多くの言語現象について理論的、体系的な説明が十分になされていない。『現代中国語アスペクトの体系的研究』では、文が事態を言語化しているという観点から、「アスペクトは時間の推移の中で事態がどう構成されるかを観察する方法である」と主張し、アスペクト的意味は動詞のみでなく、文にも属するものだと見做している。こうした見解、およびそれに基づいて構築された中国語のアスペクト体系は独創的であり、目新しい。

　意味分析の手法を駆使し説明に努めていることが、本書のもう１つの特徴である。本書では、現代中国語の実例を大量に用い完結アスペクトと非完結アスペクトの相違を詳細に考察しており、さらにこの２つのアスペクトの下位に属する６つのアスペクト——すなわち、現実アスペクト・経験アスペクト・短時アスペクト・持続アスペクト・始動アスペクト・継続アスペクト——を分析している。著者は各アスペクト形式が担うアスペクト的意味からいくつかの意味素性を抽出し、意味素性ごとに考察を加えている。単純な意

味特徴に基づいて、複雑な言語事実を統括的に説明するのに成功している。その論点は明快で、結論にも信憑性があり説得力を持つ。

　中国語の現象に関する本書の考察や分析も非常に緻密である。例えば、第2章の現実アスペクト"了"-le の動態性に関する考察においては、始点・全過程・終結点の各局面における動態性を区別することによって、"了"-le を使った3種類の文※1 が異なるアスペクト的意味を表す要因を解明している。また第5章では、"了"-le が未来の意味を表す場合に受ける複数の具体的な制約を明らかにする。第6章では、置き換え・並べ替え・付加などの手法を通じて、持続アスペクト"着"-zhe と"了"-le を置き換えた際の、文の統語的特徴や意味的特徴の相違を論じており、中国語文法現象に対する著者の鋭い洞察力を反映している。

　著者である戴耀晶博士はわたしが指導した院生である。1990年大学院修了後、母校に採用され、文法論の教育と研究に従事している。戴氏は学識が深く、視野が広い。また言語学理論への造詣が深く、研究態度が謹厳である。とりわけ、学問に対して倦まず弛まず探究を進めている姿はわたしに深い印象を与えた。本書はこのように数年間にわたってアスペクトを研究してきた戴氏の成果の一部である。その他にも戴氏はすでに新しい課題を研究計画に加えているそうである。例えば、中国語のアスペクト体系を否定文の角度から広範囲にわたって考察すること、抽出した意味素性を形式面から検証する方法、等々。著者が今後さらに多くの新著を世に問うことを期待して見守りたい。

　以上をもって序文に代えさせていただく。

　　1996年秋・復旦大学にて

　　　　　　　　　　　　　　　　　　　　胡　裕樹※2

※1　2.1.1 の例（14）参照。
※2　胡裕樹（Hú Yùshù, 1918年7月 – 2001年11月）、中国安徽省績渓県出身。1945年暨南大学を卒業し同大学で教鞭を執る。1949年復旦大学に移籍後、言語学研究室主任・中文系副主任・主任を歴任。また中国言語学会理事・常務理事、上海語文学会副会長・顧問、中国修辞学会、華東修辞学会、対外漢語教学研究会の顧問など、社会貢献に寄与した。代表的な著書に『現代漢語（重訂本）』がある。

訳者あとがき

『現代中国語アスペクトの体系的研究』(原著名《现代汉语时体系统研究》)は、戴耀晶先生がご自身の博士論文(1990年)にさらなる考察を加えてまとめられた大作である。原著は1997年に中国浙江教育出版社より刊行されて以来、現代中国語のアスペクト研究において最も重要な参考文献の1つであり、今でも数多くの論文で引用されている。原著が刊行される前は、アスペクトを中国語においてどう定義づけるかについてすら統一した見解がなく、それゆえにそれ以降の当該分野の大枠を確立させた原著の功績は実に大きい。しかしながら、諸般の事情により原著は絶版となり、中国国内でさえ長期にわたり入手困難な状態が続いた。

刊行当時の編集技術の限界によって、原著では精確に表現できなかった部分もあるだろう。また、その後大きく進展したアスペクトの新しい研究成果を踏まえ、原著の内容も一部修正、更新されるべきところもあるだろう。そうしたことから、戴先生ご自身がいつか改訂版を、と望まれていたそうである。

この度、関西大学研究成果出版補助金の助成を受け、日本語訳書を刊行する運びとなった。戴先生若き日の研究成果を日本の方々に紹介できることは大変な喜びである。また、本書がみなさんの言語研究の一助となればこれ以上光栄なことはない。日本と縁が深く、お茶の水女子大学の客員教授として2年間教鞭を執っておられた戴先生もきっと喜んでくださるであろう。

翻訳にあたってはとりわけ以下のことを重視した。

(1) 明らかな誤植だと確信が持てる範囲で原著を訂正した。

(2) 読みやすさを優先し、必要に応じてある程度の意訳を行なった。また、原著にはない相互参照の情報を加筆した。

(3) 日本の読者にとって必要ではないと思われる情報は割愛した。

(4) 中国語の言語事実や中国語文法論独自の専門用語、原著の一部難解な分析に対して訳者注を付け、解説を行なった。

特に（4）については、見方によっては原著に対して異論を唱えると思われるような訳者注もある。もう反論ができない著者にとっては不公平であり、また戴先生ならばきっと一蹴なさるであろう指摘もあることは重々承知している。しかし、昨今、すでに共有されている考え方を提示することも、原著の主張を正しく理解する上で必要不可欠であると考え、敢えて付記した。また、原著の出版から四半世紀近くも経過しているにもかかわらず、その間に得られた新しい知見に全く触れないでいるとしたら、それこそ傲慢で怠惰であり、学問研究に対する先生の謙虚な姿勢に背くことにほかならない。しかし言うまでもないが、訳書の見解に間違いがあれば、それは全て訳者の力不足によるものである。

　本書の翻訳にあたっては、木村英樹先生（東京大学名誉教授）、Christine Lamarre（柯理思）先生（フランス国立東洋言語文化学院教授）、沈国威先生（関西大学教授）から励ましのお言葉をいただいた。また、古賀裕章先生（慶應義塾大学准教授）には一般言語学の見地から数多くのご助言をいただいた。彭利貞先生（中国浙江大学教授）、邱斌先生（中国井岡山大学教授）、湯昇鳴先生（中国江西省泰和中学教員）、陳振宇先生（中国復旦大学教授）、Jin Hyeon（陳賢）先生（韓国嶺南大学准教授）からも貴重なご意見を頂戴した。楊凱栄先生（東京大学教授）および小野秀樹先生（東京大学教授）には、本書の序文をご執筆いただいた。この場を借りて、上記の方々に厚く御礼申し上げたい。

　日本語訳書の刊行について無償でご許諾くださった戴先生の奥様である肖永春女史とご息女の戴昱女史にもお礼を申し上げたい。また、こちらの様々な要望にいつも真摯に向き合いご対応くださった関西大学出版部の村上真子氏と編集工房レイヴンの原章氏にも感謝の意を述べたい。

　最後に、戴先生がお亡くなりになる2カ月前に書かれた詩を紹介し、挨拶の締めくくりとしたい。

落木方知天遠大
春江又見宇間情
道法自然沖気在
天寛地闊自由行

2014.7.18 作

2020年 12月

李佳樑　小嶋美由紀

253

【訳者紹介】

李　佳樑（リ　カリョウ）

2014年，東京大学大学院総合文化研究科博士課程修了。博士（学術）。現在，関西大学外国語学部准教授。専門は現代中国語文法論。著書に『現代中国語における情報源表出形式——本来の守備範囲と拡張用法』（関西大学出版部）がある。

小嶋美由紀（コジマ　ミユキ）

2009年，東京大学大学院総合文化研究科にて博士号（学術）取得。現在，関西大学外国語学部教授。専門は，中国語人称代名詞の非指示化，授与・受益表現，ムードなどをテーマとする中国語文法及び日中文法対照研究。

現代中国語アスペクトの体系的研究

2021 年 3 月 12 日　発行

著　者	戴　　耀　晶	
訳　者	李　　佳　樑	
	小　嶋　美由紀	
発行所	関　西　大　学　出　版　部	

〒564-8680 大阪府吹田市山手町 3-3-35
電話 06-6368-1121　FAX 06-6389-5162

印刷所　　株式会社 NPC コーポレーション
〒530-0043 大阪市北区天満 1-9-19

ⓒ 2021　Jialiang LI, Miyuki KOJIMA　　　　　　　Printed in Japan

編集協力：原章（編集工房レイヴン）
ISBN 978-4-87354-729-9 C3087　　　　　　落丁・乱丁はお取替えいたします